U0729444

云南论坛 2007
The Forum On the Development Of Yunnan Province

论坛主题：云南经济——资源·发展·战略

◆ 云南师范大学 主办　◆ 云南师范大学 组编

云南大学出版社
YUNNAN UNIVERSITY PRESS

图书在版编目(CIP)数据

云南论坛:2007/云南师范大学组编.—昆明:云南大学出版社,
2008
ISBN 978-7-81112-503-0

Ⅰ.云…Ⅱ.云…Ⅲ.①地区经济—经济发展—研究—云南省
②社会发展—研究—云南省 Ⅳ.F127.74

中国版本图书馆CIP数据核字(2008)第062051号

策划编辑:柴 伟
责任编辑:李兴和
　　　　　刘 焰
封面设计:孟涛涛
版式设计:丁群亚
　　　　　刘 雨

云南论坛·2007

云南师范大学 组编

出版发行:云南大学出版社
印装:云南国浩印刷有限公司
开本:787mm×1092mm　1/16
印张:21.25
插页:10
字数:250千
版次:2008年5月第1版
印次:2008年5月第1次印刷
书号:ISBN 978-7-81112-503-0
定价:45.00元

社址:昆明市翠湖北路2号云南大学英华园内(邮编:650091)
电话:0871-5031071　5033244
网址:http://www.ynup.com
E-mail:market@ynup.com

"云南论坛·2007"开幕

"云南论坛·2007"嘉宾合影

中共云南省委常委、省委统战部部长黄毅同志

"云南论坛·2007"主席、中共云南师范大学党委书记伊继东教授

云南师范大学校长骆小所教授

云南省社会科学院副院长贺圣达研究员

云南大学经济学院党委书记张荐华教授

云南大学副校长曹和平教授

云南大学发展研究院院长杨先明教授

云南财经大学校长汪戎教授

云南省政府研究室副主任杨杰研究员

云南师范大学副校长邹平教授

云南民族大学经济与工商管理学院院长程厚思教授

昆明钢铁集团有限责任公司王长勇董事长

中共云南省委政策研究室副主任郑维川研究员

云南财经大学财政与经济学院院长伏润明教授

昆明理工大学津桥学院院长赵光洲教授

云南大学经济学院院长施本植教授

云南省人大常委会秘书长沈安波研究员

云南省社会科学院副院长任佳研究员

云南财经大学副校长王力宾教授

云南师范大学旅游与地理科学学院院长明庆忠教授

昆明理工大学管理与经济学院院长段万春教授

云南省发展与改革委员会副主任王敏正总经济师

云南省社会科学院南亚研究所所长王崇理研究员

论坛中的互动交流

论坛中的互动交流

"云南论坛·2007"室外场景

目　录

前言

前　言

　　云南山川秀美、自然资源富集、民族文化绚丽、与东南亚和南亚国家接壤或邻近，是一片开发、开放的热土，在西部大开发中有着特殊的作用和地位。如何又好又快地发展云南经济？在发展中面临着哪些问题？云南应该怎样科学发展？这些问题是摆在理论界、学术界和实务界人士面前需要研究和回答的问题。"云南论坛"这个有省内高层次学者、高层次政府官员、高层次企业家共同参与的学术交流平台由此应运而生。一群有识之士积极投身于云南经济社会发展的实际问题研究中，为云南国民经济、社会发展和改革开放积极地出谋划策，取得了丰硕的研究成果，并在论坛上交流和展示他们的成果。

　　"云南论坛"由省委领导倡议，云南财经大学、云南师范大学、云南大学、云南省社会科学院联合发起并组织。首届"云南论坛"于2006年6月18日在云南财经大学成功举行。论坛的举行，得到了社会各界的高度重视，赢得了广泛的赞誉。

　　金秋的昆明，依然春意盎然，繁花似锦。2007年9月28日，第二届"云南论坛"——"云南论坛·2007"在云南师范大学田家炳书院二楼报告厅隆重开幕。这届论坛，受到了政府、科研机构、高等院校、金融机构、企业、新闻媒体的高度重视，来自政府机关、科研机构、金融机构、大中型企业的领导、学者和代表以及各大专院校的部分师生共计三百余人参加了本届论坛。云南省委常委、省委统战部部长黄毅，云南省人大副主任、省社科联主席王义明等领导同志出席了开幕仪式。云南省人大常委会秘书长沈安波研究员，中共云南省委政研室副主任郑维川研究员，云南省政府研究室副主任杨杰研究员，云南省发改委副主任王敏正研究员，云南省社科院副院长贺圣达研究员、任佳研究员、南亚所所长王崇理研究员，云南大学副校长曹和平教授、经济学院党委书记张荐华教授、经济学院院长施本植教授、发展研究院院长杨先明教授，云南师范大学党委书记伊继东教授、校长骆小所教授、副校长邹平教授、旅游与地理科学学院院长明庆忠教授，云南财经大学校长汪戎教授、副校长王力宾教授、财政与经济学院院长伏润民教授，云南民族大学经济学院院长程厚思教授，昆明钢铁控股有限公司董事长王长勇等领导和学者应邀参与本届论坛，并担任论坛的主讲人、主持人、评论人。另外，云南省社会科学联合会副主席江克、云南省哲学规划办公室主任靳昆萍、中共云南省委党史研究室主任赵晓澜、云南省文史馆馆长何宣等也出席了论坛。《光明日报》、《中国教育报》、《云南日报》、《昆明日报》、《春城晚报》、云南电视台、昆明电视台等多家媒体单位也前来采访报道。

"云南论坛·2007"的主题是"云南经济——资源·发展·战略"，由云南师范大学主办。主办单位根据论坛组委会的要求和论坛筹备工作方案做了大量的前期准备工作：设计"云南论坛"专用徽标，在云南师范大学校园网上开设"云南论坛·2007"专题栏目，向政府、高校、研究机构和企事业单位发出了征文通知等。截止到2007年4月，共收到各界人士围绕论坛主题所撰写的论文 53 篇。

2007 年 9 月 28 日上午 8 时 30 分，"云南论坛·2007"如期拉开帷幕。开幕式由云南师范大学校长骆小所教授主持，本届论坛主席、云南师范大学党委书记伊继东教授代表云南师范大学向参加论坛的嘉宾致热情洋溢的欢迎辞。伊继东教授在简要介绍了云南师范大学的改革发展状况后，结合云南的经济社会发展实情，着重对我省的人力资源开发问题作了分析和阐述。云南省委常委、省委统战部部长黄毅做了《抓住历史机遇　发展生物经济　实现云南经济持续快速健康发展》的重要讲话。作为"云南论坛"发起的倡议者和支持者，黄毅部长在讲话中充分肯定了"云南论坛"自开办以来在云南经济社会发展中所发挥的作用。他说，他欣喜地看到，论坛的组织工作越来越成熟、规范，论坛的影响也越来越大，日益受到社会各界的关注和重视。"云南论坛"将不仅是学术界自由、开放、探讨云南经济社会发展问题的重要平台，而且其讨论的社会经济核心问题，以及一些专题研究成果也将受到党委、政府的高度重视，并对党委、政府制定相关政策提供重要的决策参考。他在客观分析我省发展生物经济面临的形势的基础上，提出了积极探索加快发展生物经济的有效途径，将对我省生物经济的发展产生重大影响。

论坛安排了上午、下午两个时段共五个单元。每个单元内容包括专题发言人所作的专题和两位专家的点评。点评人点评前，参加论坛的学者、专家和同学可以就自己感兴趣的问题向主讲人提问，由主讲人回答。第一单元由贺圣达研究员主讲"关于科学发展观和新时期云南对外开放的几个问题"，由张荐华教授主持，曹和平教授、杨先明教授点评；第二单元由汪戎教授主讲

"生态安全与云南经济发展的关系"，由杨杰研究员主持，邹平教授、程厚思教授点评；第三单元由施本植教授主讲"云南经济增长的相关因素分析"，由沈安波研究员主持，任佳研究员、王力宾教授点评；第四单元由王长勇董事长主讲"资源型企业可持续发展战略中需要特别关注的两个问题"，由郑维川研究员主持，伏润明教授、赵光洲教授点评；第五单元由明庆忠教授主讲"云南经济类型判识及其资源产业战略"，由段万春教授主持，王敏正研究员、王崇理研究员点评。

五个单元的报告，从不同的角度阐释、探讨和回答了我省在"十一五"乃至在21世纪中如何才能和谐与可持续发展的问题，引起了与会者的强烈反响与共鸣。论坛气氛热烈火爆，充满了智慧，主讲人和与会者形成良好的互动。主题发言人的旁征博引，主持人稳健的主持风格，评论人独到的精彩点评以及各位观众的热情提问，使论坛充满浓厚的学术气氛，达到了交流和碰撞思想、共同探讨云南发展大计，为云南和谐社会建设献计献策的预期目的。"云南论坛·2007"取得了圆满的成功。

为使"云南论坛·2007"更好地服务于云南经济社会发展，及时将论坛的信息和成果传递给社会各界，使之转化为政府和企业的决策和研究的参考，进一步扩大"云南论坛"的辐射面、影响力，同时也为了保持论坛的风格，让读者能亲身感受论坛自由活跃的气氛，"云南论坛·2007"承办单位——云南师范大学，由科研处组织了部分研究生根据论坛录音将发言内容整理成文，并经主持人、主讲人、评论人修改，然后编辑为本书的上编。下编是在论坛53篇征文的基础上，由组委会组织专家遴选，收录了部分论坛征文，包括9篇全文收录论文，15篇摘要论文和13

篇论文题录。此外，各新闻媒体对"云南论坛·2007"给予了极大的关注，作了较为全面、充分的报道，引起了社会各界的广泛关注。作为附录，本书收录了关于此次论坛的相关新闻报道。

　　本书的出版，得到了云南大学出版社的关心和大力支持。感谢云南大学出版社的领导和编辑同志们！希望各界朋友继续关心支持"云南论坛"，祝"云南论坛"越办越好！

"云南论坛·2007"组委会办公室

2008 年 2 月

开幕式

骆小所：

各位领导、老师们、同学们：

在构建创新型社会和知识经济的新时代，国民素质的提高、掌握知识的情况、知识创新的能力，对一个国家、一个民族在国际竞争和国际中的地位至关重要。作为知识发源地和集散地的大学，开始从社会的边缘走向社会经济发展的中心，引导和影响着知识经济发展的方向。正是因为如此，我们在这里举行"云南论坛·2007"。

"云南论坛"由云南财经大学、云南师范大学、云南大学、云南社会科学院等高校和研究机构共同发起，第一次会议于2006年6月18日在云南财经大学隆重举行。今天，"云南论坛·2007"在我校隆重举行，它将在云南省社会科学和社会发展中起到重要的作用。首先请允许我介绍今天参加论坛的省级和各部门的主要领导：

省委常委统战部部长黄毅同志！

云南省人大副主任、社会科学联主席王义明同志！

省政策研究室副主任、教授郑维川同志！

省政府研究室副主任、研究员杨杰同志！

省发改委副主任、研究员王敏正同志！

云南财经大学校长、教授汪戎同志！

云南大学副校长、教授曹和平同志！

昆明钢铁控股有限公司董事长王长勇同志！

云南省社科院副院长、研究员、国家有突出贡献专家贺圣达同志!

省委党史研究室主任、省文产办副主任赵晓澜同志!

云南师范大学党委书记、教授伊继东同志!

云南省社科联副主席江克同志!

云南省文史馆馆长何宣同志!

昆明理工大学经济与管理学院院长、教授段万春同志!

云南民族大学经济学院院长、教授程厚思同志!

参加今天论坛的有省人民政府、省委、省委宣传部、省发改委、省经济委、省教育厅、省科技厅、省国资委、省社科联、省社科规划办等省级各部门的领导和学者以及省内部分群众机构和企业的领导和代表。云南大学、云南师范大学、云南财经大学、昆明理工大学、云南民族大学、省委党校、省委社会科学学院等部分高校和研究机构的专家学者也参加了会议。在此,让我们用热烈的掌声向到会的来宾表示衷心的感谢!

参加今天大会的还有新闻媒体的记者,他们是《光明日报》、《中国教育报》、《云南日报》、《昆明日报》、《春城晚报》、云南电视台、昆明电视台等多家媒体单位的朋友,对他们的到来表示衷心的感谢!

"云南论坛·2007"在云南师范大学隆重举办,作为东道主,我们感到十分高兴和荣幸。现在,我们以热烈的掌声欢迎云南师范大学党委书记伊继东教授致辞!

伊继东:

尊敬的各位领导、各位专家、各位来宾,同学们:

11

　　大家上午好！金秋的春城，山清水秀，云南师大生机盎然。今天，在党的十七大即将召开之际，我们欣喜地迎来了"云南论坛·2007"的隆重开幕，相聚在有着西南联合大学光荣历史传统的云南师范大学，共同探讨云南发展的问题，为云南资源、环境、经济、社会的和谐发展出谋划策，以我们的学识和智慧关注和推进云南的发展。借此，我谨代表云南师范大学党委行政及全体师生员工，向亲临本届论坛的各位领导、专家和学者们表示热烈的欢迎和衷心的感谢！

　　云南师范大学，其前身是国立西南联合大学。学校经历了近70年的办学历程，曾有辉煌的过去，也有灿烂的明天。在省委、省政府的领导下，学校不断地进步发展，办学的规模逐步扩大，人才培养层次有所提升，学校综合实力明显增强。目前，学校已经形成了博士、硕士、本科教育不同层次，全日制高等教育、成人高等教育、高等职业技术教育以及国外留学生教育不同类型、不同规格的人才培养体系。学校作为省属的重点师范大学，是云南省培养教师的摇篮和培养人才的重要基地，是中国对东南亚国家进行汉语师资培训的四个基地之一和教育部确定的支持周边国家汉语教学的十所重点大学之一，也是教育部"依法治校"示范学校。云南师范大学在2006年教育部本科教学水平评估中被评为优秀。纵向比较，我们为学校的发展感到欣慰和自豪；横向比较，离时代的要求，社会的期盼，差距还存在，我们清楚地知道任重而道远。在新的历史时期，学校必须顺应高等教育发展的趋势，不断地贴近云南基础教育和经济社会的发展需求，充分地发挥学校办学优势，不断地创造办学特色，才能肩负起传承中国历史名校的历史使命和社会责任，办好人民满意的教育。为此，学校明确了今后的办学定位和发展的目标，用 10 年至 15 年的时间，分阶段、有步骤地把学校建设成为师范性、综合化、开放式、有优势的省属重点大学，力争进入全国省属师范大学的先进行列。

"十一五"是我省全面建设小康社会，构建和谐社会，贯彻落实科学发展观的重要时期。在经济社会可持续发展的进程当中，人力资源开发问题日显突出和重要。下面借这个机会，我就云南人力资源开发问题谈一点粗浅的看法，为论坛抛砖引玉，并就教于各位专家。

云南自然资源丰富、民族文化绚丽，与东南亚和南亚国家接壤或邻近，可以说是一片开发的、开放的热土。云南还是一个少数民族聚居的边疆民族地区，经济社会发展水平相对较低。伴随着我国改革开放的大潮，云南经济社会发展取得了显著的成就，尤其在国家西部大开发战略全面实施的"十五"期间，云南省逐渐建立了烟草、生物资源开发、矿产、旅游和电力五大支柱产业，经济得到了快速稳定的发展，基础设施不断完善，人民生活水平得到提高，人口、资源、环境与经济社会的协调发展取得了重大进展。但是，我们必须清醒地认识到，云南省经济社会发展仍然存在着诸多的问题。比如说，区域经济竞争力不强，人力资源开发水平低，农村发展缓慢，以及资源、环境恶化的趋势未能有效遏制等问题。本次论坛将围绕生态安全与云南经济发展的关系，云南经济增长的相关因素，云南经济产业发展以及自然资源开发战略等重大问题进行专题讨论，这对六南省的可持续发展必将具有重要的理论和实践意义。据我们省内有关专家和学者的研究表明，人力资源开发对云南经济发展具有重要的推动作用。具体的表现为：（1）人力资本的投入对 GDP 的增长具有重要的作用。人力资本投入每增长1%，云南省GDP可增长0.732%。（2）基础教育的投资与GDP的增长关联度密切。云南省大学、中学和小学学历的人力资本存量的产出弹性分别是0.76、1.57和2.50，其中小学教育对云南经济发展的作用突出，云南省人均受教育的年限每提高1%，第一次现代化实现的程度可以提高0.48%。（3）云南省教育经费的支出与人力资本存量之间存在着拟合关系。1999年至2004年的数据表明云南省教育经费支出每提高1%，人力资本的存量可以提高0.24%，国内生产总值可以增加0.69%，人均收入可以增加1.40%。

基于人才资源开发的重要性，我们学校也组织了相关的专家对人力资源开发的问题进行了深入、系统地分析和研究。我们认为，目前在我省人力资源开发当中需要考虑解决的主要几个方面的问题：第一，人力资源的供给数量及结构问题，需要在短期内从根本上予以扭转。第二，人力资源的总体素质偏低，高素质专门技能人才的缺乏，低素质人力资源相对稳定而难以产生流动。第三，人力资源性别比严重失衡，人口老龄化的程度在逐渐加深，人力资源城乡二元结构显著，农村人力资源市场竞争相对滞后。人力资源的市场配置的机制不完善。第四，人力资源空间的分布不均匀，经济较发达的昆明市劳动适龄人口占全省的14.9%，而经济欠发达的迪庆州仅占0.8%，相差约18倍，人力资源开发仍然存在着制度、经济、文化等方面的障碍。

针对以上的问题，目前我们主要开展的研究工作有以下几个方面：一是人力资源数量、质量、结构的动态评价以及人力资源供需均衡研究。二是人力资源产业结构与空间结构的有效配置，特别是人力资源城乡合理流动的研究。三是人力资源开发障碍的应对措施及制度创新研究。四是人力资源开发与管理信息系统的建设研究。五是人力资源开发的模式与路径选择研究。我们希望通过几年的努力，我们的研究能够推动云南省人力资源的合理开发，促进云南省经济社会的可持续发展。

各位领导、各位来宾，伴随着区域经济协调发展应运而生的"云南论坛"，是我省各界专家学者、企业家研究和探讨云南经济社会发展问题的高级学术论坛，是为促进云南经济社会又好又快发展，增进友谊、加强合作而搭建的一个共同交流的平台。我们对"云南论坛"满怀激情，对"云南论坛"充满信心。我们深信，只要我们长期坚持不懈，交流协作，努力开拓，就一定能够迎来"云南论坛"璀璨的明天，为云南经济社会的发展作出我们应有的贡献。

作为本届论坛的承办单位，云南师大将为论坛的成功举办全力做好各项服务工作，同时热忱地欢迎各位领导、各位来宾对我校的建设发展给予指导。祝愿大家在云南师范大学度过一段美好的时光。预祝本届"云南论坛"取得圆满的成功！谢谢大家！

骆小所：

各位领导、各位专家、老师们、同学们：

刚刚伊继东教授代表云南师范大学发表了热情的讲话，同时也抛砖引玉提出了很多思辨性的问题。这次论坛得到了省委、省政府、省人大的大力支持。省委常委统战部部长黄毅同志作为"云南论坛"的发起者和倡导者之一，一直关心"云南论坛"的发展。今天他特意前来参加论坛，下面我们以热烈的掌声欢迎黄毅部长讲话。

黄　毅：

尊敬的大会执行主席，各位专家教授、同志们、朋友们：

大家早上好！

首先，请允许我对"云南论坛·2007"的隆重召开表达最诚挚的祝贺，对积极筹备这次论坛的全体同志和朋友们表示最衷心的感谢！

作为"云南论坛"的热心支持者，我欣慰地看到在"云南论坛"组委会的周密策划与精心布置下，论坛的组织工作越来越成熟、规范，论坛的影响也越来越大，日益受到社会各界的关注和重视。我衷心希望并始终相信，在不远的将来，"云南论坛"将不仅是学术界自由、开放，探讨云南经济社会发展问题的重要平台，而且其讨论的社会经济和谐问题，以及一些专题研究成果也将会受到党委、政府的高度重视，并为党委、政府制定相关政策提供重要的决策参考。

今年论坛的主题是资源环境与经济的可持续发展，围绕这一主题，我今天发言的题目是：抓住历史机遇发展生物经济，实现云南经济持续、快速、健康发展。我非常乐意以此发言抛砖引玉，希望能引起广大生物学家、经济学家、管理学家和企业家们的共鸣和共识，共同探讨并为云南生物经济的发展找到一条切实可行的途径。下面，我谈三个方面的思考和认识：

云南是生物资源大省，经过多年的努力，云南生物产业有了长足的发展，但发展的程度和速度，对经济增长的贡献率还有很大的优势和潜力，应当在科技创新、拓宽投融资渠道、促进产业聚集发展、保护与开发等方面进一步加强政策研究，加大扶持力度，加快生物资源大省向生物经济强省推进的步伐，为实现云南经济持续、快速、健康发展贡献新力量。

一、发展生物经济的重要意义

（一）发展生物经济是构筑云南经济新优势的战略选择

生物资源是生物技术创新和产业发展的基础，以生物多样性和生物技术为核心的生物经济是以解决人的生存和生活质量为出发点和最终目标的生命经济。云南是国内生物资源最丰富的省份，拥有北半球除沙漠和海洋外的各类生态系统，是全球生物物种高富集区和世界级的基因库，具有发展生物经济雄厚的物质基础和巨大的开发潜力。新中国成立以来，云南经济发展的过程在很大程度上就是不断推进生物资源开发及产业化的过程。20 世纪五六十年代以橡胶、茶叶为重点，20 世纪七八十年代以烤烟、甘蔗为重点的两次大规模的开发，初步奠定了全省经济发展的基本格局。"十五"期间，我省成功地培育了一批模范企业和名优品牌，培植了一批潜力较大的新兴产业，使生物产业成为推动全省经济结构战略性调整和加快国民经济发展的支柱产业。"十五"末，全省生物产业完成工业总产值由 2000 年的 1220 亿元增加到了 2125 亿元，年均增长 11.7%。2006 年全省生物产业实现工农业生产总值 2380 亿元，实现增加值 1420 亿元，占全省 GDP 的 35.5%，生物产业已成为我省经济社会发展的重要支柱产业。事实有力地证明，发展生物经济是云南在新世纪构筑经济新优势的必由之路，是深入贯彻落实科学发展观，实现云南经济新优势的战略选择。

（二）发展生物经济是实现云南经济持续发展的必然选择

生物产业主要以可再生和永续利用资源为主要原料，能源需求少，环境污染低，是建设资源节约型和环境友好型社会的重要产业，是创造绿色 GDP 的"领航产业"。发展生物经济有利于调整优化云南经济结构、转变经济发展方式，有利于发展节能降耗经济、缓解能源资源和环境瓶颈的制约，有利于产业优化升级、提高集约化水平，有利于保护环境、促进人与自然的和谐。加快发展生物经济，是云南走新型工业化道路、实现可持续发展的必然选择。

（三）发展生物经济是构建社会主义和谐社会的客观需要

构建社会主义和谐社会必须大力发展社会生产力，为人与人的和谐、人与社会的和谐、人与自然的和谐奠定雄厚的物质基础。生物产业带动面广，产业链长，渗透性强，市场需求量大，成长性高，对社会生产力发展具有强大的推动作用。在云南五大支柱产业中，生物产业是发展潜力最大、增长速度最快、影响最深的产业。生物经济作为云南经济的重要支柱，在夯实和谐社会物质基础方面地位十分重要。云南 70% 以上的市、县、区缺乏矿产资源和工业基础，要发展农村经济，实现城镇化和现代化的目标，促进城乡协调发展，促进区域协调发展，构建社会主义和谐社会，必须加快发展生物经济。

二、发展生物经济面临的优势和挑战

继狩猎经济、农业经济、工业经济和网络经济之后，人类第五个经济形态——"生物经济"时代正在迅速形成。生物科技的重大突破正在催生新的产业革命，世界现代生物技术发展开始进入规模产业化阶段，生物产业将成为继信息产业之后世界经济中又一新的主导产业。作为一个拥有丰富独特生物资源的省份，我们当前正迎来难得的发展机遇。

（一）优　势

一是全球生物产业正处于成长期。生物产业具有资源依赖性强，技术依赖性强，市场垄断性差的特点。目前国际生物产业发展正处于成长期，为我们在局部领域实现跨越式发展提供了时间和空间。我们可以充分利用这一时机，发挥我省生物资源的优势，按照比较优势原则，使我省生物产业接入国际产业分工链条，分享"生物经济蛋糕"。

二是生物产业蕴涵巨大商机和广阔的市场前景。美国《时代周刊》预言：2020 年世界将进入生物经济时代，在不久的将来生物经济将 10 倍于信息经济。IT 的巨头、世界首富比尔·盖茨也预言，超过自己的下一个世界首富必将出自 BT（生物技术）领域。有关统计表明，全球生物技术产业的销售额每 5 年就翻一番，增长率高达 25%～30%，是世界经济增长率的 10 倍左右。我国是世界上最大的生物技术产品消费市场之一，我国拥有 13 亿人口，在人口与健康、农业与环境保护方面都对生物技术产品有着巨大的需求，其中有近 5 亿人的保健食品消费群体，1.3 亿人的药品消费群体，20 亿亩耕地需要新的农作物品种，加之我国经济发展的空间还很大，随着经济的发展，居民收入水平的提高，会更加关注健康和生活质量，对医药、保健品、生命养护等生物技术产品有更大的需求。广阔的市场前景，将为我省生物多样性与生物产品消费需求的多样性成功对接创造十分有利的条件。

三是国家高度关切。面对扑面而来的生物经济发展机遇，党和国家高度重视，把"十一五"至 2020 年这段时期看做生物经济发展的重要战略期，制定了发展规划，部署整个产业的发展。在《中共中央关于制定国民经济和社会发展第十一个五年规划的建议》中指出：生物产业，要充分发挥我国特有的资源优势和技术优势，面向健康、农业、环境和材料等领域的重大需求，努力实现关键技术和重要产品研制的新突破。在《国家中长期科学和技术发展规划纲要（2006—2020）》中明确指出：我国将把生物产业作为一个战略新兴产业来培育。国家《"十一五"高新技术产业规划》指出："十一五"期间要将我国建成生物产业大国。2005年9月，首届国际生物经济高层论坛在北京举行，论坛由科技部会同国家发改委等8个部门及联合国粮农组织等6个国际组织共同主办，论坛的主题是发展生物经济，造福世界人民，论坛邀请了1000多位国内高级决策人士、科技界知名人士及130多位来自欧美、亚洲等国家和地区的政府官员、企业家、科学家、法律界等方面的专家参加，其中包括4名诺贝尔奖获得者在内的200多位世界知名科学家及专家作了报告，国务委员陈至立、当时的科技部部长徐冠华等领导作了重要讲话。这次论坛达成了生物技术将推动新的科技革命、生物经济将成为新的经济增长点的共识，引起了国内外的广泛关注。2007年6月，"2007国际生物经济大会"在天津举行，会议由科技部、教育部等14个部门和天津市政府及联合国等国际组织牵头主办，会议的主题是发展生物经济技术，引领生物经济。这次大会邀请到了包括诺贝尔奖获得者在内的262名专家，国务委员陈至立、科技部部长万钢在大会上作了重要讲话，大会共同研讨了世界性的新科技革命，新经济增长点的发展趋势、方向、重点措施，它不仅将对世界的科技、经济的发展，而且将对世界人民的健康、环境改善、资源保护等方面产生重要的影响，更将生物产业、生物经济的理念在国人中推向新的高潮。在国内已经开了两次生物经济的高端论坛，使我们以"生物王国"著称的云南再次迎来了新的发展机遇。

四是省委、省政府高度重视。省委、省政府长期以来非常重视生物产业的发展，1995年，省委、省政府决定成立18生物资源开发办公室，并组织实施了"18生物资源开发工程"。2000年，省第七次党代会提出把建设绿色经济强省确立为云南实现跨世纪发展的三大战略目标之一，将生物资源开发创新产业作为全省经济发展的五大支柱产业之一加以培育和发展，并组建了云南省人民政府生物资源创新开发办公室。在省委、省政府的领导下，经过十多年的努力，云南生物产业得到了长足的发展。云南省"十一五"发展规划纲要和省第八次党代会再次强调要发展壮大生物支柱产业，加快绿色经济强省建设。

（二）挑　战

首先，要面对来自发达国家资金、技术、市场、人才等各方面的强大的竞争。目前，全球生物产业的研发力度加大，生物产业化进程加快。在我国大规模研究开发和规划部署生物产业之前，美、英、法、德、韩、日等国家早已把生物经济提到国家战略高度，提出"生物产业立国"的口号，成立"国家生物技术委员会"。主导当今生物技术产业发展潮流的主要是美国、欧盟和日本等发达国家。我们在资金、技术、市场、人才等方面还暂时无法与这些国家相提并论。据有关专家估计，目前我国生物医药中上游技术比国际先进技术水平落后3～5年，而下游工程技术方面至少落后15年以上。

其次，必须面对来自国内市场的激烈竞争。虽然我省生物产业在全国起步较早，并已成为全省经济发展中的重要产业，但随着国家明确把生物产业作为国家战略性产业予以重点发展，国内各省、市之间在生物产业发展方向上，竞争也日益激烈。长春提出要建国内最大的生物产业基地，长沙拟建设一个年销售收入800亿元的国家级生物基地，北京、上海、广西等地的生物产业基地建设规划已正式被纳入国家生物产业基地的布局中。云南如果仅仅满足于"生物资源王国"的称号而不积极行动，不仅将面临在全国生物资源发展格局中被"边缘化"的危险，而且将会失去一个世纪性战略产业兴起的机遇。

再次，要面对我省经济发展的总体实力不够强的现实。我省工业经济基础薄弱、远离国家工业中心和大型消费城市以及技术落后、农民的素质低。发展生物经济还存在不少的困难和问题，主要表现在：一是投入力度不够。政府引导性资金量少力薄，多元化投入渠道不畅，以中小企业为主体的生物产业开发企业融资难、贷款难的问题较为普遍。二是创新能力不足。生物资源开发基本上还是传统模式，除烟草等少数产业外，企业技术创新能力和新产品的研发能力弱，科技成果转化率低，技术装备还比较落后，尤其缺乏高技术人才和核心技术，拥有自主知识产权的新专利、新技术、新品种很少。三是工业化程度低。虽然我省生物资源丰富，但除烤烟、蔗糖、茶叶、葡萄等产业外，大部分生物产业产品精深加工程度低，产品品种单一，质量与数量还不适应国内外市场的需求，综合利用、开发深度与产业成效都有待进一步提升。目前，全省农产品加工转化率不足40%，深加工比例仅为15%左右，比全国平均水平低5个百分点。四是产业集聚程度低。龙头企业布局分散，形不成集群效应，集中表现为"小而散"。

"小"主要是产业规模和企业规模偏小，"大资源、小产业"的状况没有得到根本性的改变。"散"主要是产业集聚程度不高，点多面广，配套能力差，辐射带动能力不强。

三、积极探索加快生物经济发展的有效途径

当前，许多国家将生物产业作为战略产业加快发展，发达国家政府纷纷调整机制，加大政府预算，鼓励社会投入，加速本国生物产业发展，力争在未来的国际竞争中抢占产业制高点。针对当前我省发展生物经济面临的优势和挑战，我们应集中力量，围绕制约产业发展的主要因素进行认真的分析和研究，提出加快发展生物经济切实可行的措施。我认为，如何提高科技创新能力，如何拓宽投融资渠道，如何推进产业集聚发展，如何处理好保护与开发的关系等问题尤其值得研究。

（一）关于增强科技创新能力的问题

生物经济是知识密集型和技术密集型经济，拥有知识和技术的水平决定了生物经济发展的速度和质量。如何构建可支持生物产业持续发展的资源保护与可持续利用研发体系、生物产业技术创新和科技服务体系；如何整合科技资源开发产业核心技术，开发产业链关键环节中关联度大、能够形成自主知识产权、有利于提高核心竞争力的重大技术；如何促进科技成果产业化，有效缩短科技成果产业化周期，加速高新技术成果的商品化、产业化；如何建立有效的自主知识产权创新机制，增强云南生物技术创新的原动力；如何加快培养生物技术原始创新、工程化开发、高级经营管理产业技术人员等问题。这些都是关于增强科技创新能力方面应该要研究的、探讨的。

（二）关于拓宽投融资渠道的问题

生物经济同时又是高度资本密集型经济。云南现阶段生物企业融资难，制约着生物产业的发展是各界人士已达成的普遍共识。可以从以下几方面拓宽投融资渠道：一是发挥好财政投入的引导和整合作用，引导社会资金参与生物产业开发，建立以政府投入为引导，企业投入为主体，社会力量广泛参与的生物产业多元化投入机制；二是完善企业内部信用制度，健全社会信用担保体系，加强银企合作，解决企业融资难的问题；三是推动从事生物产业的企业，通过在国内外股票市场上市、发行企业债券等方式扩大融资规模；四是建立和完善企业与农户互利互惠的利益联结机制，为生产基地农户提供贷款担保，建立良性互动、共同发展的机制；五是鼓励生物产业科技人员以科研成果、技术等无形资产入股，允许专利技术在银行抵押贷款进行开发；六是加大招商引资力度，引进国内外有实力的大企业、大财团参与生物经济开发。

（三）关于促进产业集聚发展的问题

生物经济是产业经济，从世界产业的竞争来看，产业集聚能提高产业的整体竞争能力，能加强集群内企业间的有效合作，能增加企业的创新能力和促进企业成长，能发挥资源共享效应，能将小规模分散经营者与大市场有效地连接，有利于形成"区位品牌"。产业集群发展具有专业化、规模化和特色化的特点，能发挥聚集经济效应，对提升产业竞争力有明显的优势作用。产业集群是产业化的高端形式，是以整体考虑和全局规划为基础的。产业化将分散的产业连接成了一条条同类产业的产业链，为产业集群的发展打下了基础。我们应该在省内产业化程度较高的地区，通过适当的政策引导，促进产业的集中和各产业链的组合，走上专业化产业集群发展的道路，加快培育生物资源产业竞争优势。

（四）关于保护与开发关系的问题

丰富的生物资源是我们发展生物经济的基础，但是我们也必须正视这样一个事实：资源多样性和脆弱性并存。如何加快我省生物资源的保护与合理利用，加强对具有商品化开发潜力的野生动植物资源的监督管理，避免掠夺式开发；如何搞好种质资源的发掘、保存与新品种定向培育；如何做好特有、濒危生物资源抢救性保护、人工培育，实现生物资源的高效可持续利用；如何加快生态脆弱区生态系统功能的恢复，为我省生物经济的可持续发展提供重要的保障等问题，我认为，都是值得我们生物学家和经济学家研究的课题。

以上是我对云南生物经济发展的一些粗浅的思考，如有不当之处，请大家批评指正。最后希望大家充分发挥自己的才智，集思广益，群策群力，积极探讨，出谋划策，为云南生物经济的发展，为云南经济实现历史性跨越作出应有的贡献。

谢谢大家！

骆小所：

各位领导，各位专家，老师们，同学们：

刚刚省委常委、省委统战部部长黄毅同志对论坛作了具体的要求，并且提出了一个理论的指导点，谈到云南的发展应重视生物资源的开发和利用。黄毅部长不仅是一位理论的研究者，而且是实际的操作者。所以在 2004 年他发起成立了云南龙润、云南农业大学茶叶研究所，或者说茶叶产业，现在这个产业发展得相当好。我们云南的历史、经济的发展在于生物的支撑。当年由于烟草的发展，撑起了云南经济的一片蓝天，后来由于橡胶和甘蔗的发展进一步加速了云南的经济。现在，黄毅部长提出要发展云南的茶叶产业，这个产业将来可以撑起云南的另外一片经济蓝天。所以，云南师范大学、云南农业大学、昆明医学院正在组织力量整体策划，用云南普洱茶的开发和质量提升来撑起云南经济的另外一片蓝天。

同志们，按照"云南论坛"组委会的计划安排，"云南论坛·2007"在我校举行，学校党委行政高度重视论坛的组织和筹备工作，安排由分管领导处负责，科研处组织牵头做好论坛的筹备工作。论坛已报经省委宣传部批准。

近几个月来，筹备工作委员会按照工作方案开展了大量的会务筹备工作，包括云南师范大学校园网上开设的"云南论坛·2007"专题频道，设计云南论坛的会标以及其他的组织和宣传工作。经发起单位共同研究，本届论坛的主题是"云南经济——资源·发展·战略"，围绕这个主题，学校于2007年3月向全省各单位和专家发出了征文通知，截止到2007年4月共收到论文53篇，经组委会专家评定，9篇论文被全文收录于本次论坛的论文集，15篇论文以摘要的形式收录，13篇论文以题目的形式收录。

"云南论坛·2007"计划安排为上、下午两个时段，分5个单元进行。各单元安排1个小时左右的时间，内容包括专题发言人所作的专题报告和两位专家的点评。我们采取互动的方法，开好这次论坛，提供论坛的环境平台。点评人点评之前，在座的每位学者、老师和同学都可以就感兴趣的问题向发言人提问，我们希望在座的各位能对今天的专题发言进行深入的探讨、交流，形成更多有价值的观点，引发更多的思考。

今天将要做 5 个专题发言：第一个专题发言的报告人是云南省社科院贺圣达研究员，他的报告的题目是《关于科学发展观和新时期云南对外开放的几个问题》；第二个发言的是云南财经大学汪戎教授，他的报告的题目是《关于经济增长与生态安全的思考》；第三个发言的是云南大学施本植教授，他的报告的题目是《云南经济增长方式的相关因素分析》；第四个发言的是云南钢铁控股有限责任公司王长勇董事长，他的报告的题目是《资源型企业可持续发展战略中需要特别关注的两个问题》；最后一个发言的是云南师范大学明庆忠教授，他的报告的题目是《云南经济类型判识及其自然资源产业开发战略》。

下面我宣布"云南论坛·2007"开幕式结束！请主席台就座的嘉宾和领导，先在主席台就座照相，下面的暂时不动，照完相，主席台就座的各位领导、各位专家到贵宾座就座。接下来就开始我们第一个单元的大会报告。现在我们先抽出一两分钟的时间给在主席台就座的领导、专家留影。

第一单元
关于科学发展观和新时期云南对外开放的几个问题

主　　持：张荐华　云南大学　云南省政府特邀研究员

主题发言：贺圣达　云南省社会科学院

评　　论：曹和平　云南大学

　　　　　杨先明　云南大学

云南论坛·2007

骆小所：

各位专家、老师们、同学们，下面第一单元论坛即将开始。第一单元的主持人是张荐华教授。张荐华教授是云南大学经济学院的党委书记，外文系系主任、教授，经济学博士、博士生导师，兼任云南省人民政府特邀研究员，云南省国际贸易协会的副会长。长期从事国际贸易理论与政策的教学和科研，科学研究的领域包括经济地域化问题、国际贸易理论、云南对外开放发展等，下面我们请张教授主持会议。

张荐华：

各位嘉宾、各位老师、各位同学：

我们"云南论坛"第一个单元就正式开始了。

我们这个单元请云南省社科院副院长、云南大学教授、云南大学的博士生导师贺圣达教授作《关于科学发展观和新时期云南对外开放的几个问题》的演讲。好，下面请贺圣达教授作演讲，大家欢迎！

我们的演讲人可能还有一分钟左右就来了，大家稍等。在演讲人还没有来之前，我们邀请两位点评人上台就座，一位是云南大学的副校长曹和平教授，一位是云南大学发展研究院的院长杨先明教授，请在台上就座。下面请贺圣达研究员给我们作演讲。

贺圣达：

尊敬的各位领导、各位专家学者、老师们、同学们：

今天非常荣幸，能在"云南论坛"上第一个发言。我发言的题目是《关于科学发展观和新时期云南对外开放的几个问题》。在发言之前，我就想起了我们清代著名诗人龚自珍的一句诗，这句诗我是非常欣赏的。这句诗是：但开风气不为师。我想我们这个论坛的一个重要的作用就是开风气。什么样的风气呢？就是研讨的风气、研讨新问题的风气。刚才黄毅部长的讲话、云师大党委书记伊书记的讲话，都很好地体现了这样一种开风气的精神，提出和探讨了一些新的问题。我要探讨的这个问题，是比较大的一个，可能既是一个老问题也是一个新的问题。就云南对外开放而言，这是一个老问题，已经谈得非常多了；就以科学发展观指导云南对外开放而言，可能是一个比较新的问题。要在这样一个短短的半小时的发言当中完全展开这个问题作比较全面的探讨当然是困难的，而且我个人对这个问题的探讨也只是开始。我主要的目的还是想通过这样一个发言，引起大家探讨的兴趣，能够有更多的交流和碰撞，互相启发，深入思考，对怎么样用科学发展观来指导新时期云南对外开放作出我们学术界应有的贡献。

新时期的对外开放是站在一个新的起点上的，因为中国正站在一个新的起点上，云南的发展也必是站在一个新的起点上。说站在新的起点上，不只是因为我们已经经历了改革开放以来的将近三十年的高速发展，进入了一个新的发展阶段，而且由于我们党中央、我们的胡锦涛总书记明确地提出了要以科学的发展观来指导我们国家的发展。所以我想，我们中国，我们云南的发展都是站在一个新的起点上。就对外开放而言，我们就要用科学的发展观来指导云南的对外开放。

我这篇文章，即我今天的演讲就是在简述科学发展观指导下的新开放观和充分肯定云南对外开放取得的成就的基础上，分析云南对外开放与全国水平相比较存在的差距。主要聚焦在探讨新形势下以科学发展观指导云南的对外开放的相关问题。对云南对外开放取得的成绩，今天就不展开谈了。

以科学发展观统领经济社会发展的各个方面，当然包括了统领作为中国经济社会发展的一个重要领域——对外开放。其目的是探索对外开放的科学道路，包括理论、战略和政策，把对外开放推向一个新的、更高的发展阶段，实现对外开放取得更好、更高的效益。这是中国对外开放发展的目标要求，也是云南对外开放的目标要求。

关于科学发展观指导云南的对外开放，就涉及对外开放的新的开放观。我认为新的开放观至少包括下面几个方面的内容：

第一个方面是开放的指导原则。我们开放的指导原则到底是什么？我们国家的"十一五"规划已明确地提出要加快经济增长方式的转变。中央最近又提出了要加快经济发展的方式的转变，不仅是增长方式而且是发展方式的转变。这样一个总的原则也是指导我们云南对外开放的一个总体原则。里面涉及把节约资源作为基本国策，发展循环经济，保护生态环境，加快建设资源节约型—环境友好型社会，促进经济发展与人口、资源、环境的协调，推进国民经济和社会信息化，切实走新工业化的道路，实现可持续发展。我想我们的对外开放应该是有利于和服务于这样一些原则的。

第二个方面就涉及开放成就的最终衡量和检验目标。我们现在一说对外开放，就说对外贸易额增长了多少、引进了多少、承包了多少工程项目技术。当然这都是一些重要的量化指标，但我想更重要的是，要体现科学发展观的核心是"以人为本"。这一发展理念决定了对外开放带来的成就的最终的检验标准，应当是国民的福利，应当是云南人民的福利，而不是任何间接指标的上升。对外开放的效益，也就不能仅仅从经济上考虑，还要关注以人为本和人的全面发展。

第三个方面涉及开放的新要求和战略主题。在新形势下，开放的新要求应该是统筹国内外的发展与对外开放，更好地促进国内改革与发展。拿云南来说，是更好地促进省内的改革与发展，切实维护国家的安全。作为边疆省区，我们向周边国家开放，同样要高度地关注国家的安全、国家的形象、国家的影响。也就是说，科学的开放战略在于服务于和服从于国内的发展目标，在于对国内发展目标所起的作用，而不在于单纯的规模扩张和完成开放数量指标。

因此科学发展观指导下的新开放观的开放战略目标应该是对外实施互利共赢的开放，体现建设和谐世界的理念——睦邻、安邻、富邻，以实现与周边国家长期共赢式的合作。只有互利共赢式的对外开放才是可持续的。这一点对于云南来说也是特别的重要。最近在缅甸发生的事件当中，有些国家就把矛头指向了我们中国，也涉及边境贸易。这个当然是国外的敌对势力对我们的污蔑和攻击。但是从另一个方面来说，我们云南省在和周边国家的对外开放中有一些做法确实是要注意应做得更好一些，要避免引起敌对势力的攻击。

那么对外开放的战略布局呢？应该是与经济全球化的发展阶段相适应，从全球战略层面谋划国家的发展，从国家的根本利益探索对外开放的目标。同时，也要求中国各地区根据国家的总体战略实施相应的对外开放战略，从各个方面和层面提升国家对外开放的水平和参与国际分工的能力。

我想，用科学发展观来指导云南的对外开放，可以包括上述几个方面的考虑。

下面我将要讲的第二个问题是云南对外开放的成就和云南与全国的差距，主要说明我们云南在贯彻新的开放观方面与全国相比，面临什么样的艰巨的任务。

改革开放以来，尤其是进入 21 世纪以来，云南对外开放特别是对外贸易取得了前所未有的巨大的成就。但由于基础薄弱和客观条件的制约，从总体上看，云南还没有全面形成开放型经济，经济的外向度还很低，在参与东南亚—南亚区域合作、分工和资源整合中的作用有限。这是我对云南对外开放的一个总体的评价。

第一个方面，我想云南对外开放取得前所未有的巨大成就，这方面的情况大家都很清楚了。我节约一点时间就不展开讲了。

第二个方面，从云南对外开放的开放度以及融入全球化、区域化程度，在各个方面的对外开放中所占的份额来看，云南的对外开放水平在全国仍处于相对落后的状态。我们云南省的人口是4450.4 万（2005 年），占全国总人口的 3.4%，尽管近几年来我们的外贸都是以每年增加 10 亿美元这样的一个速度在向前发展，2006 年对外贸易额为 62.3 亿美元，大约为全国的 0.35%，但实际利用外资与全国的相比更少，工程承包方面稍微高一点，在全国所占比例也太低，而我们的人口是占到了 3.4%。也就是说如果按照人均贸易额计算的话，我们的人均贸易额只相当于全国的 1/9 或 1/10。这个水平是相当低的。

云南对外开放的差距可以从各方面来讨论，我今天讲的是一个总的情况，想反映出云南对外开放与全国的差距。在对外贸易方面，面对如此大的差距，我们可能面临着三重任务。第一个任务我们还要继续扩大对外贸易的规模，第二个任务是缩小对周边国家的顺差，第三个任务是要调整进出口结构，转变贸易增长的方式，这也是全国的一个总体的任务。在引进外资方面，我们云南要更加注重水平和质量，追求外资提升技术能力的同时，还有一个任务就是要继续重视招商数量的问题。这样的两个任务对云南都是非常重要的。

在区域经济所占的份额和融合程度上，我刚才讲我们要在全球化和区域化进程当中考虑。云南面向东南亚、南亚开放，在东南亚的融合程度并不高，在南亚就更低了。就东南亚而言，2006 年东盟十国对外贸易的总额超过了 1.4 万亿美元，而我们云南与东南亚的贸易虽然有了突破性的进展，也只是 21.7 亿美元，只占东盟整个贸易额的 1.5‰，这个份额是很小的。投资方面，我们云南对东盟国家的投资是三千多万美元，也是东盟国家吸收投资的很低的一个比例。东盟国家 2006 年吸收了三百多个亿美元的投资，云南只是占了一个很低的比例，1‰都不到。更为重要的是，与国内其他地区相比，大量外资的进入，对东部沿海地区高新技术产业的发展，经济结构的调整、优化和工业技术、管理水平的提高，从而也对东部沿海地区经济在国内外市场中的地位和作用的提升，起了重要的作用。而云南在这些方面就相对滞后了，我们需要给予更多的重视。

总结起来，以科学发展观、新的开放观指导对外开放，是对全国的要求。全国人均 GDP 已经达到了 2000 美元，外资、外贸也有了巨大的规模，到了要发生一个新的变化的时期。而云南的发展水平（2006 年人均 GDP 约 1000 美元），相当于全国的一半。在对外开放方面，与国内发达地区相比，我们的规模、水平就更小、更低。因此，可以说在以科学发展观指导对外开放方面，云南要取得更大的成就，面临着比全国发达地区、沿海地区更为艰巨的任务，需要做出更加艰苦的努力。同时，在这方面我们更要抓住机遇，充分利用多方面有利的条件，正视并面对新的挑战。

这两年我看到分析关于机遇和挑战这两个方面的文章已经很多了，这里也就不展开讲了。我就转入第三个问题，即新形势下云南对外开放的思路和目标。我想总体上提出这样一个思路：在科学发展观的指导下，真正树立以开放促发展和互利共赢的意识，进一步提高对外开放水平，提升云南参与区域合作分工地位，更好地服务于国家总体外交战略和建设富裕、民主、文明、和谐的云南（作为目标内涵）。要实现这样一个目标，就要统筹对内开放和对外开放，统筹面向东南亚、南亚开放和引进发达国家和地区（包括我们国内沿海发达地区）的资金、技术、人才和管理。以东南亚、南亚国家为重点，加快构建全方位、多层次、宽领域的对外开放格局，努力推进对外贸易持续健康发展，加大招商引资力度，积极实施"走出去"战略。在对外开放中推进云南特色经济、优势产业和高新技术产业的新发展，促进云南产业结构的调整优化和经济发展方式的转变，更好地服务于国家总体外交战略和云南又好又快的发展。

就具体目标而言，我们可以从两个层面来考虑。如果我们从国家的层面来考虑，当然是服务于我们中国的和平发展，和平崛起，服务于我们的外交战略；就云南而言，更具体地说，通过对外开放，应该有利于实现以下几个方面的目标：

（1）增强云南的优势和特色，提高云南的地位和作用；

（2）促进云南经济发展方式的转变；

（3）优化、提升云南的经济结构，推进云南的"三化"；

（4）有利于昆明成为区域性的国际中心城市，通过联系东南亚的滇越、滇老泰、滇缅三条"经济走廊"和沿边的开放带，形成面向东南亚、南亚，辐射全省的开放格局；

（5）有利于提高云南参加区域分工的地位，增强云南在中国对东南亚、南亚开放中的作用。

云南能够实现这些目标。我们要实现这一目标，就要适应国家对外开放的战略，将云南面向东南亚、南亚与云南的发展战略相结合，体现互利合作，体现我们的特点优势，加快克服和消除云南面向东南亚、南亚开放当中的弱点。这里有一个非常重要的问题就是我们已经确定了以东南亚、南亚为重点。既然是重点，那么就不能满足于一些数量上的上升，如对外贸易额又增加了多少等等，而要在全球化、区域化的背景下，进而考虑如何使云南在东南亚的区域分工和资源整合中占有更多的份额，在与南亚经济合作中发挥更大的作用。我想这是两个层面的问题，可能东南亚要考虑在区域分工和资源整合中的作用，而南亚还是一个在经贸合作中发挥更大作用的问题。对南亚我们现在一下子还不能够在区域分工和资源整合当中发挥更大的作用。那么过去30年中我们为什么没有能够做到这一点呢？我想主要还是由于地域、基础条件和政策以及当时东南亚、南亚的形势方面的制约，云南没有能够像沿海的省、市那样通过大量吸引外资承接产业转移，迅速扩大对外贸易、深化参与国际分工，改善在区域经济分工中的地位，没有能以制造业生产作为参与东南亚国际分工的主要形式。除了烟草、有色金属等少数几个行业，我们的企业竞争力在东南亚、南亚也是不强。

就目前和今后一个时期而言，我们云南如果要完全依靠自身的经济实力和能力迅速增强在东南亚、南亚的竞争力，还是有较大困难的。那么我们应该怎么办呢？我认为云南要在区域分工中发挥更大的作用（当然云南人首先自身要做出更大的努力），尤其要重视全要素生产力的提高，相关技术的引进和创新，包括产业结构的优化、制度创新、技术提高、知识方面的进展和经济规模的扩大等，这些要素与引进有密切关系。这就需要我们在做出更大努力的同时，要加大引进的力度，在引进的基础上增强我们自主创新的能力，使我们在区域竞争当中有更高的技术水平、创新能力。

从哪些方面作为我们引进的考虑，总体上我在前面已经讲了。从东南亚这个方面来看，我认为除了新加坡以及比它稍微弱一些的马来西亚和泰国，总体来讲东南亚的经济技术水平不高，已经落后于我国的沿海地区。因此从"技术引进"这个角度看，除了新加坡等少数国家，东南亚国家尤其是周边湄公河流域的国家，他们的资源是相当有限的。这就需要我们在对外开放的这一个重要的方面更多地考虑加强与发达国家、新型工业化国家和中国沿海地区的联系和合作，承接产业转移，引进资金、技术、人才和先进的管理等。在对外开放初期，邓小平同志就一再强调对外开放的主要作用是"引进"。我想到现在为止，我们国家总体上"走出去"和"引进来"都是重大的战略，但是对较为落后的地区而言，我认为"引进"还是更为重要的任务。在"引进"方面，云南确实存在着不少的不利因素和困难，学术界也好、经济界也好，多年来已经作过这方面的分析。但是也不能忽视我们的有利条件，而且在这个关系到云南对外开放和发展的重大利益和长远利益的根本问题上，我觉得云南不能"知难而退"，而要千方百计，争取有更大的进展，在引进和学习的基础上增强自主创新的能力。需要说明的是，"引进"和"进口"不是同一个概念，"引进"在经济意义上是从资金、技术、人才、管理角度讲的，而"进口"则是从贸易、商品角度而言的。

下面，我想就云南参与国际分工，尤其是东南亚地区的国际分工，以增强在区域经济合作当中的地位和作用强调以下几个方面。

第一，我想要强调的是"引进来"（承接发达国家和地区的产业转移）和"走出去"（向周边国家转移产业）相结合，积极、主动参与国际分工，把利用外资同提升和优化云南产业结构结合起来。我想这个结合也是今后我们能不能在更大规模的情况下，用更加有效的方法"走出去"的关键。这里的结合就要把引进的外资同推进云南工业优化和升级结合起来，包括前面提到的基本原则的指导。就是要重视节能、降耗、减排，大力发展云南的优势、特色、高新技术产业，优化发展能源及化学工业（我们在化工方面有基础），集约发展优势矿产资源及加工业，有重点地振兴装备制造业，加快发展特色农林产品加工业，包括黄毅部长刚才讲的生物产业、生物制造业。我想这里面讲到发展云南产业，从节能、降耗、减排来讲困难还是相当大的。但是这些又是云南的产业基础和特色之所在，这些方面的产业不是不能发展，而是要以更加科学的、节能的方式，引进国外的先进技术，在这个基础上加快发展。如果丢掉云南的这些基础和特色，走原来的工业化道路，将是走不通的。

第二，我建议要抓住国际产业正在逐渐转向服务领域的重点和中国—东盟已签署服务贸易协议的机遇，围绕云南在对外开放中服务于全国，服务于中国—东盟自由贸易区这样一个方向，加强、加快云南服务业的发展。高度重视资金流、信息流、现代物流对云南整体的发展的作用和影响，加大服务业的开放力度，加快旅游、金融服务、信息、物流、会展等第三产业的发展。这也是"引进"的重要方面。我们经常讲，云南对外开放要服务全国，服务于中国—东盟自由贸易区建设，这个服务是通过什么方式实现的？我认为这个服务主要是通过发展服务业，提升服务水平来实现的。

第三，我建议要充分发挥开发区在对外开放中的作用，加强作为对外开放重要窗口和招商引资重要载体的开发区的建设。对云南省来讲，特别是要建设好现有的两个国家级的工业园区（昆明国家级经济技术开发区和昆明高新技术开发区）。今年，两个开发区正好在举行庆祝他们成立20周年的活动。我觉得还要加大力度，在三个方面发挥作用：一是增强作为在经济和技术水平提升，尤其是在高新技术开发方面的作用；二是"孵化"具有云南特色的创新、创业和产业集群化的作用；三是发挥作为云南对外开放的窗口的示范、辐射和带动的作用。

第四，继续加大云南的外经贸工作的力度。这是我们云南对周边国家的优势之所在，这方面的论述比较多，而且有关部门的领导和专家已讲得很好了，我就不展开讲了。

第五，推进外贸持续健康的发展。这里面我想重要的是两个方面：一个是发挥好云南作为通道的作用。从一个相当长的时期来看，云南通道作用是相当重要的，服务于全国、服务于中国—东盟自由贸易区。发挥好这方面的作用，有利于从东南亚地区输入云南及国家发展所需要的资源、能源，也有利于国内其他省区的商品通过云南出口。二是要重视"云南制造"，提升云南产品的竞争力。我觉得这方面更重要。现在我们对东南亚出口的云南产品大约只占50%，这个比例应该说是太低了。

第六，在东南亚引进方面，我建议在与新加坡的合作方面能有所突破。云南现在与不少的国外城市建立了友好城市，包括苏黎世和日本的一些城市等等。我觉得应把现代服务业作为重点的合作和优先领域，同时加强节能环保、优化城市建设、生物开发等方面的合作，昆明与新加坡加强合作所起的作用在一些方面比我们与国外其他一些城市合作所起的作用可能更大。在生物资源研发方面，新加坡已经是亚洲的一个中心，同时正在成为世界生物技术研发的一个中心。它的节能、环保、城市建设和城市管理等方面在亚洲甚至在世界上都是领先的。而且，与我们在文化、语言交流上差异很小。它的国际开放程度是很高的。省委省政府已经提出建设现代新昆明，昆明市正在全力推行现代新昆明的建设，我觉得在现代新昆明建设方面更要借鉴新加坡的经验，也可以间接借鉴中新合作推进的苏州工业园区建设的经验。

最后我认为建设开放的云南、开放的昆明，从招商引资的角度看，关键是展示云南、展示昆明吸引投资者的独特优势和升值潜力。日本的一个非常有名的搞发展和投资的专家大前研一，他每年都要到世界各地去考察和研究四五十次，他说过这么几句很有分量的话："一个地区得以腾飞的关键的前提是能跻身于投资者的首选名单中。一言以蔽之，繁荣的前提是它必须能够向世界展示其升值潜力，至少要在投资者的圈子里清晰地展示出其与竞争对手不同的独特优势。"我想云南有条件也应向外部世界展示它的独特优势和升值潜力，这种展示将带来更多的发展机遇，促进云南更好更快的发展。我的发言完了，谢谢！

（听众）问：

谢谢主持人张荐华教授给我们年轻人一个提问的机会，也非常感谢贺圣达研究员给我们作了一个非常精彩的报告。众所周知，云南省不仅有丰富的原生态的矿产资源，也不仅仅是"植物王国"、"生物王国"、"花卉王国"、"矿产王国"。正如贺圣达研究员提到的什么是云南省独特的优势和升值潜力呢？我想主要在于云南省的民族的多样性以及地域的复杂性，这在全国其他的 30 多个省、自治区、直辖市也是没有的。同样，云南也是"原生态文化王国"、"原生态生物环境王国"。而正如贺研究员所言，云南省近十年来的发展，要走"一增一减"的经济社会发展道路。所谓"一增"就是增加资金投入，加大基础设施的建设，拉动经济的增长，这是"一增"；"一减"就是要减少矿产资源、规划不利的开发，减少损失量，提高开采量，来提高 GDP 的百分点。这两者都是以破坏环境、消耗资源来发展经济的恶性的、落后的增长方式，通过这样的增长方式提高的 GDP 很明显是违反科学发展观和可持续发展理念的，显然不利于资源节约型、环境友好型社会的建设。我想云南省最终的可持续发展、科学发展关键还是要抛弃以往的靠消耗硬资源、非绿色资源拉动 GDP 增长的这一非科学理念，而转向以靠软资源、绿色资源拉动 GDP 增长的科学发展理念。我的问题就是：云南省的软资源和绿色资源莫过于（正如黄部长所言）生物多样性资源以及云南省原生态的文化产业资源、云南省多格局的教育事业资源，请教贺研究员，从科学发展观和云南省委、省政府"走出去"战略的角度，您认为云南省的文化产业、教育事业的对外开放及那些关键性的问题，您有哪些解决方案？谢谢！

贺圣达：

好，谢谢！这位同学提了一个很好的问题，云南要实现可持续发展，当然不能拼资源。但是我想现在要发展经济，我们不利用资源，不消耗资源，这是不可能的。我们只不过是要更加有效地利用资源，实现可持续发展，这是一个方面；第二个方面讲到云南在文化产业、教育产业方面的发展，这个方面，我没有作过很具体的研究，但是我认为这在云南今后的产业发展方面有一定的潜力。我个人认为在教育方面有一定的潜力，但是要把这方面的潜力做得很大是有困难的。我们可以继续扩大面向东南亚、南亚的教育，但是从我们云南整体教育发展水平来看，我们和国外、国内的教育水平还有差距。东南亚这些国家的学生留学的主要意向（如果他们是学工程技术、科学技术的），还是发达国家或地区，尤其是较高层次的。我们云南主要是在语言、文化方面的高中等教育有一定的优势，与东南亚地域、文化上的联系和相关的教育有一点优势，但是我个人认为不要把在教育方面的优势估计得太大，把教育作为一个对外开放的产业的作用估计得过高，特别是从对国民经济、对GDP、对云南经济的增长来看，作用不会是很大的。教育合作的社会影响、文化影响在加强、加深与周边国家的友好关系的作用更大。在这方面，在中国新成长起来的东南亚的学者、教育家、老师可能会对中国怀有更深的感情。他们回国以后将会在推动其所在国家与云南、与中国的友好关系、经济合作方面起更大作用。我想"无形的"作用可能要比"有形的"作用更加明显。这是我个人的看法。

张荐华：

好，下一位请！

（听众）问：

谢谢贺老师！

贺老师，我认为您提出的云南省承接发达国家的产业转移和自己产业向东南亚国家转移，您这个提法是否和您今天发言的主题有矛盾的地方？因为我们知道，发达国家向咱们国家转移产业，在我们提出科学发展观之前，主要是夕阳产业和高耗能、高污染的产业向我们国家转移，而我们国家就您刚才提的缅甸那个地方，包括我们国家一些产业向非洲转移都受到了国外一些人的批评，您认为这个提法和新的科学发展观指导下的对外开放观是否矛盾？谢谢您！

贺圣达：

这个问题提得非常好！是不是承接发达国家的产业，就是承接高耗能、高污染产业？我认为承接发达国家的产业也不完全是污染产业。承接发达国家产业是多方面的，这个"承接"的意思，也不是把它原来的产业整个拿过来，而是利用它的技术，也包括了这方面的含义。不是说国内国外他们不要的产业，包括东部地区他不要的产业，就转移到西部地区，这也不可能，而且他们所转移的产业，据我们分析，也不完全都是高耗能、污染的产业。当然云南承接些什么样的产业这个问题，还要具体研究，产业的领域很多。今天就给你一个简单的回答，但是你提出这个问题我觉得非常好，我们要深入研究这样一些问题。好，谢谢！

张荐华：

好，那一位！

（听众）问：

好，谢谢张教授给我这个机会！我想请问贺研究员两个问题。您刚才提到，云南经济的发展要实施"引进来"和"走出去"的战略，但是我们都知道这样一个规律，在80年代中国经济的发展是以深圳为中心带动整个珠江三角洲的开发；20世纪在90年代，邓小平又提出开发浦东新区战略，带动以上海为龙头的整个长三角地区的开发；在 21 世纪的今天，中国又提出了以天津为龙头进行环渤海开发的战略。那我想请问贺研究员，云南作为一个边疆省份，一个相对落后的省份，要实现经济的发展，把国民经济搞上去，云南在国家整个经济开发战略中占有一个什么样的地位和起到一个什么样的作用？这是第一个问题。第二个问题，我们知道，我们中国的对外投资主要是得到如美国、欧洲等国的资金和技术。那么我们云南虽然有一个优势，它面向东南亚，但是与云南相靠的缅甸、老挝、越南等国家都相对落后，云南在吸引外资方面，中国应采取什么样的政策，才能真正地把资金和技术投资引进到我们云南来？这是我想请教贺研究员的两个问题。

好，谢谢！

贺圣达：

好，谢谢！第一个问题讲到了中国新一轮对外开放的布局，我想除了你刚才讲到的，广西又提出了泛北部湾经济合作的发展战略。云南应该提出什么样的战略？这个问题确实值得在座的每一位思考。我想我们云南应该提出推进中国西南的对外开放战略、西南内陆地区对外开放战略。当然这主要是面向东南亚、南亚，只是对于云南（对外开放战略）而言，如果要提到国家层面，应该是提中国西南。云南在中国西南方向的开放战略（的地位和作用）是任何一个其他地区所不能取代的。如果是其他的战略，如面向海洋方面，我们不能和沿海地区甚至不能和广西相比。人家（广西）已经提出了这样一个战略，这是对你的第一个问题作一个简单的回答或看法。关于第二个问题，云南在引资方面，引进国内、国外的资金、技术方面我们有什么样的作用优势？从国家来看，当然现在是仍然注重沿海地区，实际上沿海地区所占比重非常明显，占了全国的 86%。对于我们云南，我觉得主要还是（至少从近期来看）要考虑我们资源方面的优势和特色，以及怎么样和国外的资金和技术接轨。包括黄毅部长早晨提出来的生物资源的开发，把我们生物资源开发和高科技相结合，如果结合得好，比如说从某些生物当中提炼出的成分制成生物制品作为保健或者药物使用，这种生物就身价百倍了。我记得刚才有一位同学还是老师提到，我们有许多的"王国"之称，如"动物王国"、"植物王国"、"花卉王国"、"有色金属王国"，但我们这些"王国"还没上升到对它的高科技开发、利用的水平。在这方面我觉得应该能够做得好，包括在生物的开发方面和国内先进的，甚至与新加坡、日本和欧美一些国家的先进的技术结合起来。在某种意义上，我们可能过度注意了面向东南亚、南亚对云南的重要性，面向东南亚、南亚，我当然是非常赞同的而且是积极主张的。在资源的深层利用这个问题上，这方面我们考虑在向东南亚"走出去"方面可以有所作为，但在"引进来"方面可能（除了新加坡）是没有多大希望的。在这方面我们眼睛还是要盯着掌握高新技术的发达国家和地区。在这方面我们是有潜力的，只要下工夫，在云南生物资源的开发、在矿产资源开发等某些方面是可以取得重大的进展的。谢谢！

张荐华：

那位女同学，最后一个！

（听众）问：

谢谢主持人，谢谢贺老师！刚才听了贺老师的演讲很受启发。我想提的问题是：云南如何利用面向东南亚、南亚开放的机遇，应对经济全球化的挑战？

贺圣达：

其实这个问题我刚才讲了。我们现在自身还不够硬，我们要增强自身的能力和实力，这个是非常重要的。多年来虽然我们在东南亚取得了进展，但是我们在东南亚市场所占的比重实在还是少。现在我想讲的是我们怎么样增强面向东南亚、南亚的能力和实力。增强自身实力，对云南来讲我们首先要做最大的努力，但由于我们自己原来的基础差和水平低，我们要在短期内迅速地增强能力，提高水平，最有效的途径，我始终认为是要引进。在一个发展中国家发展的初级阶段，（我们作为一个地区），引进是特别重要的，引进能帮助云南迅速增强自己的能力。当然能不能引进的关键是能不能吸引其他投资者。引进的一个重要方面当然是我们的软环境，还有一个是让人家（投资者）能真正看到我们的优势和特色，确实是能够给他们带来升值空间（投资者首先考虑的是升值空间）。当然，我们还要高度重视环境影响。我想把引进、创新、增强自身实力和可持续发展这几个方面结合起来，在面向东南亚开放及融入东南亚区域经济，占有更大市场空间方面，在短时间内，我们是可以取得更大的进展的。谢谢大家！

张荐华：

好，我们的互动就到这里为止，下面我们要请两位点评人来对贺圣达教授的演讲进行点评，每位点评人有十分钟的时间。首先，我们邀请云南大学副校长、北京大学和云南大学的教授、博士生导师曹和平教授作点评！

曹和平：

今天两个点评人，杨先明院长准备比较充分，全面点评应该由他来。云大是发起"云南论坛"的四个单位之一。请允许我代表云南大学的学校老师和同学对这次主办方，以及尹书记、骆校长、邹副校长等表示衷心的感谢！另外，感谢参加大会的各位观众，我发现很多在走廊里面站着。如此好的资源，说明这个论坛不仅有基础，而且有非常坚实的基础，感谢大家！

"云南论坛"由财经大学、黄部长以及其他省委领导共同倡议发起。第二届在云南师大，第三届在社会科学院，第四届才是在云南大学。我们只好有一点点嫉妒。作为师大是幸运的。这是一。二是想对在座的省领导，比如说郑主任和王主任，还有其他部门的领导表示感谢。没有你们的参与，论坛很可能在政策建议的对象上无的放矢。你们坐在这儿我们的主办方感觉到心里踏实。

第一，最近有一个说法，如果一个国家没有硬实力的话，人家一打你就垮，那是伊拉克；如果没有软实力，人家不打你自己垮，那是格鲁吉亚和乌克兰。将这个思想放在经济发展方面也有方法论的启示。"云南论坛"应该是云南省建立自己软性实力制度性突破的诉求。从这个角度，主办方有一个要求，实际上我们对省委领导的要求也是很迫切的。你们不来的话，建立软实力就缺了关键的一方。这次省领导来的不多，我们对省领导提出这样一个学术性的、温和性的批评。

第二，"云南论坛"规模还是比较小的。我记得在2004年、2003年办"北京论坛"的时候，北京大学和中国人民大学互相在争。后来，复旦大学争来了"上海论坛"，想想这是一个什么样的资源？这是一个话语定位的制度性资源。会展经济这种平台是依据会议资源建立起来的。论坛的影响，今天看来小，未来是不可限量的。

第三，这次会议最初是汪校长他们发起来的，纳入了三个学校，一个单位：云大、师大、财大和社科院。干吗不把民族大学和昆明理工大学也纳入进来呢（我发现昆工今天的院长也在这，民族大学的也在这）？好的资源要共同分享、共同集合起来，这个论坛才能够强大，所以我想向论坛的举办方呼吁能不能扩大我们的规模单位，而且应该扩大！这是我的几个建议，也是我对这次论坛的一个祝贺。

刚才我听了贺副院长的报告后，我觉得报告非常全面，他的思路很清晰。比如说，他对云南对外开放的现状把握得相当好。比如，在比较云南的情况的时候往往与全国的平均数相比较来告诉大家，其中有一个数字，比如说我们的出口份额是全国的0.3%，可是我们使用的资金是全国的0.44%。什么意思呢？花了更多的钱，但是出口份额反而没有人家平均水平多，这个比较我觉得是比较吸引人的。贺副院长在对云南现状的把握与全国的比较方面，他是有自己独到的地方的。我觉得他最后提出的建议，也相当全面，待会儿杨院长可能对它会作出一些评价。我想提一个问题。贺副院长最后一个建议当中说：云南的发展要撇开苏黎世区模式或苏黎世互动模式，而用新加坡模式。个人的观点可能恰好相反。如果贺副院长在座的话，因为是理论讨论，我们可以商榷，下来可以谈，很可惜没能给你回答问题的机会，我说完你不能提问。

贺圣达：

这里我要解释一下，我说的昆明市和苏黎世的合作，可能是与新加坡的合作更有效，而不是说云南发展模式。这个问题是需要解释一下的，这是个比较大的问题。在城市建设方面能够与新加坡合作可能比与苏黎世合作更好一些（曹和平：好）。我就说这个观点。

曹和平：

看来我不得不将观点修正一下，在发展模式上提问题：云南的发展应该是和新加坡接触还是和瑞士接触，或者说云南省的发展应该采取新加坡模式还是采取瑞士模式？你比如说云南省没有一公里的海岸线，新加坡是一个岛国；云南省94%是山地，瑞士的96%是山地；云南的玉龙雪山就是瑞士的阿尔卑斯山；云南有九个湖泊，有坝子，瑞士也是一样。所以云南是欧洲大陆的瑞士，瑞士是亚洲大陆的云南。仅仅粗放地比较一下，我觉得瑞士不能够放弃。看看新加坡能不能帮助我们。新加坡是 400 万人口，600 平方公里的土地，等于我们的西山区加上官渡区，靠一个 400 万人来帮助我们 4000 万和瑞士人来帮助我们是差不多的。但是哪一个"小区"来帮助我们更有效？我觉得是瑞士。为什么呢？在过去的 15 年间，中国经济的快速增加是靠什么呢？是"两头在外、中间加工"的模式——大量进口原材料，加工一道或者数道工序，变成零件、部件、半成品和组装品再把它卖出去。这种模式，沿海五省三市是从哪来的？是从新、港、澳、韩、日开始的经济体来的，是这五个经济体创造了"两头在外，中间加工"的模式吗？不是，是他们早年对欧洲平原大陆德、法、意、卢、比、荷以及英国制造业发展模式的一种模仿和复制。当时处在偏远地区的"欧洲的云南"——瑞士——在干什么呢？瑞士没有搞这种"傻、大、黑、粗"的建设模式，它发展的是什么呢？是精工制造。一麻袋手表，我从伯尔尼背到巴黎，远比你当年法国从亚尔萨斯越过国境线向法兰克福送煤去炼钢收益要高。瑞士是否光靠精工制造呢？不是，它的医疗、保险、酒店、酒店管理、护理、科研，还有它的金融、旅游，是不是和我们云南全都对上了呢？瑞士的人均 GDP 是世界最高的国家之一。如果处在亚洲平原大陆学瑞士的话，与学德、法、意等欧洲平原大陆不同。我觉得云南要学瑞士模式的话，（可能刚才我过于敏感，没有提炼清楚，稍微校正一下）是一个大问题，要研究。

至于和新加坡的合作，应该放到与东盟互动的水平上。我认为，贸易的重点是从商品市场进入要素市场。为什么呢？因为边境地区的贸易发展及其多年的历史证明，要素市场给边境地区带来的收益远比商品贸易对边境地区的收益大很多。比如说，牛根生 8 年（就是蒙牛）超过了伊利，他最近在香港市场的份额是75%（牛奶），在马来西亚是 25%，把澳大利亚挤了出去。可是他的产品是在哪儿有魅力？那么远的路走过云南到马来西亚，居然有竞争力！最终产品贸易对云南来说应该是跟人家（蒙牛）在一个市场平台上。想想进行要素贸易是一个什么情况。可以举一个例，云南有一个机械设备技术股份公司，把缅甸的伊洛瓦底江和另外一条江 40 年的开发权拿到手，5000 万瓦的装机容量，相当于美国年发电量的 15%。现在大唐和我们国家电网等去缅甸投资，必须要我们这个（大唐）公司来合作，在要素市场上占据了贸易权，处在产业链上游的位置，云南恰好有这个优势。好，由于时间不多，就讲到此。谢谢大家！

张荐华：

下面我们邀请云南大学发展研究院的院长、博士生导师杨先明教授作点评。

杨先明：

谢谢主持人，谢谢贺圣达教授所作的精彩演讲，也谢谢这次大会的主办方师范大学对我的邀请！

刚才贺圣达教授作了一个如何实现云南的开放的演讲，提出了一些真实性的建议，值得我们重视。特别是关于云南对外开放所面临的挑战以及未来推进云南开放的思路，他的思考是很有创建的，也符合云南开放的现状，我十分认可贺教授对云南外向型经济发展的基本观点。曹和平教授对贺教授的演讲也作了精彩的点评，他的点评当中有很多亮点，引人入胜，很值得我们思考。在此，我想对云南、对西部沿边的省区如何加快发展、如何加快开放谈点自己的看法，也作为对贺圣达教授演讲的点评。

我觉得如何加快云南的对外开放，第一个需要考虑的问题是沿海的开放模式能否套用在我们这样的西部边远地区。毫无疑问，中国东部对外开放已经取得了举世瞩目的成绩，它是一个什么样的模式呢？它是通过加工贸易的发展带动制造业的发展，充分地利用海洋的低成本的通道，加上世界工厂的这样一种对外开放的模式。地域优势使得东部沿海在开放过程中收益很高，这些优势可以使东部沿海地区在世界的产业链当中成为重要的组成部分。可以说，到现在为止，我国东南沿海、东部的开放是十分成功的，其成功的经验完全可以用一般的经济学国际理论作出最具有解释力的分析。但是，我认为，我国并不是一般意义上的大国，而是个巨型国家，东部沿海地区与西部沿边省区以及周边的地区差异相当巨大。正是这种巨大差异的存在，我觉得沿海开放与沿边开放属于完全不同的模式，我们很难利用沿海开放的成功模式来推动云南这样一个西部沿边省区的开放。换言之，云南的外向经济不可能对东部开放模式，即一种成功的模式形成完全的路径依赖。

第二个需要考虑的问题是云南对外开放的努力与所得到的收益之间存在巨大反差，这说明了什么？刚才贺教授演讲当中所用的数据已经充分表明了，云南在对外开放做出巨大努力，并取得一定成就的同时（我们是以外向型经济的业绩），与全国的平均水平，与其他的兄弟省区也有不小的差距。也应该看到，我们不是不努力，中央的政策对西部的开放也不是不支持。自西部大开发以来，我们可以发现中央加快西部对外开放的决心和加快开放的方向，但是在这里有一个问题，很多政策的隐含的前提就是认为东部成功的模式就是西部开放的未来。但是，我们从现实来看，云南以及其他的西部沿边省区在对外开放方面做出巨大努力与它的收益不成正比。我们缺乏以贸易作为增长发动机以引进外资、通过市场方式引进技术与产业的基础。具体而言，我们缺乏具有市场潜力的精英企业，缺乏与外资相匹配的产业结构和产业的配套条件，缺乏外资合作的理想对象。比方说，那些具有创新能力和高素质人才技术的企业。所以，我觉得还有很重要的一点：我们缺少一些生命力强、附加值很高，尤其是可以通过附加值高可以克服我们巨大的空间运输成本的高科技产业，就像黄部长刚才倡导的生物经济、生物产业。所以现在必须高度重视如何依托我们的资源优势建立起有利于降低空间距离成本、附加值很大的高科技产业。如果没有这些精英产业，我们是很难大规模引进外来资本与技术的，也很难融进国际生产网络。这也说明，云南开放经济的成效从根本上还是取决于内外优势的结合。

第三点是如何增强云南在区域规模当中与资源整合当中的地位与作用，这是贺圣达教授在演讲稿当中提出的一个十分重要的问题。我们一直在强调，云南是处于几个次区域当中非常重要的交汇点，云南是多个国际合作和国内区域合作的重要参与地区，在这样的背景下，云南如何提升在整个国家开放战略中的地位，有两个关系十分重要：一个是云南如何提高在区域合作当中取得自身收益的能力，这方面广西是个十分好的值得借鉴的案例；另一个是考虑如何在次区域合作当中，与我们的邻居在合作开放当中实现共同的增长，实现利益均沾。我们的很多文章都把眼光盯着周边国家的资源，中国的发展、云南的发展需要周边国家的资源与市场，但是要实现最终的目标也存在模式的选择问题。我们的发展模式应当尽量与周边国家的发展目标相吻合，我们参与周边国家的合作，究竟以直接投资为主，还是以贸易为主，或以对外经济合作方式为主，的确需要我们作深层次的研究。

总之，面对云南的现状与对外开放需要解决的问题，我们需要考虑构建一个完全不同于沿海开放模式的新的沿边开放战略；要考虑在外资长期缺乏、缺乏外资推动的情况下，云南如何实现持续的增长，如何构建一个完全不同于沿海模式的新的开放模式，我觉得这十分重要。这种新的开放模式、新的沿边开放战略，至少应该有这样几个出发点：（1）新的沿边开放战略，它的依据将不是经济学的一般贸易理论，而是区域经济的一体化理论。（2）在沿边开放当中，它所产生的边界效应以及它所产生的成本等一系列问题，还有如何有效地克服边界效应所产生的一系列问题，这些应当是这种沿边开放战略研究的重点。（3）海洋空间和陆地空间的差异以及对不同区域、不同发展模式、不同开放形式产生的本质性影响，需要我们作深入的分析，以免我们在政策的制定方面不加区别地把沿海政策、沿海的发展模式利用在我们的沿边发展当中。这往往只会起到事倍功半的效果。（4）要考虑我们沿边开发战略要点何在，我觉得可以用这样的话来概括：就是构建国际通道、弱化边界效应、加快要素流通、推动产业发展、加速与周边的一体化进程、构建沿边地带的经济增长模型来带动整个云南发展。

以上观点是我的一些思路，谢谢主持人，谢谢！

张荐华：

好，感谢贺圣达教授精彩的演讲。感谢曹和平和杨先明教授中肯的点评和他们对贺圣达教授的演讲高度的评价，以及提出他们自己的一些看法。云南的对外开放问题是我们"云南论坛"研究的一个很重要的问题，也是我们云南发展中亟待进一步深化、进一步扩大的一个问题。这个问题对云南今后的发展非常重要。今天贺圣达教授介绍了整个情况，介绍了他的一些观点和看法，也提出一些需要继续深入研究的问题，两位点评人也提出了他们认为需要继续深入研究的问题，我想这些问题都是需要我们作进一步研究的。

我们"云南论坛·2007"第一单元就到这里结束！下面我们请骆校长接着主持。谢谢大家！

骆小所：

非常感谢张教授、贺圣达教授、曹校长和杨教授！刚才贺圣达研究员作了 个很好的报告，也提出了很多值得思考的问题；两位点评人提出了翔实的云南发展的思路。第一单元的主持有条不紊地进行，后面的互动使会议得到升华。下面我代表云南师范大学向四位专家：张荐华教授、贺圣达研究员、曹和平教授、杨先明教授颁发云南师范大学兼职教师的聘书，谢谢四位专家的接受！

第二单元
生态安全与云南经济发展的关系

主　持：杨　杰　云南省政府研究室

主题发言：汪　戎　云南财经大学

评　论：邹　平　云南师范大学

程厚思　云南民族大学

云南论坛 · 2007

骆小所:

第二单元的讨论即将开始。下面我们把会议的主持交给杨杰副主任。杨杰，省政府研究室副主任，硕士学历、硕士生导师，兼任云南环境保护专家资金委员会委员、云南省地方税务研究会董事、昆明市政府咨询委员会委员、昆明市科学技术奖励委员会委员、昆明理工大学国营经济硕士协会委员会副主任等职，长期从事宏观经济政策研究和区域经济发展战略研究，主持参与多项国家课题研究。下面我们把第二单元的会议主持交给杨杰教授。

杨 杰:

尊敬的各位专家、各位教授、老师们、同学们，非常荣幸能主持"云南论坛"第二单元的演讲，演讲之前我们邀请云南师范大学邹平教授和云南民族大学程厚思教授作为点评人上台就座。大家欢迎！

同时，介绍第二单元的主讲人汪戎教授。汪戎教授是云南财经大学的校长、教授、博士生导师，全国 MBA 硕士指导委员会的委员、教育部经济学学科教育指导委员会委员，也是云南省高级经济师职称评定委员会常务副主任，省政府发展研究中心职称评定委员会的副主任和省政府发展研究中心特邀研究员，云南铜业集团投资顾问，省国资委、云天化集团公司独立董事。汪戎教授长期从事政治经济学研究，有许多专著和论文在全国发表，下面我们以热烈的掌声欢迎汪戎教授给我们作演讲。

汪 戎：

我的报告的题目是《关于经济增长与生态安全的思考》，对这个问题的探讨有很多很多方面，但是今天由于时间紧，只能将评论局限在生态空间的概念上。

大家都知道，"增长的极限"是"罗马俱乐部"的一个著名的宣言，这个宣言发表之后，人类对自身赖以生存的自然资源产生了越来越严重的危机意识。人们开始反思，人类的增长真是没有极限吗？因此，财富增长与资源付出的关系就成为许多经济学家以及其他领域的学者们不得不关注的问题。我们现在经常讨论的所谓"资源陷阱"、"资源诅咒"等等概念都是这些研究的后续结果。

所谓的"资源陷阱"讲的是一个仅仅依靠资源产业的区域或者国家，其经济发展的后果必然是贸易条件恶化。因为，资源产业生产出来的是初级产品，以资源产业作为国民经济支撑的区域或国家，其出口的主要成分就将是资源产业生产的初级产品，而它进口的却是非初级产品，所以它的价格之间存在出口产品价格低、进口产品价格高的这么一个恶化的价格贸易条件。这样一个恶化趋势，将使这个地区或国家更多地依赖其资源产业。一个国家和地区更多地依赖资源，也就更多地促进贸易条件的恶化，贸易条件的不断恶化导致这么一个资源陷阱。

所谓"资源诅咒"是指过度地依赖资源产业，使生产要素无法集约起来，由于过度的开发带来了巨大的灾难，自然灾害的产生、污染的产生、空气的变化等，一系列宏观环境和微观环境的

61

恶化为人类的生存和发展带来了灾难性的后果，创造财富的天使成为人类生存的魔鬼，这个是资源的诅咒。

这样一些学者们（经济学家、生态学家、人类学家）的理论、观点和政策性研究汇聚在一起，最后形成了我们所言的可持续发展理论体系和实践。对这个问题的讨论对我们云南尤其重要。因为云南就是一个资源产业大省，尽管自然资源人均上并不丰富，但是资源的多样性在全世界著称。同时云南的产业结构、人民生活乃至云南的文化系统都是依赖于自然资源、依赖于生态经济，所以整个生产生活和社会发展都离不开资源利用开发问题。正是由于这样，研究这个问题，思考清楚这个问题对于云南经济社会战略发展尤为重要。

一、问题的提出

我想从"生态足迹"空间分析方法入手。这个分析方法是加拿大学者 Rees 和 Wackernagel 在 1992 年提出的。他们其实是提出了一个概念，叫做生态生产能力面积，所谓生态生产能力面积是指能为人类生存和发展提供全部经济和社会需要的土地面积，这个空间概念包括农地、林地、工业地、城镇用地、能源交通用地和水域等能够为人类提供全部经济生活和社会需要的所有面积。根据这个理论，通过研究发现，随着工业化进程，人类的生态足迹指数是成倍地增长。因此，人类发展是对生态系统的一种入侵行为，对生态空间的争夺和侵占。我们现在可以断定，全世界已经没有哪个地方没有人类的生态足迹了，人类对自然的探索和利用已经遍及了全球的每一个角落。如果说，人类的生态足迹所到之处对自然生态环境的安全必然产生威胁，那么，人类生活已经而且必将持久地威胁着自然生态系统的安全。

　　但是，我们又发现另外一个现象，在人类自己创造的生存和发展空间中出现了与人类活动相适应的，与原始生态系统不同的新的生态系统。我们有城市、有农村，有田园式的生态空间、有城市和谐的生态空间、有产业的生态空间、有市民生活的生态空间，这些所有的生态空间与人类的生活是相适应的。那么我们要问：这个人类创造的生态系统有没有生态安全了？真是人类的生态足迹所到之处都持久地威胁着生态安全吗？我们没有否认，人类自身的发展形成了人类的足迹，造成了非常多的生态安全问题，出现了以上所提到的"资源陷阱"、"资源诅咒"。但是人类在他自身的活动中间又创造了适应人类自身的生态环境和生态系统，这个人造的生态系统是不是威胁了整个自然生态系统的安全？

　　要回答这个问题，我想有两个理论假定要讨论。一个是传统的看法，而且被很多学者接受的看法，这就是原始生态的付出是人类社会存在和经济发展的最初基础。这就是生态足迹的理论基础，我们讲了一个完全自然态的生态环境和区域，人类的活动一定是一种外部的入侵。无论是工业、农业、旅游、城镇和文化建设，只要对这个原始生态环境进入，肯定形成侵入活动。这种进入活动最终会导致原始状态多元性的植被系统、生态景观系统，土壤、水流、水质、降雨乃至于气候的变化，进而发展成为空气、水资源和人类活动密切相关的自然资源的一种污染和破坏。所以根据这个理论，这种不可避免的趋势，它来自于两个方面的原因。第一个是人类本身就是自然发展的产物，在这个意义上讲，人类对生态系统的侵入和改变，也是自然生态的变化过程。因为，我们从理论上思考这个问题，人类本身是生态系统的一个不可缺少的组成部分，自然生态系统的演变过程和人类的活动是密切相关的，因此自然生态系统的这个变化是不可避免的。第二个是人类存在和发展的基础就是不断满足自身日益增长的生产和生活的需要，而这一需要只能通过与自然界交换自然资源和能源来实现。从根本意义上讲确实是这样，如果不通过和自然界交换资源和能源，我们如何实现自身的生存和发展。我们在座的每一位认真地想一下，自己身上和身边任何一种消费与享受都来自于自然资源，离不开与自然资源的交换。所以基于这样两个因素，人类的任何活动与生态系统、与自然资源无关，不以入侵和干扰原生态系统为前提，是不可想象的。所以破坏原生态是不可避免的，让生态作出付出也是不可避免的，这就是第一个理论。

第二个理论假设是回答这样一个问题，对人类生存和发展有意义的生态安全是什么？既然有威胁论，真正的威胁是什么？生态系统的变化和破坏过程将对人类的生存和发展产生威胁，增长的极限就是这个威胁论，而且这个威胁论可以说在现在是非常时髦的。那么我们要问这么一个状况，这个威胁论立足于只对原始生态环境的一种破坏，对原始生态环境的破坏就是破坏生态安全，也就是说原始生态状况就是生态安全状况。

要讨论这个理论假设，就应当明确，对人类有价值的生态安全应当有两个基本的标准。一是生态付出的成本与人类发展的收益比例。在一般经济学的意义上来讲，只要生态付出的成本低于人类发展的收益，这种生态的付出对人类发展都是有意义的。随着人类发展过程中经济社会文化收益的提高，单位人类收益的成本会有比例地增长，最后，人类活动的边际生态经济效益将趋近于零。也就是人类生产活动越增加，人类的经济活动和收益活动也越增加，那么增量的人类经济活动和社会活动所获得的生态收益将趋近于零。在一般情况下，这一边际生态经济效益的变化将随着人类发展的进程，每增长一个收益单位的生态成本将以几何级数的速度增加，以至于人类往往来不及控制，就迅速地走向了负值。比如说滇池，我记得 1988 年，我小孩 3 岁，带他去滇池游泳，那个时候人们还没有滇池被污染的意识。事实上，滇池的污染（在那时）已经开始了。经过三年的时间，在 20 世纪 90 年代初期，就不能再到滇池游泳了，为什么这三年迅速变化超过滇池几十年、上千年甚至是上万年的变化呢？事实上生态环境的恶化就是这样，是以几何级数增长的。当你没有意识到它污染时，你不会去自觉地控制污染，而当你意识到它已经被污染的时候，已经难以控制了。我们现在算一笔账，滇池承受二十年的污染，给周边社会带来的收益和现在要将滇池还原到二十年前所付出的治理成本比较，绝对是治理成本要高于收益。所以这样一个经济学上的分析标准就导致了这么一个基本的判定：对自然资源的索取或者对生态环境的索取最终将导致生态环境对人类的威胁。

另一个标准就是生态系统自身发育变化的过程。如果我们把生态安全的标准建立在一个没有人类行为和活动干扰的"纯自然"的生态原始状况上，把它和现在的情况进行比较，我们就可以得出这样一个结论：越接近原始状态，生态系统的安全性就越高。所以生态安全性越高的基本的主题就是让我们去接近原生的生态或者是生态环境。

我觉得这两个理论的设定都有它的缺陷。第一，我们很难发现一个完全没有人类干扰的原始生态系统的。你现在到哪里去找，南极、北极？已经被人类干扰，已经被污染。除南极、北极之外就是海底，最深的海沟，人类已经去了。还有什么地方没有被人

65

类进入的呢？所以我们是很难发现一个完全没有被人类干扰的原始生态系统的。第二，完全没有人类活动干扰的"纯自然"的生态系统对于人类生存和发展是没有任何价值的。生态对于生态本身，如果离开人类的价值判断，我们还考虑生态干什么？如果没有生态价值，人们还关注生态干什么？所以与人类的发展没有联系的"纯自然"的生态系统，我以为对人类是没有价值的，人们不会去关注，也不应该去关注。所以，建立生态安全标准必须有一个前提，这就是人类生存和发展所要求的，是具体的生态安全，而不是抽象的或者是根本不存在的原始生态安全。既然人类发展是建立在生态付出基础上的，生态安全也要服从于人类的生存与发展，那么生态系统的持续破坏是不是就不可避免了，人类的可待续发展又如何实现呢？所提出的这种假定是没有这个生态安全的原始系统存在的，人类必然要去破坏它，必然要去干扰它，那么人类的可持续发展又如何实现呢？

二、人类发展和文明进步是生态系统安全的基本保障

我觉得只能这么去认识问题：人类发展和文明进步是生态系统安全的基本保证。还要回到人类发展和文明进步上去看这个问题，离开人类发展和文明进步，去探讨生态安全是没有意义和价值的。生态系统是在动态过程中实现安全的。首先它是内生的，内生的过程中间有一个自然界自身的竞争让物种实现更新、实现生存、实现消亡的这么一个过程。所以，每一个物种都是在生存和消亡过程中出现的，恐龙为什么会消亡？为什么只是人类从众多的生态多样选择竞争中成为最珍贵的生物？其实这是一个自然的过程，所以它内部所有的生态系统自身都在自行调解，随时会看到破坏、死亡和新生。生态系统自身在调解，它不是一个永远保持原始生态的状态，即使在原始状态中，物种也是在自身调节。如果把人当成是生态系统的外生概念来讲，那么这个系统更是动态的。因为人是所有生物中间最有能力自觉地实现生态安全的一种。

　　为什么这么说？首先，人类是自然界中唯一的自觉物，人类懂得物质财富的积累，这是人类自觉的行动。但是人类也懂得生态环境的积累，它仍然属于财富和幸福。我想除了人之外，没有任何其他的物种和生物能够意识到这一点。其次，在当今世界中，还只有人类有能力来实现生态系统安全，人类通过他追求财富的理性选择，不可避免地破坏了自然生态系统安全。但是我们认真思考一下，谁能够真正保护生态安全？在整个地球的物种中，又是哪一个物种能够实现生态系统安全的？我们把人类之前的历史拿来看一下，地球上的生态系统被摧毁过多少回了？谁能够主动地负责？没有！但是人类却出现了这样一个奇迹，它可以去负责。通过这样一个理论的基本判断，我们可以得到这样一个基本的结论。这个基本结论就是人类可以用持续发展来创建新的生态系统以保证生态安全。这种新的生态系统是通过人类自觉的经济、政治、文化等活动去走向和谐的新的广义生态效应。发达国家已经走过这样的路。我们到欧洲去已经见不到原始的生态，但是我们却可以知道那是最适合人类生存的、也最适合生物演化的生态环境自身发展的生态系统。我曾经去过德国的汉堡，看到湖里的水呈红色，就问他们的市政长官说"你们的污染厉害"，但，他们告诉我们里边的水虽然是红色的，但是它可以饮用，而且它整个生态系统：鱼类、草类等水生生态系统重新建立起来了。也许它已经失去了原始状态下我们所谓的清澈见底的色彩，但即使不是清澈见底的色彩，它也是一种新的生态系统。发达国家走过的这条路表明，人类完全可以通过自觉的经济、政治、文化等活动来把全新的生态系统重新建立起来。但是，我想不仅发达国家，现在发展中国家也是这样走的。例如那些长期以资源产业作为其自己国家发展基础的发展中国家，像石油输出国、东南亚的一些国家，像马来西亚、沙特、阿联酋，他们甚至在沙漠中恢复和建立了适宜于人类居住的生态环境。人类把海水抽进来，并淡水化，在沙漠上建起了湖泊、草地、树木和城市。靠什么？靠石油输出换回来的资金来建设。这是一种人类自己新建的、适应人类生活的生态系统。所以重新建设更加适合于人类发展的生态系统，以实现经济发展、社会进步和生态安全的和谐与共生，这是人类文明发展的必然和可能。我觉得应当这样去理解人类需要的生态安全。

因此，我认为我们的研究和我们的努力不应当是去片面地追求生态原始状态的存在和恢复，不是要回到原始社会去，而是要探求在生态安全条件下，适合人类发展的全新的生态系统建立的标准和途径。原生态可以是一种时髦，原生态的文化和音乐可以是一种时髦，但是你想如果整个人类都用原生态的音乐来替代所有的音乐将是一个什么状况。将是一种没有人类多样性，缺乏人类文明的状态。如果地球全部都是原始森林了，会是什么样？没有人类生存的空间，所以人类用他自身的智慧和他自身的自觉意识可以促使他建立一个完全适应自身发展和深层需要的新的生态系统和环境而保证生态安全，不仅仅是保证自身的生态安全，而且是保证整个地球生态系统的生态安全。人类可以做到这一点。人们现在已经开始做了，微观的生态系统：生态工厂、生态校园、生态村庄、生态城市、生态性的各种机构和区域都纷纷建立并完善起来。人类正在努力地回报生态系统的付出，力求去实现新的植被系统、水生系统、气候系统等的重建。我们不但在重建我们的湖泊，重建我们的山林，而且在努力地重建保障人类长期持续发展的生态系统。事实上这个活动也只有人类才可以做得到。

当然，我们还有很多工作要做，比如建立符合人类生存和发展要求的生态安全标准，建立各种生态安全的评价模型以及建立一个动态的评价系统来评价生态系统对人类生存和发展的意义和价值。这些我就不讲了。

下面我归纳一下，有几个认识：

1. 人类的生态安全取决于经济增长、社会发展和文明进步的程度。可以说，不是经济增长本身，而是经济增长的方式和经济的结构变化对生态环境产生的威胁导致增长的极限。越落后的生存方式和生产方式，对生态环境的破坏越厉害。事实上，传统农业如果和工业相比，是对生态环境安全侵蚀作用更为长期和严重的一种生产和生活方式，它对生态的破坏远远高于工业。所以我们才要创建生态农业。生态农业不是传统农业的回归，而是现代农业的建设。

2. 科学的经济发展之路是人类生态安全的保证。我认为，增长方式的转变不仅仅是生产方式的转变，不仅仅是经济结构的调整，更重要的是人类与生态资源交换方式的转变。因此，资源性经济的地区更应当积极地自觉进入生态系统的重建。在此，我就简单地谈谈云南省的问题。

三、对我省经济发展和生态安全问题的几点思考

第一，云南省是一个资源依赖性的经济区域，无论是我们的财政、我们的国民收入、我们的人均收入等，也无论是总量的，

还是结构的，只要我们一分析都可以看出来它就是一个资源型的省区。我们增长的支撑只靠资源，我们收入的主要来源靠资源或者靠资源型产业。我们的企业总值，不论是它的数量还是它的组成，规模大的企业，基本上是属于资源产业。我们的社会文化，包括我刚才讲的我们在社会文化上面的所有文化创造都是靠我们的自然资源和文化资源。如果没有这些资源，就没有经济基础；没有这些资源，我们构建不出云南特有的乡村和城市的文化。所以，云南省资源依赖性经济已经导致了整个社会对自然资源和传统文化资源的依赖性。

第二，我们有自己的经验。我们有东川的教训，也有个旧的经验。多少年的区域发展道路能给我们很多的启示。如果仅仅依赖于资源型经济，那么我们将会遇到很多的约束，第一个是制造业产生的结构性约束，第二个是人类资本投入的约束，第三个是世界市场价格的约束，第四个是我们只能依靠资源价格上升导致经济增长这么一个不可违背的依赖途径。这样将会丧失本地产业的发展和崛起的机会，这些都是一些教训。

在这些教训面前，云南省经济发展道路就生态付出来讲，有两个选择：第一个选择是在现有资源性产业快速发展的条件下，有效解决后续可发展的支撑产业问题，增强本地资本的竞争能力，有了主动地适应世界市场变化的能力，财富才可以长期积累。通过财政和市场的方式，加大对人力资本和社会资本的投入，使经济走上可持续发展之路。同时，更有效地形成更有利于人类生存和发展的新生态经济结构，宏观的生态环境，气候、水土、物种、植被等与人类生存和谐的一种生态环境。要通过资源的利用和开发来获取生态安全，我们必须走这个道路，这就要避免资源价格波动对资源型产业的严重影响。我们曾经经历过这样一些影响，云南省 20 世纪 80 年代经济的低迷就是因为整个矿产价格的低迷导致的。我们必须要避免在新的一轮经济增长周期中间再次出现这样的情况。那我们就必须得考虑如何应对新的世界市场资源价格下跌所导致的经济波动。现在，普洱茶的价格下跌也影响了普洱茶产业的发展。我们要考虑有色金属的价格会不会下跌、钢材的价格会不会下跌。我们所有的这些资源能保证它永远不下跌吗。经济是一个周期，相信它总有一天会波动的。云南省的经济，如果能够走出下一次下跌的经济周期，就能可持续发展。所以我们现在就要依赖资源产业的积累而走出资源产业依赖性的经济制度。这是第一种选择。

第二种选择是可能发生的情况，就是在现有资源型产业快速发展的条件下，我们区域经济、政治和社会过分地依赖资源开发和产业发展的状况不断加深，资源开发量的相对枯竭，市场的价格不确定性的提高，难以应付资源价格的危机，特别是能源和有色金属价格的波动，就可能出现市场和产业的发展的低迷，甚至经济的崩溃。结果，支撑人力资本和社会资本成长的财富枯竭，区域内创建新的生态系统的经济和社会能力丧失，原有的生态系统被严重破坏，新的生态系统建立不了，真正的生态安全就会出现危机。

我想我们的责任只能是：力促实现第一种选择。

谢谢大家！

杨　杰：

非常感谢我们汪戎教授精彩的、非常独到的对生态安全的一些见解。下面我们进入第二个程序，我们的嘉宾有什么问题，抓紧时间提问，把时间控制一下。好，请那位！

（听众）问：

尊敬的汪教授，刚才您的演讲对我有很大的启发。关于生态安全问题，我们国家最早的研究是在 20 世纪 90 年代后期，随着国内生态环境的恶化，生态破坏的加剧，生态环境保护问题确实是目前非常关注的，国家生存和发展所需的生态环境属于不受和少受破坏，受威胁的状态最直接的客观标准有哪些？云南在生态系统安全方面将做何努力？谢谢！

汪　戎：

关于生态安全标准，我们现在有很多宏观层次的（标准），像水土流失、自然灾害都是生态安全性的一些标准性的现象。还有像污染，如水污染、空气污染、废弃物的大量出现以及城市的噪声等等这些都是微观性的。当然这些都是一些技术上的标准，如果用这些技术标准与以前的状态进行比较，肯定是生态环境恶化了。但是这个生态环境恶化是否要有一个生态安全标准？我刚才提出这么一个思路：生态安全的标准必须要与人类活动的需要和适应性进行比较，必须要考虑人类安全地利用自然资源和生态环境来保持人类社会持续发展的长期性，必须要考虑在人类自身发展过程中不可避免地对生态环境持续干扰和破坏的前提下，建立一种可变化和可创建的新的生态安全空间的可能性。我们要将这些联系起来。因为人类在面对生态环境恶化时就在为重建和创建安全的生态系统而努力了，现在已初步形成了一些生态安全的标准。我刚才讲的是一些理论，但是我不同意把生态安全建立在那些简单的宏观或微观的标准上，这里应当有一个历史性的比较。我认为一个系统应该是非常客观的，应从人类发展的需要和人类已经付出的努力去建立安全。我们可以看到，欧洲一些工业化的城市里面，曾经受到生态安全的威胁，但是你现在能说它生态安全的威胁更加严重了吗？那里仍然有生态环境问题，但是与威胁人类持续发展的生态安全边界的距离已更远了。所以生态安全的问题或者是生态安全的标准问题，是一个需要我们经济学、生态学和其他学科共同努力的问题。我已在我的文章当中写出了下一步要做的一些工作。

现在来谈谈云南省的生态安全问题。应该说云南省生态环境恶化的程度是十分令人担忧的，恶化有不断加强的趋势。我认为咱们昆明的生态恶化问题是明显存在的，但昆明的生态恶化是不会影响生态安全的。事实上有个反映：生态安全对人类自身意识到它自身污染和自身发展的反应是不是很强烈，也有很大的关系。我们现在有交通问题，有滇池污染问题，这些问题事实上已经表明生态环境在不断恶化，问题是我们已经意识到它对社会和经济发展的长期性影响，而且已经在做努力了，应当说，昆明已经开始了重建新生态系统的工程。我们也应看到云南省的其他地方也存在重建生态系统的自觉行动。例如大家批评橡胶种植，大规模的种植橡胶破坏了生态的多样性。但是人们在保护生态环境的意识和政策下，对区域的农业产业进行了整体的安排，力图创建一个区域内的新的生态农业产业系统。这一系统对自然生态系统进

73

行强制性的保护，对森林覆盖率、对自然保护区作了一系列规定之后，又给具体的生态农业生产作了一个限制性的产业空间安排，种橡胶的、种水稻的、种茶叶的分布在不同的气候带中。人们经过主动地摸索已经建立了一些新的环境系统，并努力使这个环境系统和经济发展能够更好地适应和协调起来。所以人类自觉的制度安排就会促进社会和经济发展走向可持续的道路，从而避免经济越发展，生态环境越下滑的趋势。我们也可以发现，在云南省的有些地区已经出现了经济越发展生态环境越改善的一系列变化。云南省的生态安全标准应该怎么建立？现在有很多的研究和探讨。所以关于生态安全标准我只是谈到一个理念问题，还谈不到实证问题，我希望这位老师或者同学以及在座的每一位都关注这个问题，把生态安全标准的建立和研究继续深入。谢谢！

（听众）问：

感谢您刚才精彩的报告，在您的报告中给我们介绍了很多新的观点、新的提法和思考，现在我想问一个问题是关于云南的资源产业的。一个地方越是落后对资源就越依赖。一般来说资源是经济发展的燃料，而技术、人力资源才是经济发展的发动机，而云南对资源的依赖带来了很多的问题，包括发展战略、经济总量的问题。前面贺圣达教授也提到很多数字，比如外资、旅游、城市化水平大大低于全国平均水平。同时另外一个数字也说明云南的工业产值在 GDP 中比值与全国相差不大，甚至是接近全国的平均水平，但是并没有带来云南经济总量的增大和云南城市化水平加快，所以，说明一个问题，就是云南的生态安全和经济增长观的问题。我要提到的一个问题是，云南资源产业战略是否应该引起政府的重新思考？

汪　戎：

刚才这位老师提了一个很有意思也很有价值的问题。对于云南资源产业的问题，我简单地分析一下。云南在改革开放之后发展起来的资源产业是烟草，烟草有个很大的特点，即烟草的最初产品和最终产品全部在区域内实现，即就在云南省区域内实现。它的整个链条不长，就是从初级产品到最终产品链条不长，它的制造业产生的效益非常高，它的资源产生的价值和效益相对于制造业非常低，但是它所有的价值增值都在区域内实现了。我们再来看看其他资源产业的链条，无论是钢铁业，还是有色金属业，我们发现这些产业的链条都很长，但在省区内只是资源产品到初级加工品的短链，因此，价值增值的过程在区域内就不完整，而且增值高的深加工链主要是在省区外。而且，云南省的矿冶产业存在这样一个基本态势——资源产品的自给不足，冶炼规模大于资源自给规模，而冶炼的利润在下降，资源产品的利润在上升。这样我们可看出，这几年出现了矿业规模增长速度加快的现象，但真正深层次的原因是市场的矿产资源产品价格在上升，自给资源产品的利润可以弥补冶炼的利润损失，使冶炼的规模不断地得到满足和提升。事实上，云南的铜业、锡业、钢铁（当然钢铁在和外资合作之后在技术上有所提升）等这几大行业，它的冶炼技术水平和全国相比差别不大，甚至有些和世界水平相当。但是现在世界矿产资源价格的持续上升，致使冶金制造业，包括下游产业所创造的利润远远不如矿山所创造的利润，这种利润差导致一个很严重的后果，影响了对矿产加工业特别是深加工业的投入。因为对下游产业在省内进行较大的投入，其成本效益之比使得机会成本很高，企业将会难以决策。所以我们可以看到，长期以来我们的有色金属冶炼业在发展，但是有色金属的后续加工，我们叫了多少年也发展不起来。为什么？这就是企业内部或者产业链内部增长价值链出现的问题，如果这个增长价值链出现在上游，一定是资本在上游集中。所以这些年来，所有的矿业大企业都把自己的主要集中力或者自己的主要资产放在矿山和冶炼上。但从省区经济的长期持续发展来看，这确实是一种危险的选择。这个危险的出现来自于世界市场矿产价格可能出现的下降，昆钢曾经受到过冲击，钢材价格下跌，昆钢的利润急剧下降。资本源价格的下跌将导致我们这些产业出现严重的危险，所以我们必须要考虑走出一条路。那么我们是在现有的矿产业上进一步像烟草一样发展它的最终产品呢，还是发展中间产品？烟草的最终产品就是卷烟，但是矿产冶炼之后，最重要的是材料工业，但它还是中间产品，所以我们的矿业它走不到最终产品，走到最终产品它必须要相当高的人力资本和社会资本的建设，然而云南省的人力资本和社会资本建设在全国又是最差的省份之一，要投入很多去建设。所以我们就面临这么一个选择。在现代的冶炼当中如果要去发展它的后续加工业，那将是一个什么样的投入和什么样的代价！烟草曾经向其他的产业领域扩展，把烟草的积累转化为其他的投入，实施多元化战略。现在来看，有成功也有失败，这不能简单否定，还得认真总结。事实上产业链前向、后向、纵向扩展的机会成本太大，可以是多元化的扩展。这个多元化的趋势可以依靠政府的财政，可以依靠我们的银行金融体系，更重要的是靠市场来实现，多元化的产业格局将使云南的经济增长更加快，而且相对来讲它会促进整个经济增长与生态环境的和谐与平衡。多的我不讲，就说在云南的发展战略中，特别是现有的矿业发展战略中，我们确实是不能放弃现在初级产品的高利润，但是我们又必须防止初级产品未来的低利润。我们应尽可能在现有的初级产品中迅速地建立起后续的加工业。但同时我们又必须考虑云南省产业多元化的转型。马来西亚是以橡胶、石油为主的资源发展型国家。马来西亚的成功在于它跳出了橡胶和石油，建立了橡胶和石油初级产品以后多元化的制造业体系；玻利维亚也是一个以有色金属矿产为主的一个资源型国家，它的问题就是，它没有跳出这样一个依赖，导致经济的落后。两个典型的国家，很值得我们云南省思考。当然要选什么路，我想我主张的是靠我们现有的积累，通过有效的财政制度的改造和金融体系的重建、更加开放的市场机制来把我们的资源重新分配到企业中去。这里我们必须还要有一个完善的鼓励私营企业发展的体系，这些都是云南省所缺乏的。当然，我还要说一句，云南省最缺乏的是人力资本和社会资本，事实上正是人力资本和社会资本的缺乏加剧了云南省经济社会发展对资源产业的依赖，而没有摆脱对资源产业的依赖。谢谢！

杨　杰：

由于时间关系，提问就到这里了。下面请云南师范大学副校长、博士生导师邹平教授进行点评，大家欢迎！

邹 平：

感谢主持人给我机会对汪戎教授的《经济增长与生态安全的思考》的报告进行点评。我觉得这个报告有很好的理论设计，是有新意的。我认为有三点，第一，选题很重要。因为自然生态系统是人类赖以生存和发展的自然基础，当一个国家所处的自然环境系统能够维系可持续发展，这个生态系统就是安全的，反之就是不安全的。刚才汪戎教授所讲的已经表明我们所处的环境已经开始变化了，甚至开始恶化，影响到了我们的生态安全。云南的经济进入了依靠资源开发去获取财富、实现增长的时期，研究生态安全问题就显得十分重要。而这个问题是云南现在乃至今后所必须面对的，因为增长和资源开发及生态安全之间相互作用，同时也存在一定的矛盾。第二，报告的逻辑性强、思维缜密，很好地论证了经济增长和生态安全之间的关系。经济增长和生态安全之间是有一定矛盾的，对于这样一个观点，汪教授提到两个理论假设。第一个是原始性假设，就是说原生态的付出是人类社会发展的最初基础，人类要发展就必须向自然这个系统索取，这是少不了的；第二个讲了在人类深层次的发展中，它有一个客观要求，希望生态是安全的。由于需要生态的付出，一个"纯自然"的（用他的话讲）没有人类干扰的生态系统就基本上不存在。基于这样一个假设，他提出在经济发展的过程中要充分考虑生态付出和成本与人类发展的收益比例或生态系统自身的改变程度。实际上就是在考虑经济增长过程中要顾及到环境承载能力。如果经济增长超过了环境的承载力，边际收益为零，甚至到负数的话就更可怕了！在这种基础上，他阐释了生态系统是在动态过程中实现安全的，因为获取资源要在这个过程中实现它的价值，这个过程是变动的，是不断深化的，所以要实现生态安全必须在动态过程中实现。人们在这样一个经济建设或者说向资源索取它的收益的过程中已经感觉到要自觉地保护生态，实现生态安全。也就是说要通过可持续发展来构建新的生态安全，通过经济后续有效的发展来正确对待和处理经济增长与生态安全的问题，切不可因为追求经济增长而导致我们所处生态的不安全，继而难以实现可持续发展。所以我认为他这样的推断是科学的，很好地论证了两者之间的关系，这个观点我是赞同的。他提到了两个结论，一个要在资源开发过程中实现生态安全；还有一个是增长方式的转变，最重要的是要改变人类与自然资源的交换方式。就是在获取资源的时候，要考虑到生态系统是在付出，在这个交换方式里面要找到一个最佳的结合点，使生态系统可以安全地持续下去。

在此基础上，汪戎教授提出了云南未来发展的两个可能性。那就是希望在现有的资源型产业和矿业发展的情况下，有效地解决后续可发展的问题，以提高本地的生产能力，同时适应市场的变化，完成长期的财富积累。这里面实际上最关键的问题是要选择后续发展的支撑性产业，他提出这个问题，但没有阐述后续可发展的支撑性产业是什么。所以我就不再在这里讲。但是我以为后续可发展的支撑产业是要培育和遴选，希望最少地占用资源而获取最大的价值。今天上午黄毅部长作了一个发展生物经济的报告，我以为是可以充分考虑的。

在汪戎教授的报告里有几个问题值得进一步考虑：

（1）他讲了理论工作，提了三点：第一要建立一个适合人类生存和发展的安全标准，第二建立平安模型，第三建立平安秩序。但我认为这三个工作必须有效地控制生产过程中或我们建设过程中的各种问题，确保生态安全是有利的。这样还不够，事实上关键问题应当是利用不同产业性质和自然状况选择最有效的生产方式或最优的经济发展模式，实际上就是要形成一个最优的生产要素配置，使生产和服务能够尽可能小地向环境排放，尽可能少地破坏环境。同时要利用新方法、新技术延伸产业链，使资源的潜在价值更好地体现出来。

（2）他提出要自觉地进行生态安全的重建问题。生态系统是客观存在的，在人类的进程中，人口的增长、工业化的进程压力实际上已经与环境承载产生了尖锐的矛盾。在这样的矛盾下，一定要考虑生态安全。解决生态安全，实际上需要进行重构，但也要注意尽量减少重构。因为像云南这样的省份，在新型化过程中，如果注意调整规模、注意产业的选择，就可以减少对资源的破坏，这样就可以减少对资源的重构。所以我认为不是不重构，是尽可能少地重构。因为原始的自然生态是有它自身的规律的，而且我们也应该这样做和努力保护其自然的状态才能真正实现人与自然的协调与平衡，真正做到协同、进化。

（3）他提到在后续发展资产过程中要通过财政和市场的方式，降低人力资本投入，走上可持续发展的道路，我觉得还可以商榷。因为，要想以财政的投入为主来扶持产业的发展，可能不太行得通。因为公共财政框架体制应当提供的主要是公共产品。第二个同学（老师）提问的时候，他回答得很好，与我的意见一致。他讲因为人力资本的增加、社会资本的增加就可以促使形成依据人力资本增长或变化的产业产生，从而使我们原来依附于自然资源的这部分产业，不是去大量增加而是利用延伸产业链，获取效益，同时，积极发展。从产业区分来讲就是第三产业。所以我认为这一点很好。

（4）这里讲生态安全，一定要注意处理好循环安全和经济安全之间的关系。因为各种生态系统的形成和发展过程中，各种生态系统之间往往会发生冲突，同时一个局部的生态系统往往会和周边环境的变化有着深刻的联系。所以既要考虑大的系统，也要考虑局部系统，把局部和整体很好地联系在一起。

（5）他提到一个生态安全，但不知道这个生态安全是广义的还是狭义的。因为广义的生态系统包括了高级的生物、植物、动物的安全，包括自然生态系统、人工生态系统以及人工的和自然的复合生态系统。各种生态系统承载着各种物质与系统资源微妙的生态关系。如果能找出破坏这样一种系统的原因，能够分清它是自然的还是人为的，可能对采取正确措施方面会更有利一些。

好，我的点评就到这里，谢谢！

杨　杰：

谢谢邹平教授的点评，下面请云南民族大学经济学院的院长程厚思教授进行点评，大家欢迎！

程厚思：

尊敬的主持人，各位领导、嘉宾，各位老师、同学：大家好！
首先，要感谢师大邀请我参加这次论坛并让我担任点评人。

　　说实话，对于这个安排我确实感到十分惶恐。汪教授是知名学者，又是财大校长，在他的面前，我只有做学生的分，是没有什么资格来做点评人的。十多天前我在青岛出差时接到梁子卿处长的电话，就曾经建议他最好能换一个合适的人选。但他告诉我这是组委会的安排，我也就勉为其难了。

　　刚才大家都亲耳聆听了汪教授的精彩演讲。下面我想结合汪教授的报告谈一点个人感受，不对的地方，请汪教授和各位同仁多多批评。

　　其一，是发展的成本问题。我们知道，西方经济学界有一句名言，叫做"天下没有免费的午餐"，经济发展亦是如此。从经济学的立场看，我们都愿意相信，经济发展是一个帕累托改进过程，但是在短期，发展不仅仅只是意味着刘易斯意义上的物质财富的积累和人类选择空间的扩张，它还意味着一系列的包括经济、社会、生态甚至心理的成本。从某种意义上讲，工业化初期的工业剥夺农业、城市剥夺乡村、社会收入分配差距扩大乃至生态环境破坏的加剧，都是国家谋求现代化所不得不支付的代价。因此，问题的核心不在于经济发展是否需要支付生态的成本，而在于我们如何合理地控制生态成本并在经济系统逼近生态安全的极限阈值之前成功地越过这个临界进入到一个经济与生态更加协调的发展形态。明白了这一点，我们就能够对刚才汪教授所提出的生态支付和生态安全的概念有更为准确的把握。

　　其二，是关于生态价值与生态原教旨主义的问题。自《增长的极限》发表以来，在国际学术界形成了一个重要流派，即片面强调土地、生物等自然资源的伦理价值，强调人类对自身以外的自然界的权利的尊重及平等，反对人类超越基本物质需求之外的对自然界的利用与改造，反对经济增长和科技进步，反对社会分工和大规模的区域贸易，倡导自给自足的社区经济。其所向往的是前工业化社会"田园牧歌"式的生产、生活方式。它彻底否定西方自文艺复兴和产业革命以来所确立的社会、文化价值观念和生产、生活方式，主张向传统的、自然的、社区的（区域的或地方的）生产、生活方式回归。这正如潘家华所指出的："绿色发展所倡导的，是逆向现代化，其目的为非现代化。"

在国内，如北京大学教授吴国盛在《现代化之忧思》一书中写道："绿色经济学越来越推崇自给自足的区域经济和社区经济，反对跨地区的贸易往来；越来越推崇小规模的人性化的手工生产，反对非人性化的大工业和流水线；越来越推崇有限度的消费和节俭的美德，反对无限消费和铺张浪费。"而"前现代化的中国，恰恰是一个大规模的贸易受到扼制，以农业手工业劳动为经济活动的主体、以节俭为美德的绿色经济的榜样"。

显然，这一极端主义的生态伦理观是我们所不能接受的。其根本的错误，正如汪教授所指出的，是它颠倒了人类发展与生态安全的关系，即：生态系统是服务人类的目的的，离开了人类的开发利用（某些人类有意识加以保护而不加以开发的生态系统，本质上也是一种利用），生态系统是不存在所谓价值不价值的，或者说，它只是"存在"而没有价值。另一方面，在全球经济被自觉不自觉地拖入物质财富的竞争体系之后，在各国经济发展水平还存在巨大差异的现实背景下，米都斯们所倡导的反增长理论或零增长理论，从某种意义上讲，是发达国家试图维护现存世界政治、经济、科技及资源分配和财富分配格局乃至国家安全能力的一个梦想，是发达国家试图抑制广大发展中国家经济崛起从而维护其物质消费特权的一个梦想。从全球生态安全的角度看，扭转环境恶化的手段不是抑制发展中国家的发展，而是彻底改变现存的商品定价体系，大幅度提高具有终极稀缺性的自然资源的价值。我们知道在现行的国际贸易体系中，发展中国家是发达国家出口的技术密集型产品的最后受价者，同时发达国家也是发展中国家劳动密集型产品的定价者，在这个体系中，自然资源的生态价值没有得到很好的体现。

其三，是经济发展与生态安全的关系。这是汪教授的报告的核心内容。汪教授提出的"人类发展和文明进步是生态安全的基本保证"，这一点我并无异议。从发达国家的历史经验看，确实存在着一条经济发展与环境状态的库兹涅茨"倒 U 形"曲线。但是，这种基于少数国家发展过程的经验归纳是否具有放大效应，则还是一个有待实践检验的问题。目前地球环境系统所显现出来的一些危机迹象，如"温室效应"等，能否有效支撑全球几十亿人口现代化的愿望，也需要未来的子孙们去验证。但是，我们能够去做这样的实验吗？人类输得起这场赌博吗？

这样，我们就需要讨论汪教授提出的第二个条件，即文明进步的路径问题。我们前面批判了反现代化的生态原教旨主义，但这不等于说，自产业革命以来所形成的由发达国家所主导的生产、生活方式就是合理的。

那么，未来的方向何在？

这是一个需要全人类共同探索的话题。

其四，是关于人类的生态自觉问题。这是汪教授提出的实现经济发展和生态安全有机统一的一个重要命题。由于时间关系，汪教授对此没有展开。借此机会，我想谈一点个人的粗浅看法。

　　我认为，要实现人类的生态自觉，第一，需要改造我们的价值体系。产业革命以来所形成的文化主流，是一个建立在丛林法则基础上的，以物质财富的占有和消费为目的的价值体系，它依赖于通过科技的伟力不断创造和扩张着人类的欲望，从而把人类拖上了一条科技与欲望赛跑的轨道。但是，地球资源总是有限的，我们迟早要回到人类幼年时代所采取的控制自身欲望的轨道上来。

　　第二，我们需要改造我们的经济理论。在传统的主流经济学那里，生态系统只是经济系统的外生变量或从属于经济系统，但是，正如赫尔曼·E. 戴利在《超越增长》一书中所指出的，恰恰相反，应该是经济系统从属于生态系统。这就需要我们对现有的经济理论体系进行全面的改造。

　　第三，我们需要改造我们的社会制度。现行的以私有产权和市场竞争为基础的社会制度被证明，在财富的生产上，是我们迄今为止所发现的最有效率的体制，但是，这种生产和消费上的效率并不必然带来环境保护上的有效。因此，创造一个生产效率、消费效率和环境保护和谐统一的社会制度构架，将是人类必须面对的一个挑战。

　　其五，关于生态安全的价值指标体系构建问题。最大的挑战在于我们对于经济活动所可能带来的生态效应是无法准确预知的，也就是说它是不确定的。或者当我们能够相对准确地判断其生态效应的时候，它的生态阈值可能在此之前已经到达了。

　　其六，是关于云南经济发展中的生态安全问题。若干年前，我曾经说过，云南的生产方式可以简单地概括为：农业以生态换生存，工业以资源换资本。在此背景之下，要避免汪教授所提到的第二种经济发展前景，我以为关键的措施有二：

一是大力推进农村地区特别是少数民族山区教育，以此实现教育移民，从而减少山区人口数量。

二是尽快建成泛亚交通网络，大幅度降低对外交易成本，并通过发展旅游、物流、金融、信息等服务性产业实现产业软化。

谢谢大家！

杨　杰：

非常感谢程教授的点评。刚才汪教授对"云南经济增长和生态安全的问题"作了非常精彩的演讲，特别是对云南经济、社会、生态经济的发展有较好的指导意义。我们的生态系统或者说生态安全系统，它不是一个完全绝对的、孤立的、封闭的系统，我们不能片面地把它认为是封闭的系统，而是一个动态的、开放的系统。生态系统的构建、生态环境的保护，不能机械地、片面地追求绝对的生态系统和绝对的生态安全。对生态系统的评价，可以说是一个动态的，随着时代的发展、随着经济生活的发展，不断发生调整、不断完善、不断优化的过程。因此，我们不能绝对地认为生态系统就是一个原始的生态系统，一种完全不开发的生态系统就是最好的系统，这一点对我们很有启发。第二，汪戎教授也指出，要构建一个良好的生态系统，只要我们正确地处理好保护与开发的关系，处理好经济、社会与生态三者的关系，并用先进的生产技术，积极调整和优化产业结构，人类就有能力也有可能构建良好的生态安全系统。第三，围绕努力构建资源环境友好型产业体系，云南经济、社会发展中如何实现良好的生态环境，我认为，首先要积极调整产业结构、优化产业结构，在发展资源型产业的同时，积极培育和发展新型特色产业。最近，省委、省政府在这个问题上也是花了很大的力气，培植新兴产业，改变资源型产业。其次，生态环境的保护，确保生态安全，关键是怎么样实现生态补给问题。汪戎教授提出一个很重要的理念，就是怎么样实施生态补给机制问题，这是一个系统问题。再次，如何建立保护生态环境和构建生态安全的政策化体系。最后，如何构建生态安全的投入机制问题。针对这些问题，我们今天的专家、学者有很好的想法和意见，我也通过这个机会学到很多。时间关系，这个专题到此结束，下面请骆校长接着主持。

骆小所：

各位专家、老师们、同学们，刚刚汪戎教授作了一个很精彩的报告，台下的人进行互动，将报告推向高潮，点评人也进行了精彩的点评，使我们的思路向更深的层次发展，主持人杨杰教授也作了很好的主持。这场报告给我们提供了很多，一种带有回顾性的历史，使我们在这里享受了一顿精神快餐，也是一顿精神大餐。在这样的论坛里面，因为通过点评，还有报告，也有互动，形成一种气脉，气脉缭绕，最后形成十分生动的氛围，所以我代表校方对主持人、点评人，特别是报告人和互动人表示衷心的感谢！

下面我代表学校对杨杰研究员、汪戎教授、程厚思教授颁发兼职教师聘书！

第三单元
云南经济增长的相关因素分析

主　　持：沈安波　云南省人民代表大会常务委员

主题发言：施本植　云南大学

评　　论：任　佳　云南省社会科学院

　　　　　王力宾　云南财经大学

云南论坛・2007

邹　平：

各位女士，各位先生，大家下午好！我们"云南论坛·2007"第三单元的演讲即将开始，第三单元的主持人是沈安波研究员，我们有幸请到沈安波教授。他是云南省人大常委会的秘书长、研究员。毕业于云南大学，曾担任云南省委政策研究室主任等多个职务。现在是云南经济改革领导小组成员兼人大制度理论研究会会长、云南省多个经济研究和政府机构的咨询委员或咨询顾问，同时也是云南社科院，云大经济学院、法学院的客座教授，长期从事法制学和宏观经济学的研究工作，其很多著述在云南有较深的影响力。现在我们以热烈的掌声欢迎沈安波研究员主持第三单元的讲演。

沈安波：

非常高兴能够参加"云南论坛·2007"的演讲，我作为主持人首先介绍第三单元演讲的教授——施本植。施本植教授是云南大学经济学院院长、教授，经济学教授、博士生导师，云南省中青年学术带头人兼任云南省人民政府研究室的特邀研究员、教育部北京对外经贸大学世贸组织研究基地特聘研究员，云南省高教学术委员、云南省科技厅专家委员会委员等职务。主要从事经济学尤其是开放经济方面的教学研究，著有《异军突起的国际竞争新领域》、《出口增长论》、《服务业及中小企业体制改革》等多部著作，先后在全国各类核心期刊上和国际学术研讨会上发表了论文 71 篇。主持参与了国际合作项目、国家社会科学基金项目、云南省科技厅项目等 14 项国家级和省部级的重点课题。同时也借此机会介绍今天的两位点评人，第一位是任佳同志。任佳是云南省社会科学院副院长、研究员，经济学硕士学位，兼任中国南亚协会副会长、云南省南亚协会会长等职。长期从事云南经济改革与发展研究以及国际经济和南亚研究领域的研究，出版著作有三部，并主持编撰了国际国内资助研究项目五十多个，发表论文 71 篇。其中在国家级和省部级核心期刊发表论文 41 篇，多篇论文被《中国人民大学报刊复印资料》全文转摘收入《中国经济人物》等大型工具书，获国家优秀论文证书并分别获得了云南省政府颁发的云南省社会科学优秀成果奖两项、云南省中青年哲学社会科学优秀成果奖一项，其他科研成果奖 11 项。第二位是王力宾教授。王力宾是云南省财经大学副校长，教授、博士、硕士生导师，统计学学科带头人，兼任云南省统计学会副会长，长期从事统计学教学研究。先后在各类国内核心期刊发表《中国大城市土地增值问题研究——对昆明市城区土地增值的实证分析》、《特征价格理论与住房价格指数编制方法》、《住房特征价格指数编制与实证分析》等学术论文 21 篇，主持或参与完成云南省部级科研项目 11 项。下面请两位点评人也上台。下面我们欢迎主讲人云南大学施本植教授。

施本植：

大家好！感谢沈安波秘书长的介绍，把我们的这些情况说得太细了，所以没必要再作过多的自我介绍。首先，借此机会感谢一下咱们论坛的本年度的主办单位云南师范大学精心地组织和安排，给我们创造了这样一个机会和平台，尤其给我这样的一个机会向各位专家和同学们报告一下我最近一段时间关注的几个问题。因为最近一段时间各种因素的影响，所以有些数据没有更新到2006年，这是2005年初完成的一个课题。

我的报告的题目是《云南经济增长的相关因素分析》。上午听到几位专家点评人的发言，印象非常深刻，受到很多启发。我们现在构建和谐社会、全面实现小康，包括经济、社会、文化、政治、环境诸方面，其中经济是一个非常重要的方面，经济方面有个很重要的指标当然不是唯一的指标，那就是人均GDP的水平。各位知道，早上贺圣达研究员提到了云南省的地理位置和云南省进出口在全国的比重情况。我还想补充一个数字，大家知道云南省的土地占全国（土地总面积）的4.1%，人口（2005年）占全国（总人口）的3.4%。我算了一下我们的GDP占全国（GDP）的1.9%，我们的人均GDP去年（2006）突破了8400元人民币，比较一下，达到全国人均GDP的70%。动态看我发现云南省存在着人均GDP现有的基数只是全国人均GDP的70%不到，而GDP的增长从"六五"、"七五"到现在这几年增长速度加快，高出全国的这样一个比例（云南人均GDP的增长速度）实际上是在下降，不但高出得不多，而且越来越小，而我们的人口增长却超过了全国的平均水平。这样省委、省政府提出了云南省也要同步实现小康，包括经济上的小康。我们如何跟全国同步？这就是摆在我们云南省，我觉得是我们学者和所有人面前的一个十分艰巨的研究课题和实践的问题。我之所以选择这样一个问题，尽管GDP不是唯一的指标，也不是过去很刚性的指标，是因为我们要全面发展，我们要统筹发展。GDP 可以说仍然是一个重要的指标，所以，GDP 的增长问题仍然值得我们很好地关注。我今天就报告一下影响经济增长和 GDP 增长的相关因素并跟全国作一些对比，从中得出了五点结论，就是五个依然。

刚才提到了由于 GDP 仍然是一个非常重要的指标，而我们现有的人均 GDP 水平大大的低于全国平均水平，同时我们又提出同步实现小康，包括经济上的小康。因此在将来一段时间，在尽可能地降低人口增长率的同时实现云南省 GDP 的又好又快的增长，这是必须做的。研究与这些相关的一些问题是具有重要的理论意义和现实意义的。对于 GDP 的核算有许多方法，主要是三个方法：第一个是支出法，第二个是直接的报酬法，第三个是间接的增值法。这些对于学过经济学的人都应该清楚，我就不再展开说。我们国家 1993 年取消了国民收入核算，将国内生产总值作为国民经济准入的核心指标，而我们选择的是支出法核算。我认为这是一个大的进步，是科学的。当然其中还有一些问题需要进一步完善。显然我们不能像过去那样把 GDP 作为刚性的、唯一的指标，但是 GDP 的增长确实是非常重要的，它是我们同步实现小康的基础和前提。所以围绕 GDP 增长来分析云南经济增长，我认为还是有现实的理论和实践依据及基础的。

从云南经济增长的轨迹和背景来看。1980 年到 1984 年，我们云南省 GDP 和第一、二、三产业产值和人均国内生产总值分别递增了 6%、12.5%、16.5%、19.5%、14.4%，应当说速度还是蛮快的。GDP 总额由 84.27 亿增加到 2919.48 亿，人均国民生产总值从 267 元增加到 6734 元，当然，最新的数据已经出来了，2006 年已经超过了 8400 元。第一、二、三产业比重由 1980 年的

42.59%、40.32%、17.09% 变为 2004 年 的 （2005 年 统 计）20.4%、44.4%、35.2%，三次产业由原来的"一、二、三"变成了现在的"二、三、一"这样一个格局，这就是整个产业和经济增长的情况。总的来说 GDP 的增长特别是进入 2001 年、2002年以后有上升的势头，因为以前一直比较低迷。

我觉得（云南省的）GDP 增长有这样几个特点。第一，是稳定性提高，"九五"期间 GDP 增长速度是下滑的，曾经有几年下降到 7.1%，后来"十五"的第一年是降到 6.5%，这是最低谷。而且这几年连续几年 GDP 增长在全国排名是倒数，"十五"的第一年之后是一个新的回点，而且直接回升到现在有加速发展的趋势。就增长来说 GDP 进入一个新的上升阶段和上升时期，2004 年的增长速度到达 11.5%。总体上这段期间波动不像过去"七五"、"八五"期间那样。第二，第一产业的比重下降，从 1996 年到2004 年第一产业的比重下降了 14 个百分点，第二产业的变化不明显，十几年来云南省第二产业的比重变化不是非常大，1996 年和2001 年增长速度甚至是走低，曾经由 11.9% 下降到 2001 年的 3%多一点儿，2002 年是一个低谷，然后又逐渐增加，并速度加快，到 2004 年上升 1.9%，这就是云南省第二产业比重一直徘徊在41% 左右的直接原因，也是那段时间云南省 GDP 增速不断下滑的最重要的原因。第三，第三产业快速发展。第三产业的快速发展之后结构有了新的变化，第三产业的速度在加快、比重在增加，具体的原因我就不说了。

云南 GDP 增长跟全国比较到底是怎么一回事？从增长速度比较应当说 1980 年到 1984 年我们总体上是高于全国的，我算了一下，云南省的 GDP 增长是 9.6%，全国是 9.45%，我们比全国稍微快了一点点。但是从"六五"、"七五"、"八五"、"九五"、"十五"分别来看就可以发现一个问题，什么问题呢？我们高速发展的增长率在下降，"六五"期间云南省 GDP 增长每年平均为 11.8%，全国是 10.7%，我们曾经高出 1.1 个百分点；"七五"高出 1.49 个百分点；"八五"就比全国低了，而且还低了不少，低了 1.82 个百分点；"九五"比全国高了 0.15 个百分点；"十五"的前三年云南省的速度进一步下滑了，连续三年平均低于全国的平均速度。2004 年以后才发生了一些新的变化，GDP 增速高出全国两个百分点，最近两三年都是高出全国两到三个百分点。所以，从总体上来看云南省这二十多年来 GDP 的增长速度是略高于全国的平均水平的，但是增快的幅度是有减小的这样一个长期趋势。GDP 在全国的位次比较稳定，大部分的年份在全国第十八位。我讲的是增长速度，不是讲的也更绝对不是讲平均。就增长周期来比较的话，云南省 GDP 与全国 GDP 基本保持同步增长的态势，实际上云南省 GDP 增长和全国相关性非常的高，从 1980 年到 1982 年、1983 年到 1993 年、1994 年到 2004 年这三个时段云南省 GDP 增长与全国的增长系数分别达到了 0.8、0.65 和 0.86，相关度是非常高的。

增速方面还看不出太多的问题，但是如果我们从产业结构来看，云南省与全国的差距或者说是时间上的滞后，优化调整产业结构恶化的滞后非常明显。现在尽管我们三次产业的比重逐步和全国平均水平看齐，第一、二、三产业的差距不大，但还是有点差距。具体来看，第一产业，1985 年的时候全国的第一产业的 GDP 的比重为 28.4%，但是云南省到了 1993 年第一产业的比重才第一次下降到 30% 以下，大概晚了全国 8 年。所以说，云南的滞后和落后，从云南省第一产业的结构来看有 8 年的时间。第二产业，1980 年到 2004 年，所有年份全国的第二产业在 GDP 中的比重都大于云南省第二产业在 GDP 中的比重，全国第二产业的增加值早在 1978 年的时候就超过了第一产业，而云南省到 1987 年，第二产业才超过第一产业。换句话说就是云南省实现产业结构由"一、二、三"型向"二、一、三"型的转变比全国晚了 9 年。我们知道产业结构的一般规律是第一产业、第二产业、第三产业，比重是第一产业大，第二产业次之，第三产业小。逐步由金字塔式的变成一个圆柱形，然后再到倒三角形，第一产业少，第二产业多一点，第三产业更多。发达国家和地区以及我国的上海就是这样的结构。就第三产业来看，全国 1985 年第三产业的比重大于第一产业的比重，实现了产业结构由"二、一、三"进一步向"二、三、一"的升级转型。云南省的产业结构变成"二、三、一"式的结构，根据相关的数据统计是在 1992 年。大概晚了全国 7 年的时间，这是三次产业的结构。

云南省产业结构还有一个非常突出的问题就是结构单一。不言而喻诸位非常清楚，我们所谓 5 大支柱产业在 GDP 当中所占的比例非常重要，GDP 的增长速度一直是靠这样几大产业支撑。这有它的好处，但是也有它的问题。很多地方问到他们的支柱产业是什么，他们回答不上来。因为他们没有支柱产业，但是他们到处都是经济增长点，我们苦于缺乏更多的经济增长点。那么我们通过产业层次系数指标分析发现云南省的产业结构优化方面不仅存在时间上的滞后性、存在结构单一的问题，而且产业结构的层次、产业高度化的程度也比较低，这个我就不再多说了，论文中有相关的数字。

我们再来比较一下效益何在。总体而言云南省劳动力资源相对于全国而言还不错，这个跟云南特殊产业如烟草和电力等这样一些主要的产业有直接的关系。但是我们成本费用运动率和流动资金周转指数等等这样一些指标都是低于全国平均水平的。所以，我们的效益、投资、出口和发展反差比较大。尤其是云南省的优质品率、一等品率和新产品的产值率都大大低于全国平均水平。而质量的损失率当然就高于全国的平均水平。现在大家非常关注节能减排的问题，我特意把这几个数字列在上面。2004 年的数字显示，全国单位 GDP 能耗是 1.6 吨标准煤/万元，云南为 1.68 吨标准煤/万元；工业废水的排放也比全国高，工业废水是全国平均水平的 1.56 倍；废气的排放强度是全国平均水平的 1.97 倍；二氧化硫的排放是全国平均水平的 2 倍；工业粉尘排放强度是全国平均水平的 1.29 倍；工业固体废弃物排放强度是全国平均水平的 2.97 倍，这方面我们面临的任务和问题更多。上次在省政府的一个专家座谈会上，我们第一次讨论，"十一五"的时候提到 12% 的能耗指标，当时我提出说："中央提到 20% 为什么我们不能在这个方面提？"我记得当时的徐省长说："因为我们确实是很难达到 20%，因为我们'十一五'期间可能还有一些能耗比较高的产业占主导地位。"当然这个确实是客观存在的问题，但是云南省不能不去考虑节能减排的问题。后来在"十一五"规划中，云南省还是改成 20% 以上。

我们再来看一些增长因素的比较。就投资来说，1982 年到 2004 年云南省固定资产增长速度是 20.38%，全国是 19.79%，云南高出了全国，当然高出不是很多。这里有一个非常值得我们深思的问题是 1992 年以来云南省固定资产的投资总量一直在不断上升，但是经济增长率一度出现了下降的趋势。非常明显的一个阶段，也是我们经济增长下降的主要原因之一——投资效益下降，早上也有专家提到这样的问题。我们用国际上通用的 ICOR （incremental capital output ratio 的缩写，可译为"边际资本产出比率"）这个来衡量，最后发现云南省的国有经济的投资效率总体上低于非国有经济，而云南省大量的社会总资本当中投资以国有经济投资为主。所以，投资效率的提高和我们改变投资方向、投资结构、优化投资结构直接相关，对此必须引起高度关注，因为比较稀缺的资本实际上就是过多地被投向效益相对低的国有经济部门，而不是非国有经济部门。今天王长勇董事长也在这里，这两年云南省的国有经济效益有明显提高，但总体上根据过去传统的这些统计数据分析，这个问题确实是存在的。

根据资本产出率分析，我们的国有经济是比非国有经济低。就消费水平来讲，云南省的消费水平总体低于全国水平。从 1981 年到 2004 年云南省社会商品零售平均增长是 14.2%，全国是 15.24%，相差 1.04 个百分点。出口不用说了，尽管刚才沈秘书长介绍的时候说我写过《出口增长论》这本书。云南省的出口这几年增长比较快，但是在"九五"和"十五"的相当长一段时间里，云南省的出口增长速度比全国慢得多，甚至我发现连续九年的增长速度低于全国增长的平均水平，这几年才有所转变。就其他因素来说，还有一些经济增长长期的影响因素，比如，体制创新的问题、技术创新、人力资源开发和城市化等等。这些创新因素从纵向比较，我们有一些非常明显的成效。但是横向比较差距也很大，早上伊书记讲了人力资源开发的有关情况，也清楚地告诉我们云南省最重要的标识和资源，实际上也成为我们经济发展当中的一个劣势。R&D 投入占 GDP 的比重和全国比较差距较大，而且这种差距还在拉大，这个值得我们深思。我省各类教育的发展水平远远落后于全国的平均水平，科技事业的发展与全国的差距相当大。

再者城市化水平也大大地低于全国的平均水平。2004 年是 28.1%，同期全国是 41.8%。由于城市化水平低影响了我们的产业集聚效应，也影响了效率的提升。广泛的"二元经济结构"确实不利于我们的资源配置和经济的可持续增长。

根据常规的比较，我们可以得出这样一些结论。第一个结论就是云南省加快发展依然很重要，加快 GDP 的增长依然很重要。另外我们的现实基础比较差，人口增长比全国快。GDP 增长乏力这样一个情况不改变的话，经济上同步实现小康就不言而喻有可能成为童话。所以，将来我们必须在实现较低的人口增长的同时，要实现 GDP 更好更快地增长，这是丝毫不能动摇的一个非常重要的指导思想和云南经济发展的根本要求。

第二个结论就是投资推动依然非常明显，云南省可以说"三驾马车"都有作用，但是最重要的还是投资依赖性，刚才说到的资源依赖性分析，从"三驾马车"上分析投资非常明显。所以，云南省还应该保持投资的增长势头，否则云南省又好又快地增长就无法实现。与此同时要不断地优化投资结构、完善投资方向和投资方式，努力提高投资效率，确保投资对经济增长的重要拉动作用。进一步扩大和改善内需，增加收费，包括扩大对外开放，因为出口对于我们经济的拉动、培育新的经济增长点都有很重要的作用。

第三个结论是结构资源依然十分严峻。从产业结构看，刚才我就讲到了2004年产业结构比值低于全国平均水平，而且第二产业当中的烟草业等占的比重比较大。如果说把烟草业除外的话，云南省的工业发展规模更小，水平更低。从内部结构来看，在全国的工业增长当中轻重工业的比重分别是40%和60%左右。而云南省这两个比例分别是51%和49%，（与全国相比）还有一定的差距。尤其值得关注的是云南省三次产业发展过程中，产值结构和就业结构反差大，这也是我们云南省一个特殊的、难以解决的问题。三次产业的比重大致是20：45：35，但是三次产业的就业比重大致为63：17：20，反差很大。这也是为什么只有那么一点的农业产值，却有那么多的农业劳动力和农业剩余人口。农民增收很重要的问题，就是增加农民收入，减少农民人口的问题。

云南省第一产业对经济增长的贡献份额不断下降，第二产业对经济增长的贡献份额波动不大，第三产业对经济增长的贡献份额有明显提高的趋势。由于三次产业结构升级到"二、三、一"型比全国晚了整整7年，再加上结构单一和产业的高度化程度低等这样一些问题。所以产业结构的制约仍然是我们"十一五"乃至"十二五"必须关注和急需解决的一个重大问题，我们必须进一步紧紧地抓住结构调整这样的一个主线，在结构优化调整，特别是产业结构优化方面做更多的工作。这已经成为我们挖掘云南经济增长潜力、提高云南经济质量的一个最重要的环节。

第四个结论，我认为云南省粗放发展方式依然没有根本改变，相对富集的资源禀赋、相对落后的技术发展极大地影响了我们云南省的发展模式，使云南经济成为一个典型的"自然资源导向和资源消耗的经济"。其实早上专家的发言也提到了我们现有的很多相对于旅游优势的产业基本上都是基于云南省的资源，主要是以自然经济为导向发展起来的。这样有它的好处，但是搞不好会陷入早上汪戎教授提到的资源陷阱，贫困—增长—富裕—贫困这样一个恶性循环之中。对此，云南经济增长当中，自然消耗高、人力资源开发度低和资源利用率低等这样一些问题依然没有解决而且非常突出。这些问题必须通过转变经济增长方式来很好地解决。我建议，（也有很多同行认可）明年应当把我们的主题就定在云南发展方式转变这方面。（当然也请各位提建议。刚才邹平副校长告诉我，在我的讲话中希望我说一说这件事，由于早上我们会务筹备比较匆忙，他没有展开说。而且讲到明年是社科院来主办，后年是云南大学主办。实际上明年是云南大学来主办，后年是社科院或者是其他单位主办。明年云南大学是确定的，希望大家也积极地提出建议，所以明年的主题由咱们确定。）云南经济增长当中环境成本增大，资源约束成为重要"瓶颈"。因此节能减排以及不可再生的战略性资源的开发和保护这些方面必须有新的举措。

第五个结论当然也是不言自明的结论，大家知道，我主要还是想重复一下通过上面的一些分析发现，云南经济增长当中过分依赖政府的这种状况依然没有明显改变。云南的市场体系不完善，2005 年在北京，在对各省市场化程度评分时，云南年度指数得分仅为 3.39，位列全国第 27 位，远远低于全国平均水平。政府投资和政府消费在总投资和消费中的相对比重大、增速快，市场配置资源的基础性作用应当说还比较差，政府行为对云南经济影响非常明显。上海沿海地区认为"十一五"以后他们的经济增长体制创新已经主要不是市场体制的创新，而可能是其他方面，包括技术、管理和特别行政管理体制等方面。我觉得云南"十一五"乃至更长的时间里，市场体制的创新仍然是一个重要的方面，要充分挖掘云南经济增长的潜力。我们必须进一步完善市场体制和机制，转变政府职能，充分发挥市场的"场"的基础性配置资源的作用。我就讲这么多，谢谢大家！

沈安波：

施教授时间掌握得很好，提前了两分钟。下面请我们在座的各位提问题。

（听众）问：

尊敬的施教授，有个问题想请教。根据科普·道格拉斯曲线和索罗增长方程式对云南实证的一个分析，显示云南在资本劳动力市场的投入以及技术进步方面都明显低于全国平均水平。那么请问施教授，影响云南技术进步的主要因素乃至云南经济增长的最核心因素是什么？谢谢！

施本植：

这是一个很好的问题，非常感谢！但也是很有深度很难回答的问题。对道格拉斯函数，在座的学经济学的人都非常熟悉，但它也有它的局限性，就云南省来说，我们的资本技术劳动力这些要素在经济增长当中（刚才我只分析了投资，还有技术方面没有展开说。因为在我们课题研究当中，也对这些要素的贡献度作了一个计算，但只能是参考，因为函数本身现在也还有一些争论的问题，特别是实证到云南省的话不一定对，所以我也没有展开说），就你提到的影响云南省的技术创新，或者技术对经济的这样一个推动作用的原因，或者是如何进一步地发挥技术创新对经济增长推动作用这样一个方面的问题，我是这样考虑的。确实是科学技术再到第一生产力已经说到家了，所有因素中最重要的因素，第一生产力嘛！对不对？但就云南省的情况来看，我觉得不仅仅是一个技术投入为主的问题，投入当中还有一个效率的问题，还有一个更重要的问题，当然不一定在座的各位专家、老师和同学们认可，就技术创新和自主创新而言，我越来越赞同制度经济学的一些理论和说法。我自己认为实际上更多还是在制度方面。技术创新非常重要，但是如果没有一个很好的制度环境，那么技术创新搞不好，技术对经济增长的推动作用或者说技术转化为生产力这方面的潜能也会大打折扣。所以，我非常赞同要进一步加强科技投入，特别是让企业真正地成为技术创新的主体，加强产、学、研的这样一个体制机制的构建，多渠道地增加科技投入。但是与此同时，一个非常重要的方面就是再好的技术必须要有制度作为保证才能发挥它对现实生产力转化的积极作用。

沈安波：

那边还有一位。

（听众）问：

听了施院长的报告以后，想请教一个非常简单的问题。因为

103

我们大家都关心云南的经济……

施本植：

尽量提简单一点，难的问题我回答不了！

（听众）继续问：

非常简单，因为我不看那些深奥的理论，大家都熟悉云南省提出来要和全国同步实现小康，但是您的报告中的"五个依然"好像一切都没有变。就云南和全国这种发展速度，我们以跑步来比喻。就像刘翔和我比赛一样，我跑得很慢，而刘翔却是像飞一样。我想请您评价一下，在这么一个状况之下云南怎样才能够实现和全国同步实现小康？另外，如果一定要同步实现小康，那么我肯定要飞起来，怎么样实现这个飞起来的转变？想请教施院长。

施本植：

我们这个老王，王大哥，看似最简单的问题，实际上这个问题是最尖锐的。这个本是我提出来抛砖引玉，让大家思考的问题，他又提出来再让我回答，太难了。实际上我在报告中讲了一个问题，我的观点是，我非常赞同同步实现小康，如果能够提前实现小康那就更好了。对不对？我们云南人民都希望这样。但是现实是，因为我们现有的人均GDP或者单讲经济上的人均GDP低于全国平均水平。人口增长中分母的增长比全国快，分子虽高出一点点但不是很多。这样一种状况当然就是我们现在需要解决的难题了。我的想法是在我们未来的十三年，这样一个比较短的两个五年计划多一点的时间里，要把云南人口再降下来，降至全国平均水平，乃至更低一点，但是难度也太大了。与此同时，要把我们的分子做大，GDP 增长更快一点。分析这些因素，比较这些因素，提出几个结论绝不是为了考证改革开放以来云南省的巨大成就和省委、省政府的正确领导。但是如果没有看到这一点，确实是如我们老王所说的，GDP 没有更快更好地增长的话，要与全国同步实现小康确实是非常困难的。我记得在座的也有人参加了当时云南省的刚刚提出来同步实现小康的座谈会，当时也讨论到了这样的问题。当时也有人说那个产业增长多少，我们也可以到达，当时我提的想法是云南省同步实现小康有很大的难度。但是我们也充满信心，我们可以把分子做大，分母做小。当然了，全面小康，大家说的不仅仅是经济上的小康。去过美国的人就知道，为什么有些人不愿意选择纽约，而选择西部比较休闲的地方。西部人均 GDP 少，但是那里悠闲，快乐指数、幸福指数高，可以享受的环境条件更好。所以我觉得从另一个角度来说（当然是阿 Q 精神了），我们云南人均 GDP 方面比不上全国，我们能不能在刚才讲到的环境、生态、文化和政治这些方面同步或者提前实现小康，我们以这方面来聊以自慰。

（听众）问：

那就是改变这个评价标准？

105

施本植：

不！全面小康不仅仅是 GDP，不仅是人均 GDP 啊。它包含了更开放一点，更文明一点，更民主一点，环境更好一点、更美一点，政策更宽松一点，这也是小康的内容啊！是不是？全面小康的内容啊！我就说人均 GDP 是一个指标但不是唯一的指标。云南省在这方面要努力，尽可能与全国保持同步，经济 GDP 同步不了，还有其他一些方面如环境、人口、资源、政治和民主各个方面，我们要做得更好一点，那么相对来说快乐指数更高一点，GDP 低一点就算了。

沈安波：

由于时间关系，我们谢谢提问人，也谢谢主讲人。下面我们有请社科院副院长任佳研究员进行点评。

任　佳：

尊敬的各位领导，非常感谢师范大学给我们这样一个平台，让我们有这样交流和学习的机会，我也很荣幸来作这一阶段的点评。实际不是点评，是拜读施教授的大作，然后有一些感受。

大家都知道"经济增长"是出现频率最多的词汇，实际上在经济理论界，经济增长理论是经济学中非常有争议的一个领域之一。有很多经济学家花费大量的时间和精力希望寻找一个对经济增长令人满意的解释，但并不存在一般的经济增长理论。世界各国经济增长的过程存在着巨大的差异，经济增长是与一国经济体制及经济结构密切联系的，没有哪一个经济增长理论能为各种经济体制及各个经济发展阶段提供一般的政策基础。经济增长理论的区别正是在于它们对各种因素相对重要性，以及各种因素间的相互关系有着不同的看法。我们不妨来回顾一下。

　增长理论有古典增长理论和现代增长理论。古典增长理论，我们知道是以亚当·斯密为首提出来的一些理论，他们强调影响经济增长过程的因素是资本的积累。因为资本积累就促进了劳动分工，劳动分工就会提高劳动生产率，劳动生产率的提高就会增加总产出，总产出增加会使资本进一步积累，资本进一步积累则工资就会提高，工资最终会带来人口增加，人口增多就会使需求增加，需求增加进一步刺激劳动分工，从而劳动生产率进一步提高。所以亚当·斯密认为经济增长一旦启动，它就会持续。他对经济增长前景是乐观的。李嘉图对资本积累也是赞同的，但是李嘉图的论证得出了比较悲观的结论。他对经济增长过程的论证建立在三个假设上：第一个就是马尔萨斯的人口法则，即除了疾病、饥饿、战争的抑制，人口将按几何级数增长；第二个就是报酬递减的基本经济原理，特别是对于农业耕地这个稀缺资源来说；第三个就是资本积累理论，其中利润是关键的变量。在古典经济学家们所处的资本主义经济发展初期，实际上人口相对于耕地是比较少的。在这样的条件下，利润和资本积累的机会都比较多。较高的利润水平刺激投资，即资本积累，投资的增加就导致了劳动需求的增加，从而市场工资率就高于维持生存的水平，这又导致人口增加。上述因素就产生两种后果：一个就是当工资率高于维持生存水平的时候，利润势必就减少，利润减少，资本积累就下降；第二个是为了给日益增长的人口提供食物，必须使用更多的土地，在固定数量的土地上，增加劳动，报酬就会递减，从而市场工资率将降到维持生存的水平，到这个时候积累将停止，人口将保持稳定。所以李嘉图得出一个比较悲观的结论。但是古典经济学家忽视了技术进步的现象，实际上就是把增长过程看做是人口的增长与资源的消耗和资本积累与市场扩大之间的一种竞赛。

现代增长理论，我们知道（刚刚有提到）如哈罗德—多马的经济增长模型，他们与古典经济学家相同，认为投资增加所导致的资本积累在经济增长过程中起着极其重要的作用。但是他们强调的投资有两重性：一个方面是投资通过乘数效应创造收入；另一个很重要的方面，就是投资会扩大资本的存量，从而增加生产能力。这一点更为引起他们的警觉。为什么这个会很重要呢？因为古典经济学家关心的是资本积累对提高生产能力这一面，因为他们认为需求总是足够的。而早期凯恩斯主义经济学只关心是否有足够的需求。根据定义：净投资就是单位时间内资本存量的增量，净投资对扩大资本存量的作用在短期内是可以忽视，但是在长期分析中资本存量固定不变的假设是不可能接受的。当资本存量增大的时候，资本增量的利用就非常重要，就是产出必须要扩大，以利用扩大的资本存量，否则生产能力就会闲置，生产能力的闲置实际上就是阻碍进一步的投资。所以多马的研究就是说，投资必须是按什么比率增长，经济才能始终充分利用资本积累所增大的生产能力；哈罗德研究的问题则是，经济必须按什么比率增长，投资者才愿意保持他们目前的投资率。所以，他们是从需求的角度，关心的更多的是资本家的投资行为。而新古典经济增长模型则认为均衡增长的决定因素在于供给方面，即由劳动力的增长率决定。长期的均衡增长率决定于外生的劳动力增长率而与储蓄率的大小无关。提高储蓄率只能暂时的提高增长率，一旦恢复均衡，增长率就仍由劳动力的增长率来决定。所以，我们可以说没有一种增长理论是一般的，因为没有一个增长理论能够对各种经济体制或各个发展阶段提供一般的、正确的基础。

施教授这篇论文，它有这样一些特点：

第一，它是从供给和需求两个方面选取相关因素来分析的。从供给方面有资本、劳动、技术，他提到了劳动和技术；需求方面是投资、消费和出口，我觉得这样的分析是切合我们的实际的。

第二，以经济增长为题来研究了增长和结构变化的问题，实际上就是增长和发展的问题都涉及了。因为增长和发展有时候是统一的，但是有时候是有区别的。增长是指实际总产出或人均实际产出的持续增长，而发展是持续的经济结构的变化。他的分析里包括了结构的问题：产业结构、城乡结构，城市化、工业化水平。

他这篇论文印证了什么呢？就是说经济增长因素分析当中，我们从经济学文献当中，有两种不同的实证结果：就是全要素（刚刚有人提过），全要素生产率的增长是经济增长最重要的源泉，这对工业化国家是这样的。对发展中国家，云南这样的不发达地区，就不适用。发展中国家的经济增长主要依靠生产要素投入的增长。我们通过施院长这个报告可以看出，云南的增长主要是靠什么？靠资本和劳动的投入。

第三，我觉得这篇论文很好的一点，我也非常赞同的就是，他是通过一种比较来揭示云南经济增长存在的问题，他是很客观地用数据来说话，而且是直面我们的问题。我觉得这样的科学精神是值得赞赏的，比如说从速度的比较，我们一直是处于18位；增长周期云南与全国同步；产业结构，第一产业的比重下降比全国晚了8年左右，第二产业比重超过第一产业的时间又比全国晚了9年左右，第三产业比重超过第一产业又比全国晚了7年左右，所以整个产业的高度化是低于全国的，落后于全国的。

第四，对增长的效益和质量进行分析。实际上我们存在的问题是：2000年以前是下滑的，之后有所改变，但是，我们的优质品率、一等品率和新产品产值都大大低于全国平均水平；再一个就是我们单位产值的能耗和污染排放程度高于全国平均水平。这里已经超出增长的内容而涉及了发展的问题。

第五，增长因素的分析。增长因素是放在投资因素里分析的，我觉得最重要的是他分析了我们的投资效率非常低，投资的结构不合理，他通过边际资本率来显示出这一点。另外，在投资总量上升的同时，经济增长率出现下降，这个实际上就是投资效率不高。另外就是国有经济的投资和非国有经济的投资效率不一样，非国有经济投资效率高于国有经济的投资效率，所以，投资结构也是不理想的。社会总投资仍然以国有经济投资为主，我觉得这个也是揭示得非常好的问题。

第六，从消费来看。消费增长总体水平低于全国平均水平，但是，从2002年以后出现了变化，就是消费对经济增长的贡献开始显现，这一点非常重要。另外一点就是出口，出口连续九年低于全国平均水平，但是近些年发生了变化。体制、技术、人力资源、城市化等长期因素，纵比我们是有显著进步的，但是横比就有差距。城市化水平在全国是一个很低的水平，我们是28%，全国是41%，还有二元经济结构等等。再一个很重要的方面是市场化程度非常低。

所以，我觉得有几个值得重视的问题：首先，随着大规模基础设施项目的投资，大的项目的带动，像交通、电站、有色金属等大产业的拉动，对经济增长的前景是乐观的，但是要特别重视投资结构和投资效率的问题。要充分调动民间资本，应该大力发展非国有经济，国有控股我觉得应该慎重，特别是对非关系国计民生的这些产业，国有最好是退出，不要抓住所有的重点产业不放，现在我们就有这样一种趋势。我觉得国有经济应退出竞争性产业，要鼓励、调动民间资本，非国有经济参与到我们的建设当中。大集团的聚合和启动一定要按市场的手段来做，不应该按行政手段。所以，一定要调动非国有经济的积极性，不要挫伤其积极性。其次，消费对经济增长的贡献。这是一个很好的兆头，我们应该积极地引导。再次，就是我们刚刚提到的市场化程度相当低。我们是不是要回到过去，企业严重的依赖政府？这个一定要明确，经济增长和发展要调动全民的积极性，要全民的参与，这不仅是政府的参与，政府的事情。最后，增长效率不高，技术进步的速度不快。为了加快经济增长，必须利用市场机制的调节作用，来提高全要素生产率。

总之，我觉得要实现高速的、持续的经济增长，必须有较高的投资率，这个是肯定的，但是高投资率只是一个必要条件，并不是保证经济高速增长的充分的条件，要使经济高速增长还必须保证投资的效率。在投资项目的选择和实施过程中，都要强调效率，必须配合适当的宏观和微观的经济政策，以提高投资的效率，加快经济增长。

我就点评到这里，谢谢各位！

沈安波：

下面请云南财经大学副校长王力宾教授进行点评。

王力宾：

各位领导、各位老师、同学们，下午好！对施教授的报告我有两点评论和两点建议。

第一点评论，我认为施本植教授的报告全面系统地刻画了我省经济增长的概貌，多角度分析了影响我省经济增长的因素，深化了我们对云南省经济增长典型、政策、路径的认识，我觉得这一点非常的有意义。大家知道，这几年云南省经济增长引起了我省不少的评论和实际工作的重视。其中相关的研究有三类：第一类就是单纯的生产要素以及全要素生产率对我省经济增长的贡献，并进行了定量的研究，目的是揭示这些生产要素对我省经济增长的作用；第二类是对改革开放以来影响我省经济增长的体制变革、产业结构调整等因素进行研究，旨在证明体制、政策、产业结构和需求结构等对经济增长的诱发作用。第三类就是内部要素，比如说财政支出、人力资源的要素对经济增长的研究，目的是证明在经济增长中它们的地位。我认为施本植教授的研究是一项综合性的研究，具体研究范围涉及了云南省经济增长的运行轨迹、增长周期、产业结构以及影响经济增长的固定资产投资、消费需求、市场化进程、城市化水平、人力资源开发等多个因素。

另外，从基本生产关系来考察我省经济增长的四个方面：我认为施老师的研究报告不是对我省经济增长某一方面的反映，而是一个系统全面的研究，就这一点来看研究成果具有非常强的利用价值。这一点我也为施教授打抱不平，如果把施教授的报告放在今天第一讲的话，可能更能体现抓纲挈领、统揽全局的作用。

第二点评论，我认为本研究得出的研究结论和隐含的政策措施具有很强的针对性和可操作性。刚才任佳研究员已经举例了，我在这里再举一个例子，比如说强调降低人口的自然增长率是实现我省和全国同步实现小康目标最直接、最有效的政策措施。这一点施老师已经强调，人均实际产出的增长率等于实际总产出增长率，譬如人口增长率对经济增长总量是一个扣减。所以，只要坚持人口政策，控制人口，在云南省是最直接、最有效促进经济增长的措施。再如施教授指出，云南省经济增长在相当大的程度上投资增长实现了，但是，经济增长过度依赖投资推动的问题非常突出。过去我们过分地强调投资增长的作用，而施老师强调，在未来一段时间，如果过分依赖投资的话也会产生一系列的负面效应，我觉得这一点是非常中肯的。同时，施老师也强调随着我们云南省的收入的增加、消费政策的不断完善、消费环境的进一步改变，消费对我省的经济拉动作用会逐步增强，以上我们看到了推动经济增长的另外一条渠道。再如，报告强调对经济结构的调整，施教授认为随着我省经济增长，我省的产业结构正在发生变化，政府如果及时调整产业结构，就能够取得在有限的资源内实现最大的产值的效果。在这方面，像今天黄毅部长提出用生物产业来代替其他产业就能起到这样一个作用。

总而言之，施老师的报告中我觉得有很多征求条件，限于时间我就不一一列举。另外，本报告的研究有助于我们，特别是现在面临的投资短缺、通货膨胀的背景下，进行云南省宏观调控的正确的选择，我觉得具有重要的参考价值。这是我的两点评论。

当然，对这次报告我也提两点建议。第一点就是产业结构、人口增长、固定资产投资等等都是引领经济增长的重要因素，这些因素在整个经济市场中是不可分割的部分，它们是相互制约、相互促进的。在现阶段我省经济保持持续稳定的增长应该有一个科学的经济理论，与云南现实相结合的理论框架，不能死板地参考。在这方面报告提出来的各环节之间联系不够密切，另外内在的衔接还不够。当然这里也为下一步的研究留下了空间，也奠定了很好的基础。经济学家苏比埃在分析中国经济增长路径的时候提出了一个以提高各个产业的劳动生产率，特别是以提高农业的劳动产出率为逻辑起点的理论框架，我认为这个框架值得我们云南省的经济工作者参考和借鉴。

第二点建议就是云南省的经济增长问题不能单纯从实证结果来简单类推，应该有一个适合云南省经济特征和符合经济学基本原理的框架和数学模型。虽然受各个方面的限制，还不能够用一个普遍的模型把影响经济增长的各个因素有机地结合起来，但是在施老师报告的基础上，我觉得建立一个符合我们省的模型，特别是它的数据库的支撑，我觉得是非常重要的。施老师在开始的时候就强调了数据不足的话，他是用2004年的数据，也说明了不光是宏观统计得出这些数据，还要根据这些数据整理出来一整套完整的、有逻辑体系的分析结果，而目前这样的分析结果还缺乏。这一点还有待于报告的深入研究。好，由于时间关系，点评就到这，谢谢主持人，谢谢大家。

沈安波：

好，首先感谢施教授精彩的报告，也要感谢两位嘉宾精彩的提问，当然更要感谢我们两位点评人精彩的点评。发展问题从来都是全国上下关注的一个大问题，当然也是党中央、国务院高度重视的问题，科学发展观的核心也是发展，没有发展任何事情都谈不上，但怎么发展？发展的速度多快才是最佳的？这一点在经济学界一直都有不同的争论。现在我们基本统一到追求既快又好的发展。这说起来好说，做起来却不容易。一讲到发展，我们往往要分析有利于发展的因素，同时也要分析制约发展的问题。施教授从若干数字列举，找出了我省在发展上存在的问题，这些问题多是我们经济界特别是从事经济工作的部门关注的问题，但是这些问题的解决毕竟还需要一个过程。所以，这些问题我觉得提出来可以让在座的同学、专家、学者和政府有关部门进一步地思考，研究解决。我现在手里正好有今天上午省发改委向省人大报告今年上半年经济形势的材料，材料对今年上半年我省经济发展的成绩给予充分的肯定，上半年经济增长速度快，而且效益在大幅度的提升，工业企业的增幅也比较快。但问题也很突出，第一个问题是，我省固定资产投资增幅减缓；第二个问题是，我们现在的物价继续在高位运行；第三个问题是，我省节能、降耗、减排任务艰巨。这三个问题是实实在在摆在我省面前的，是加快发展的制约因素。如果再深入分析的话，制约我省发展的因素还更多，一个是交通，我们省铁路出省仅能满足需求的15%，也就是说我省的经济要发展，如果要面向全国和世界的话，我们的商品相当一部分运不出去，必然制约我省经济的发展。我们现在尽管在加快铁路、公路的建设，但还有一个过程。另一个是电力，我省是电力资源的大省，但今年、明年仍然缺电，三年以后才可能会有一个大的改观。还有就是发展的资金和资源的约束，也是一个不得不重视的问题。我们省现在资源已经非常有限了。有专家认为，我省现有资源很难长期支撑我省经济快速发展。所以现在昆钢、云铜等集团，它们的主要原料铁矿石、铜矿石有相当部分是靠进口，我省自身的资源是有限的。资源的开采对环境的破坏也非常的严重。上述问题也在制约云南经济的发展。所以，特别是我们听了施教授的报告和专家的点评后，我们还要结合自己的思考，来进一步研究和判断云南的经济发展问题，为我们省的经济发展多出好的主意或点子，谢谢大家！

邹　平：

感谢主持人，因为主持人有效的主持使我们第三单元的演讲非常成功，表现了主持人高超的控制力。施本植教授针对云南的增长，从理论与实践，尤其运用大量的实证数据对影响云南发展的主要关联因素作了分析；任佳研究员和王力宾教授用增长理论以及数学建模对经济增长评价的框架体系结构的研究，都提出了非常有价值的见解，表现出他们很高的学术造诣和水平。所以，我们希望聘四位教授为我们学校的客座教授，下面请我们师范大学的校长骆小所教授为他们颁发聘书。

第四单元
资源型企业可持续发展战略
中需要特别关注的两个问题

主　　持：郑维川　中共云南省委政策研究室

主题发言：王长勇　昆明钢铁集团有限责任公司

评　　论：伏润明　云南财经大学

　　　　　赵光洲　昆明理工大学津桥学院

云南论坛 · 2007

郑维川：

各位下午好，非常感谢给我这样一个机会来主持这个非常有意义的论坛。下面将要请出今天的主要发言人，他是一位实业家，领导着一个庞大的企业，云南的航空母舰之一，2004 年率先突破销售收入 100 个亿，今年将突破 200 个亿。他就是我们昆钢集团的董事长王长勇同志。

我们的王董事长，不仅是一个实业家，还是一个善于对现实问题进行理论反思的思考者，他的发言将会是非常有意义、有价值的。我将还要请出两位点评嘉宾，请两位嘉宾上台就座。我们把程序稍微颠倒一下，为了节约时间，先请王长勇董事长做主题发言，嘉宾请坐。

王长勇：

主持人，各位领导，各位专家、教授、老师、同学们，下午好！感谢主办方能给我这样一个机会和大家进行些交流，更重要的是学习。下面我从微观的角度就一个企业在经营、发展方面，特别是从操作层面上谈一些认识。今天我发言的题目是《资源型企业可持续发展战略中需要特别关注的两个问题》。

云南有一些得天独厚的资源优势，被称为资源大省，而依托资源优势形成了一批资源型企业，如云南铜业集团、昆钢集团、云天化集团、云南冶金集团、云南锡业集团等大型国有企业。这些企业历史悠久，经过多年的发展已经成为国内外具有一定影响力的企业，成为云南省重要的产业经济支柱之一。去年，云南铜业集团、昆钢集团、云天化集团、云南冶金集团、云南锡业集团在全国500强工业企业中分别位列第115名、233名、249名、267名、405名，可见其影响力和地位。

我省的资源型企业为云南经济和社会发展作出了重要的贡献，也为国家的进步和繁荣发挥了积极的作用。但是这都是长期计划经济形成的社会分工，这一点我认为专家学者在分析云南的资源型企业现状时，还会面对着未来它需要提升的方面的问题，也就是它的不足，一定要承认这个客观的、历史的现实。新中国成立以后，国家集中建设的产业都在中原，特别是沿海一带及老工业区，而像云南这种处于西南边陲的少数民族地区，总的来讲投入还是不足，这是长期计划经济形成的社会分工的结果。云南资源的开发和生产，为国民经济的发展所作出的贡献是十分巨大的。原来我在云锡公司工作时，我听老的领导讲，并查看了云锡公司过去的一些老资料，特别是同（前）苏联的关系比较困难的时期，云锡公司生产的大锡，那时属于国家高度重视的战略性投资。今天我们所面临的条件和环境发生了深刻的变化，在工业化、城镇化、市场化、国际化为特点的时代背景下，云南资源型企业如何实现可持续发展，如何继续为云南省和全国经济和社会发展发挥重要作用，这将是我们要认真思考和切实加以重视的问题。

一、当前我省资源型企业面临的问题和挑战

云南省地处西南边疆，经济欠发达，加之过去计划经济体制下形成的社会分工而出现我省资源型企业产品初级化、产品附加值不高、盈利水平低、矿石资源自给率不高及利用率有待改善等问题。当然，资源的不可再生性和将资源优势最大限度地转化为

经济优势，实现企业又好又快地可持续发展是摆在企业管理者面前的重要课题。我们以昆明钢铁控股有限公司为例，通过我所在的企业，可以窥见云南省多数资源型企业，特别是矿产资源型企业所面临的问题和挑战。

（一）产品附加值不高，盈利水平低

昆钢始建于 1939 年 1 月。由于地处抗战的大后方，钢铁工业在云南得以迅速发展，新中国成立之初，其钢产量为 448 吨，据说在全国钢厂中排序居第 10 位。那时的钢产量 400 多吨，就居全国钢产量的第 10 位，属于历史的前位了，对于云南来讲，也是历史的前位了。

2006 年，昆钢在全国排序，排在第 26 位，也就是说，昆钢的位次相对于新中国成立初期倒退了 16 位，这是国家产业布局和社会分工造成的。经过 60 多年的发展，到 2006 年末昆钢总资产已达 261.9 亿元，钢产量 480 万吨，实现销售收入 165 亿元，利税 14 亿元。按销售收入排序，位列全国 500 强的第 233 位。然而在 14 亿利税中，利润仅为 3 亿元，这与巨大的资产总量是不匹配的。究其原因是多方面的，但产品属初级或低端（产品），其附加值较低是其最根本的原因。

目前，昆钢的产品中有 80% 左右仍属钢材中的低端产品，即普通钢材普轧。面临的市场竞争较为激烈，产品的盈利空间较小。因此，迅速提升产品档次，调整产品结构，改变盈利水平低的状况是当务之急。我们再看云锡公司（我是从云锡公司过来的），云锡公司是世界上第一大锡生产国有企业，它现在的锡的附加值比较高的一部分产品也只占 40% 左右，这也是这几年快速提升的一个发展的机会。小企业，依我看，基本上都大同小异。

（二）资源自给率不高，利用率有待改善

资源型企业的基础在于资源，随着企业生产规模的不断扩大，对资源的消耗量在日益增加。昆钢近 5 年处于一个快速发展的时期，目前综合生产能力达到 600 万吨钢的规模，是"九五"末的3 倍。每年需要消耗铁成品矿 900 多万吨，其中，仅有 30% 左右是自己生产的，其余不足的部分要在国内外采购。昆钢的这种情况，其他企业也存在，只是比例高一点或低一点的问题。刚才沈安波秘书长已经把这个问题点出来了。随着铁矿石市场价格的不断上涨，国际矿价从 2004 年到现在仅仅 3 年的时间就已经连续涨了 4 次，涨幅超过 168%，过多地依赖购买市场高价位铁矿来维持初级产品的生产，这也是导致产品盈利水平低的原因之一。上午汪教授讲到，现在这个利润率往上游靠，这是一个现实，但是我们过去是以比较丰富和廉价的资源来生产初级产品的，它的汇率水平也是比较高的。现在像昆钢，上游不断的涨价，下游的产品结构调整速度跟不上，导致实际利润下跌。

云南有着丰富的铁矿资源，已探明保有储量 37 亿吨，尚有大片地区属勘探的空白区，整个储量在全国位列第 7 位，其中可直接利用或通过常规选矿技术加工后可利用的铁矿资源有 7 亿多吨。其余的大部分属高硫磷、低品位，贫、杂等难利用的矿石。云南周边国家储藏着丰富的优质铁矿，应当引起我们的足够关注。如何加强省内铁矿的勘探，增加可用矿的数量，尽快开发保护现有的可利用矿，研究贫、杂矿的开发利用，并充分利用周边国家的铁矿等是云南发展钢铁工业，以及其他矿产资源型企业所必须解决的问题。

123

二、应当采取的对策和措施

（一）扩大资源的利用，实施节约资源并重

加强省内外和国内外资源的开发，下大力气提高资源的自给率。云南的矿山多数都经过了多年地表的开采，现在必须转入地下，进行深部的开发。大家都知道转入深部开发首先是成本会增加，其次是技术和装备比在地表开采难度要大得多。我认为，有以下几点可以解决这个问题：

1. 积极转入井下深部开采。随着已探明的地表资源的减少，生产所需原料的开采逐步地由地表转入深部开采，这是当前我省多数资源型企业面临的现实问题。昆钢也不例外，原有的地表矿山资源已经枯竭而转入地下深部开采。近年来昆钢引入了国内外先进的工艺和技术，于去年底建成了大红山井下400万吨的采选管道工程，每年能为公司提供200多万吨优质铁成品矿。该工程长距离矿浆输送管道铺设复杂程度为世界第一，这是引进美国PSI公司的技术，用管道把矿石磨成浆，然后经过170多公里长的距离输送到昆钢；管线长171公里居全国第一，大型拌磨机容积，也为国内第一，无底柱、高分段、大间距分段崩落法的设计，属全国黑色金属矿山第一，长距离胶带机（1796m）绝对提升高度为421.15m，为中国之最。现在公司还在扩大生产，计划使出矿量达到每年1000万吨以上。在原有老矿山进一步挖掘，稳定和增加开采量的同时，在州市进行勘探、开发新的矿山，扩大资源的储备。如果说云南的资源型企业都要靠从海外进口矿石，总有一天是会运转不下去的。现在物价都在涨，一个是矿商落地的矿石的价格在大幅提高；另外航运费，随着石油的涨价，也在涨。运输的瓶颈也制约着云南的资源型企业从海外大量进口资源。

2. 加强与矿权所有者的紧密合作，支持和帮助其扩大生产，合理开发，有效控制资源的利用。20 世纪 90 年代末期以后，在矿权的管理上很多是县级政府就可以发放矿权，矿权到了一些小公司和私人老板的手里，他们又没有能力做到很规范地开采，有的是直接开采，这种是一种低水平的、浪费比较大的开采方法。昆钢这几年在这些方面做了很多工作，就是为了帮助矿商合理开发，有效利用资源。昆钢通过长期的努力，成功地控制了铁成品矿产资源的有效利用。

3. 实施走出去战略，抓好境外资源的开发。近年来，我省资源型企业为此做了许多的努力和探索，取得了一定的效果。目前，昆钢与越方合作，已经获得越南第二大铁矿——贵沙铁矿的开采权和出口中国昆钢的许可证。与老挝方企业合作，已经获得老挝万荣县和长西县铁矿勘探权。这两个铁矿都是非常好的，焦产有 60 多的品位。就在前一段时间，老挝总理到云南访问的时候，已经把勘探权的事情确定。这次我们已在老挝首都万象附近建设一座钢厂，以这个作为起点，来寻求老挝政府的支持。现在这个钢厂规划已经取得了老挝总理的同意，并且已经办好了投资许可证，现在矿权又回到了勘探的前期工作的阶段。应该说云南的周边，特别是这三个国家——越南、老挝和缅甸，铁矿资源是非常丰富的。刚才谈到的越南贵沙铁矿属于其国内第二大铁矿，是一个独立的矿体，它的储存量为 1 亿 2000 万吨，它的第一大矿体磁锡铁矿，大概有 7 亿吨左右。还有缅甸，靠近腾冲 300 公里左右的地方，那里有一个矿，储量也是 2 亿 3000 万吨。

4. 大力开展贫、杂矿的科技攻关，提高利用率。我省的资源储量中贫、杂矿和伴生多金属矿不少，所以要组织科研力量，采

125

取先进的技术和工艺，最大限度地挖掘这部分资源的潜力，进一步扩大资源的利用率。近年来，昆钢分别与长沙矿冶研究院、重庆大学、昆明理工大学等科研院所组建了科技攻关小组，先后对多个地区的矿石进行选冶攻关，有的已经取得了一定效果。其中最大的攻关目标就是普洱市的混合铁矿，这个矿约有 20 亿吨的储量，但是这个矿成分比较复杂。

5. 做好资源的节约和综合利用等工作，这对资源型企业是十分重要的。在这方面我省有色金属的开采基础好、管理规范，在资源节约和综合利用等方面的工作很有经验。铁矿及其他的一些黑色金属的生产开发应多向他们学习。近年来，昆钢在尾矿的利用（方面做了很多努力），包括云锡公司的尾矿当中的铁矿的元素，昆钢也在积极地加以利用。昆钢在尾矿选矿的回收和尾矿品位的改善，矿山回采率的提高，贫化率和损失率的降低，以及其他金属的综合回收等方面做了一些积极的探索和努力。同时，在适度地进口部分国外优质矿，拉动和扩大省内部分贫、杂矿资源的利用等方面，已积累了一定的经验。现在我们每年从巴西、南非、澳大利亚和印度进口 100 多万吨的优质铁矿，更重要的是把省内的一部分贫、杂矿进行有效地利用。

（二）调整产品结构，提高产品附加值

现阶段，我省资源型企业大多数处于产品亟待升级，附加值需要提高的时期，尤其是钢铁企业最为紧迫。昆钢近 68 年的发展，由于种种原因，至今产品仍以普通建筑钢材为主。随着上游产品价格持续上涨，使得企业的竞争力下降，盈利水平不高。

第一，如何调整产品结构提升产品附加值，尽快走出一条产品—质量—效益型的路子，是资源型企业共同面临的问题。多年来昆钢做了大量艰苦的努力，作了许多的探索，虽然收到了一定的效果，但是仍然不能很好地适应市场竞争的要求。2004 年底，昆钢开始探索引入战略投资者，借力发展，借别人的力量，快速调整产品结构和提升产品附加值。在省委、省政府的正确领导下，在省有关部门的帮助下，今年 8 月 1 日终于与武钢集团签订了战略合作协议，通过定向增资控股，武钢集团成为昆钢的第一大股东。昆钢将利用武钢在技术、资金、人才、品牌等方面的优势，对钢铁生产现有工艺流程进行优化，对产品结构进行调整，实现企业工艺、技术、装备和产品的升级换代。现在昆钢的主要技术经济指标已经进入国内一流企业的行列，综合竞争力处于国内先进水平。目前确定的产品结构调整的目标是：大力发展冷轧取向和无取向硅钢等高附加值产品，冷轧取向硅钢的产品就同现在的螺纹钢一样几千元一吨。而产品取向硅钢则是 3 万 5 千元左右一吨，其发展将有利于改变昆钢产品结构。到 2010 年产品结构由现在的棒材、线材、冷轧板卷带等 7 大类扩展至 14 大类，使高附加值、高技术含量产品占钢材总量的比重达到 60%。现在我们的比重是 20% 左右，要尽快地提高到 60% 以上，安宁本部大概达到 70% 左右，昆钢和毅钢主要调整以后综合起来达到 60% 左右。目前武钢集团作为出资人资金已经到位，新的技术改造和潜力挖掘工作已经开始，相信三到五年后昆钢引入战略投资者，借力发展的战略目标将会实现，这样的做法将会比其他方式更有利于实现在产品附加值上的跨越式发展，加快产品结构的调整速度。我认为云南省的矿产资源型企业，只要有条件的都要走这条路，完全靠我们的力量，这是不够的。昆钢 68 年的发展历史，已经足以说明。因为长期的计划经济和它的社会分工形成的这种格局以及现

127

实的改变，需要一个沉淀。所以，只要有条件，都要走引入战略投资者这条路子。这一次引入战略投资者，在省委、省政府和有关部门的精心组织下，应该说走得非常成功。按照前任省长的说法，昆钢引入武钢这个战略投资者的工作不论是从形式和内容上都堪称典范。武钢以 48.4 亿作为昆钢钢铁主业的第一大股东，昆钢集团是昆钢钢铁主业的第二大股东，占有 47.4 亿，虽然从一个股东的份额上，它是第二大股东，但是其他的小股东的股份，都是云南省的，这部分加起来，最终云南省对昆钢钢铁主业仍然处于控股地位（有 51.9 亿）。

第二，不仅仅是通过增资控股引入资金，更重要的是通过这种运作模式，把对方的技术引进来，并且在引进来之后，要实现一定的目标。到 2010 年，昆钢钢铁主业的销售收入要从今年的 180 亿左右达到 350 亿以上，到 2012 年要达到 500 亿。如果说这个发展目标，武钢集团做不到，那么它就要从 48.4 亿退到 47.4 亿，昆钢集团又从 47.4 亿提升到 48.4 亿，这些都是有约束条件的，这种合作是非常有意思的。当然我们也知道继昆钢这个路子走出来以后，云南铜业、中国铝业也要开始进入，云南其他冶金集团也进入了。

三、结　语

省委书记白恩培今年 4 月 26 日对《关于昆钢拟生产云南新建炼油厂所需管线钢有关情况的报告》作出了重要批示："昆钢的长远发展，产量的增加是重要的，但更重要的是铁矿石自给率的提高和钢材产品结构的调整。中缅石油天然气管线建设为昆钢产品结构调整提供了机遇。望全面分析区域市场需求，加快产品结构调整步伐，在调整中求生存、求效益、求更大的发展。"

白恩培书记关于铁矿石自给率的提高和钢材产品结构调整的重要批示，抓住了昆钢核心竞争力不强、盈利水平低、持续发展能力有待提高的关键，这个批示对我省资源型企业实现可持续发展有着重要和深远的指导作用。在今后的发展中，我们将以白恩培书记重要批示为指导，认真贯彻落实科学发展观，下决心在扩大资源利用和提高矿石自给率上下工夫，下决心在调整产品结构和提升产品附加值上下工夫，努力在企业可持续发展的道路上越走越宽！

谢谢大家！

郑维川：

非常感谢王长勇董事长。下面有 10 分钟的时间请大家提问。

（听众）问：

感谢大家给我这样一个机会，感谢主持人给我这样一个机会。我是来自玉溪师院政法学院的一名老师，我的名字叫李玉仙，我想针对王长勇董事长的报告提这样的问题。针对报告里面说到，咱们这个发展存在着很大的一个问题就是产品的附加值不高，盈利水平低，实际上这个问题的存在，背后的因素应该是"人"的因素。因此我觉得问题的解决，尤其是在发展的层面上"人"这个要素要提到更加重要的位置上来看。从今天几个报告来看（其实我在贺老师作第一个报告时就想问了），贺老师从科学发展的高度来讲，相对地在他的报告里也忽略了"人"这样一个因素，还有刚才前面那位教授的报告里也只略带了一下这样的因素。根据很多企业的发展，比较大型的、发展好的企业，可持续发展能力强的一些企业，企业的文化发展都是非常好的。我想向王董事长提的问题就是咱们昆钢这样，在云南是比较知名的企业，在"人"的资源开发和提高方面是怎么认识的？在短、中、长期有什么样的对策？对企业的文化发展又有什么样的考虑？好，谢谢大家。

王长勇：

非常感谢这位女士的提问。"人"的因素在企业的发展中肯定是第一位的。正因为它的重要性，昆钢在引入战略投资者的过程当中，向对方提出了人才的标准。今天武钢集团派到昆钢的专家，帮助昆钢作品种结构调整的大概有十六七人，这从一个层面反映出来。当然谈到目前国有企业，特别像昆钢这样的老企业，它的盈利水平不是很高。前一位教授已经讲到在投资方面，民营企业和国有企业的投资效果是不一样的，是有差异的，这同我们国家的国情和现在企业的一些特殊的社会承担是有关系的。研究国有企业盈利水平不高的原因可以从多方面去做，也有很多的因素可以进行考虑，这点我只谈到产品附加值不高的问题。关于昆钢在文化和人才培训方面，首先是从智力机构、从领导环节上进行强化。大家都知道前段时间昆钢已经利用政府、组织部、国资委这个平台，运用市场化的手段，在省内公开招聘了一位总经理。其次就是逐步起用一些高学历、有经验，能够与时俱进，发奋进取的一些同志到新的领导岗位。再次是加强各个层次人才的培训。在此之前，我们已经在财经大学举办了专门培训一个月的一个班，国庆之后 8 号将有 50 人到清华大学进行一个月的培训，11 月份还将有一个班在（昆明）理工大学进行培训，参加培训的都是昆钢的中高层管理人员。除此之外，还有一些其他层次的乃至到操作工都要进行大规模的培训。从一个普钢文化过渡到精品钢材文化，需要一个巨大的转折。我想没有更多的办法，只有加速培训，加强这一块的打造。谢谢！

（听众）问：

王董事长，我想问一个问题。刚刚我们沈秘书长说到云南省经济形势时就说到一个问题，节能减排的任务云南省是非常重的，但是像钢铁企业可能在节能减排方面面临的困扰，任务更重。我想问一下，像昆钢这样的企业，环境的成本到底占多少？

王长勇：

这是一个最现实，也是一个比较尖锐的问题。提得非常好。我可以很负责任地告诉你，昆钢正在上上下下贯彻国务院，省委、省政府关于节能减排的一系列方针和措施。我们昨天刚开过昆钢中层管理人员、中高层管理人员大会，其中一个很重要的措施就是昆钢组建节能减排中心，负责在未来几年乃至长期的节能减排任务。昆钢目前正在规划一个新区，节能减排的指标将按照国内一流、国际先进的指标来设计。对于这些，我们都在竭尽全力做工作。不可否认，钢铁企业是耗能大户，也是排放大户，何况昆钢不仅仅是钢铁主业，还有水泥、铁合金、焦化、钠普材料，这些都是高耗能、高排放的企业。可以说昆钢已经从领导的力量和组织体系来予以保证。目前，我们每年投入环保的费用大概为3个亿，而且这个强度还在加大。当然，我认为这个同销售收入是不能去挂钩的，至少不能完全挂钩。因为首先要看销售收入的构成，如果说它是高进高出，那么这个比重是很低很低的。我讲的是每一个比，两三亿这样的水平在投资。今年实际投资算下来估计（因为这个统计口径也有不同的说法），（如果说把余热的发电等这些全部加起来）要达到 10 到 15 个亿，谢谢！

郑维川：

最后一位。尽量快一点，提问题不用解释，说清楚就行。

（听众）问：

董事长您好！我的问题有两个，一个是我想问一下董事长，你们昆钢作为一个知名的企业，请问一下您作为董事长怎样来理解企业所承担的社会责任？第二个作为企业的可持续发展，您是怎样来理解企业的核心竞争力的？就这两个问题，一个是企业社会责任，一个是企业核心竞争力。

王长勇：

谈到企业的社会责任，我认为是国内外讨论中比较时髦的一个话题。应该说昆钢作为国有企业，它承担社会责任是义不容辞的。我这里讲的这个社会责任，首先是为昆钢十几万职工家属能够得到一个生存和发展的空间，这是最重要的。其次是社会责任，应该力求把昆钢这个企业经营得比较好，也就是让国家增税、企业增效、职工增收，企业的可持续发展能力增强。再次是要尽企业的所能在社会公益事业，如扶贫救灾以及其他的一些义务性的支持上做出自己的努力。此外，当前在节能减排方面我们看得比较重，这也是一种社会责任。如果要分析国有企业和民营企业在投资收益上比较大的差距，我可以在这里负责任地讲国有企业的环保投入，在装备的档次方面，包括对员工收入水平的保证，都是比民营企业做得好的，这是一个问题。

谈到企业核心竞争力，这是个比较通俗的说法。核心竞争力是摸不着看不到的，是别人学不去的。但是这种核心竞争力也不是一天两天就能够形成的，它需要一个积淀。我认为核心竞争力最重要的是人力资本的打造。

谢谢！

郑维川：

谢谢王董事长，提问就到这里，请您休息。下面我要向大家隆重推出两位点评的嘉宾，他们是伏润民教授、赵光洲教授。这两位教授，我先说他们的共同点。第一条，他们都是教授，都是博导，都从事经济学研究。第二条，他们都成果丰厚。第三条，他们都肩负着重要的领导责任。第四条，他们对问题的看法都非常犀利。当然还有第五条，他们都是男的。他们的不同有这样几条，伏教授有留洋的经历，曾经在日本住了 6 年，当然他没有投

133

降日本。在美国住了 2 年。他对洋文化了解比较多。赵教授虽然没有长期在国外居住，但是他有一个特点，对全世界的城市研究特别独到。他写了很多著作，都是关于城市设计和城市管理的。伏教授对财政，公共财政的运行，经济的动态分析特别见长，他曾经承担了很多重要的课题，其中包括国家的、财政部的，也包括省里的，对财政运行的分析非常独到，有很多见解被采纳。赵教授对宏观经济的管理，特别是对区域经济、城市经济的发展也有非常多的、独到的见解，他出了很多书，提了很多好的建议，许多（建议）也被采纳。现在，我请他们两位分别就王董事长的报告进行点评，大家欢迎。

伏润民：

非常感谢主持人给我这个机会，也非常感谢王董事长精彩的发言。作为一个理论工作者，对一个实业家的演讲进行点评，我自己感到诚惶诚恐。但是我觉得从王董事长的这个发言当中，我得到了一些有益启示，也看到我们昆钢未来发展的前景。

王董事长的发言，他不仅是从昆钢未来发展的思路、找到了一条比较好的途径，更主要的是，他提醒了我们（必须考虑），作为云南省目前以不可再生性资源为主体的经济未来发展的出路问题。就我们云南来说，资源型企业面临的困难非常多，他刚才谈到的资源枯竭的问题，在我们的历史上是非常突出的。例如，就我得到的一些数据资料，像我们云南锡业，目前为止有 14 个较大规模的矿山由于资源枯竭关闭，在生产的 5 座大型矿山中有 4 座是属于资源危机型矿山。从全国的情况来看，大家都非常清楚，也比较了解的是萍乡煤矿，就是当年的安阳煤矿。安阳煤矿1898年建成，在当时是全国十大煤矿之一，但是到20世纪90年代初期，7个矿井就有4个面临关闭，2个矿井的服务年限不超过15年，20世纪90年代初它的亏损额已经达到113亿。如何走出资源依赖型，资源初级加工这种状况，这确实是很多国家，尤其是我们云南省这种特殊的经济结构所面临的一个问题。

王董事长刚才的发言虽然以昆钢为例，其实从历史的经验来看，昆钢的发展也走向了我们理论界普遍归纳的三种基本路子。第一种是产业延伸发展的模式。这种产业延伸发展的模式，简单来说，就是利用现有的矿产资源优势，实现产业资源的深度加工，延长矿产品的深度加工链，最大限度地提高矿产资源的附加值，进而建立起矿产资源深度加工和综合利用的产业集群。第二种是产业替代模式。产业替代模式就是利用资源开发所积累的资金、技术和人才，或者借助于外边的力量，建立起基本不依赖于原有资源的一种新型产业形态。第三种是复合型模式。这种复合型的模式，它和前面有所不同，它主要是在初期和成长期，尤其是在成长期就发展了接续产业，形成较为完善的接续产业，这些理论模式在王董事长的演讲中都体现了出来。

从各国实际来看，一个企业，一个集团，要摆脱对资源的依赖走向新的发展，一个重要的方面是依靠企业家的智慧。我们从美国斯仑贝榭公司的经验可以看出这样一个道理。斯仑贝榭公司在20世纪20年代成立，它走了一条非常好的道路，这条道路归纳起来也跟我们王董事长的发言有直接的关系。它是围绕主导产业，向纵深发展，形成一条服务产品的产业链。在开创之初，斯仑贝榭公司主要是探测矿产，后来觉得业务非常之单一，就走向了探化、钻化和钻井，形成了一个综合服务型公司。后来随着业务的延伸，发展到了装备制造业，主要为煤田勘探、测井、挖井提供高、精、尖的计量仪器和设备。随着信息产业的发展，斯仑贝榭公司又将他们的技术水平应用到了包装芯片技术、智能记忆、成像技术方面的发展，最后形成了一个超大型的模式，这是纵向方面的发展。从横向的发展来看，它是利用技术、人才的优势，对不同立体的市场和业务领域，进行全世界资源的整合。到目前为止该公司在全世界 100 多个国家拥有子公司，而且它的业务已经拓展到了电力、金融、交通等。这样的发展模式，我想我们王董事长肯定是进行过充分的研究的，他所提出的昆钢发展的道路和这些世界经验都是密切相关的。

我还想给大家介绍一个案例就是纽蒙特的矿业集团的发展。纽蒙特矿业集团在 1921 年成立的时候，也主要是以矿产资源，即石油、天然气为主，但是发展到今天，它已经形成了集采集业、选矿业、冶炼、科学、工、贸于一身的世界特大型企业，他们走出的这条道路也就是我们今天昆钢，刚才王董事长提出的那条道路。比方说，增加勘探投资。2000 年的时候，纽蒙特公司投入了 6.4 亿，每年雇佣世界级的地质专家、物理学家、地质化学家 200 多名，利用现代技术对世界的矿产资源进行测定分析。据现在的资料统计，它总资金的 10% 以上都是应用于这方面的投入。还有就是它对资源进行兼并、购买和调整，这也是我们昆钢要走的道路，这是企业家的智慧。

此外，资源型企业要摆脱目前的困境，我认为还有一个重要的方面就是政府的大力支持。政府的大力支持，这是和市场经济紧密结合的，并不违背市场规律。法国的罗林雷钢联盟就是走这条道路的。法国政府在20世纪70年代到90年代之间投资了30亿法郎对罗林雷钢联盟进行改革，使它重新获得新生，这就是一个很好的案例。讲到这儿，我想说这么一个问题，我们昆钢也曾经有一个非常辉煌的历史，这个辉煌的历史在计划经济时代有，在计划经济之后我们仍然有。我个人的看法是，在市场经济的时期，我们大量是依靠政策的变动、钢材价格的调整使产业走向了辉煌，但是在过去最辉煌的时期，我们也并没有走出一条很好的道路摆脱对资源的依赖。对一个企业家来说，作为一个资源型企业要转型就应该抓住有利时机使企业得以新生，而摆脱资源依赖是一个重要起点。所以现在白书记提出来的重点经济发展的问题是昆钢一个非常好的机会。我想昆钢一定能抓住这个机会，也许是最后一次机会走出资源困境，走向世界级的大企业。

谢谢大家！

郑维川：

谢谢伏教授，下面请赵光洲教授作点评。

赵光洲：

王董事长讲得很好！深入浅出地结合昆钢发展的实际，揭示了现代企业发展的一些深刻问题。我理解昆钢战略重组的意义是多方面的，简单地说就是避险、镀金、扩容和提效的问题。

1. 避险。就是通过战略重组规避风险、渡过危机。在2005年以后，由于国内钢铁行业的部分领先企业，如宝钢、首钢等，凭借规模、技术优势和资金实力采取了低价策略左右市场，导致钢铁行业的一些中小企业难以生存，昆钢也在其中，持续两年效益不佳难以走出困境。同时还引发了新一轮的行业整合，导致昆钢与武钢整合的现实，形成联合竞争的格局，通过整合共担风险、渡过危机。

2. 镀金。即昆钢通过与武钢整合，利用武钢的核心技术开发下游产品，提升产业结构，改变增长方式，有效利用资源。

3. 扩容。即通过整合资源扩大生产规模，降低生产成本。规模经济是钢铁行业的关键成功因素，也就是行业内企业主要借助规模效应带来低成本以立足市场，提高产业水平。

4. 提效。即通过整合提升产业、扩大规模有效利用资源，带来企业经济效益的全面提升，从而增强实力、渡过危机。

这一案例同时揭示了现代企业经营中出现的几个问题：

一是环境变迁。由于全球化和信息社会的快速推进，出现了大变、快变，难以预见的环境特征，很多企业甚至不知道明天是否还能够存在。过去的经营环境是线性变化的，而现在的经营环境是非线性的、跳跃的，很难预见。昆钢在2005年取得了历史最好成绩的同时，2006年迅速滑入低谷就是一个例子。这就使企业产生了在制定战略目标和发展定位上的困惑，有的企业已开始走向一种从宽口径逐渐收缩的战略途径当中，试图通过搭建战略构架重构新的竞争空间，面向未来，争取主动。昆钢与武钢的重组就是战略构架的搭建。

二是战略转折点问题。即由于环境变化导致企业战略意图与战略行动之间出现差异，使企业难以继续沿着预定的战略方向发展。这就需要深刻分析和把握其原因，转变战略以适应变化。

三是现代企业竞争已经从单一企业间的竞争走向联盟企业之间的竞争，从对抗性的竞争走向竞合。这一特点是一种博弈的结果，是生产要素在更大范围内整合和资源优化配置的结果，以此带来了"网络"经济时代。昆钢与武钢的重组整体上提升了联盟体的竞争实力、联盟防御能力和核心能力的扩张；又能够促进体制改革、优化要素配置、提升竞争能力。同时，面对快速变化而又难以预见的外部环境，也能够有效地提升抗风险能力。

四是转变增长方式。云南的大型国有企业很多是资源依附型企业，产业结构初级化，随着近几年来的快速发展便出现了资源自给不足，大量依靠进口的情况。这一事实将长期困扰云南经济的发展。按照温家宝总理的说法，到 2020 年要实现经济翻两番的目标，我们的资源将不堪重负，包括云铜、云锡、昆钢甚至云天化都将面临挑战。解决这一问题的根本出路就在于产业提升和资源效果的提升。昆钢与武钢的重组对于提高昆钢资源的有效性、发展循环经济、综合利用资源都将起到积极的作用。

我就讲到这里。最后说一句，"创造条件带来机遇，这就是战略管理过程的主要特征"。

郑维川：

刚才我们第四小节别开生面。从内容来说，是来自一个实业家在实践当中的理论思考，对实践作了非常深入的思考以后提出的问题，非常有现实感和针对性。我们两位点评的嘉宾也非常有特点，他们的点评是从经济学理论的角度来看一个企业在现实当中碰到的问题，以及同类的企业可能碰到的问题。非常感谢王董事长，感谢两位点评的教授，谢谢！

邹　平：

感谢主持人，刚才主持人的主持妙语连珠，显示了他的智慧和极强的分析能力。我们王董事长是身价 200 亿以上的国有大型企业的老总，他带领着昆钢往前走，取得了很好的业绩。从某种程度上来讲，一个卓越的企业要有一个卓越的领导人，而卓越的领导人应该有卓越的领导能力，王总在昆钢发展的关键时期，以精到的方法引进了战略投资，适时地扩大了资源的来源，使昆钢未来的发展有了一个很好的基础，建立了很好的平台。刚才伏润民教授用案例的方法佐证了昆钢的发展道路，也揭示了昆钢发展里面的很多深刻的经济学原理。而赵光洲教授把资源问题的解决与战略者的引进当做是重构竞争空间，获取有利于自身发展的机会。从不同的方面对昆钢的发展作了很好的揭示，反映出他们具有很高的学术水平，所以学校希望聘请他们四位为我们学校的兼职教授，现在请骆校长为他们颁发聘书。

感谢四位教授愉快地接受我们的聘请，第四单元的演讲结束了，现在是 4：30，我们休息十分钟，4：40 进入第五个单元，也是最后一个阶段的演讲。参加这次论坛的有云南大学、云南财大、云南师范大学、省社科院的教授、研究人员与研究生，我们对你们的参与表示衷心的感谢，同时也期盼最后一场精彩的演讲，我们共同来聆听。

谢谢！

第五单元
云南经济类型判识及其资源产业发展战略

主　　持：段万春　昆明理工大学

主题发言：明庆忠　云南师范大学

评　　论：王敏正　云南省发展与改革委员会

　　　　　王崇理　云南省社会科学院

云南论坛 · 2OO7

邹　平：

我们现在进行第五单元的演讲，在第五单元我们很荣幸地邀请到了昆明理工大学管理学院的院长、博士生导师段万春教授。他是中国管理科学与工程学会学术委员会的委员，中国企业管理学会生产运作管理分学术委员会委员，国家自然基金管理学科同行评议专家，云南行为学会副会长，也是昆明理工大学学术委员会委员，长期从事企业、企业行为、组织行为和企业发展的研究，成果颇丰。下面有请他来主持第五单元的演讲。大家欢迎！

段万春：

各位领导、各位专家、各位老师、各位同学，大家下午好！非常感谢四个发起单位和我们主办单位，为我们提供了这样一个学习的机会。因此，我们学院很多教授都参与到了这个会议中。即将举行的这个讲座是今天下午最后一个节目，俗话说："老鼠背铁锹——大头在后头。"所以我相信最后这场演讲会比前面几场更为精彩。由于时间关系，更多的时间留给我们的演讲人，先请我们的东道主——主讲人云南师范大学的明庆忠教授上台。明庆忠教授是旅游地理学院的院长，博士，享受省政府的特殊津贴，兼任教育部旅游高级教育指导委员会委员，中国丹霞地貌旅游开发委员会的副理事长，中国地理学会的理事长等等，长期从事旅游开发的战略研究，有 30 多部著作已出版，在 EI、SCI、CSSCI 等有检索论文 30 余篇。

下面再次请出我们的评审人，一位是我们省发改委的王敏正主任。王敏正主任是省发改委的副主任，总经济师，在读博士，北京理工大学发展改革中心的主任、研究员，昆明理工大学的兼职教授，同时也是我们云南省唯一一个参与中国投标协会的常务理事，他在广东很多地区担任过市长和经贸委主任，请他入座。

下一位是来自社科院南亚所所长王崇理教授，王所长是硕士生导师，云南省知名经济学家，享受国务院特殊津贴。

接下来半个小时的时间有请我们的主讲人进行演讲，大家掌声欢迎！

明庆忠：

尊敬的主席，各位领导、各位专家，感谢主席和组委会给我这个机会。前面各位专家的报告很精彩，我学到了很多东西。今天我给大家报告的题目是《云南经济类型判识及其资源产业发展战略》，之所以拟定这样的题目主要有两方面的原因：第一个是感觉到云南发展问题实际上是云南人口、资源、环境、经济增长的协调发展或整体识别的提升问题。其中资源环境是发展的物质基础，产业发展差异、类型、结构、规模等对自然环境的依赖程度，在不同时期是有所差异的，因此，有必要对云南经济发展的类型、经济产业的性质进行判识，以便采取相应的发展策略或各种措施。第二个就是今年论坛的主题。今天给大家报告三个方面的内容：第一个是关于云南经济类型的判识和资源产业发展存在的问题；第二个是关于资源产业发展的一些理论分析，并且提出自己的一些看法；第三个是关于云南资源开发和资源产业发展战略的问题。

下面汇报第一个问题。首先，关于云南经济类型的判识与资源产业发展存在的问题。在前面的一些报告里对云南经济产业的类型，实际上已经作出了一些说明，关于产业的结构，由传统的"一、二、三"到"二、一、三"，再到"三、二、一"，有一个整体的转变过程，施本植教授在前面作了很全面的阐述，我在这里就不多讲。

其次，关于我们云南的自然资源对云南经济的支撑力度，这里有一个计算的表格（用计算出来的一些数字的说明）。为什么用2004年的数据，这里作一点解释，因为2004年进行了经济普查，经济普查的资料更具有权威性，更具有统一性，所以这里主要的数据都是来自2004年的经济普查数据。当然后面有一些数据也会涉及2005年、2006年的。从我计算出的数据可以看出，云南省主要的自然资源对国民经济发展的支撑力度，从2000年的41.09%到2004年的53.96%，说明对整个国民经济发展支撑的力度在加大。也就是整个的经济发展对资源的依赖程度实际上在增强，这是讲的第一个指标。接下来要用的第二个指标，主要是自然资源的经济贡献率，通过对经济贡献率的分析，也表明整个资源产业的发展状况。根据整个工农业总产值从2000年到2004年对经济的贡献率也是在逐渐增大的（除了少数产业以外），说明资源的转换价值对整体的国民经济价值在增大。

第三个指标是主要资源产业的产值占GDP的比重，也是选了一些主要的资源产业来进行计算的，这个实际上也表明了对资源的依赖程度。第四个指标用了一些主要自然资源产业的年增长率，除了少数的自然资源产业以外，其他的年增长率也在增加。第五个指标主要用了经济增长的比值。因此，我用上面的一些计算来说明了云南经济发展的类型依然是以资源产业经济占主导地位的类型。我们国家实际上在很大程度上是资源经济发展的类型，但是我们云南省更为突出，对自然资源有着较高的依赖。而且根据现在的发展形势，在今后相当长的一段时间内，资源产业仍然是我们云南发展的主要产业类型，而且占有主导地位。这样我们不得不对云南的资源产业作进一步的考虑，从这点来看，一个是分析现在存在的问题，另外一个是从理论上寻找依据。

因此，接下来我要给大家汇报的是资源产业存在的一些问题。前面很多的专家经过多年的研究，也提出了相似的结论，我认为存在的主要问题是产业结构单一、产业关联度小，没有能够形成有效的产业集群。我们的资源产业，尤其是在计划经济年代，基本上是同国家的工业提升是相关联的，而同地方的关联程度比较低。因此，在整体上对地域经济的促进作用显得比较弱小，而且产业链比较短，未能形成有效的产业集群。下面我用的数据是通过2004年的数据计算的主要资源产业的关联度。另外一个问题是资源产业的自我积累比较差，效益随着市场价格的波动而产生波动。因此，作为企业来讲（前面的专家也提到的），作为国有企业，国有投资效益比较差。而且长期以来，我们受"资源无价、原料低价"的影响，我们输出的是原料，输出的是初级产品，所以在整个效益上没有积累起雄厚的资本。尽管我们说，通过原材料的开发，通过资源产业的初步发展积累了一些资本，但是这种资本的积累实际上没有达到应有的效果。由于这样的一些问题，导致一些结构性的失业，甚至随着企业的改制，一些社会保障问题、社会公共服务问题等都将出现，所以整个社会的和谐度就出现了问题。

　　此外，资源的有效性和对资源的一种需求的无限性或者是对资源的依赖性，导致对整个资源产业的可持续发展的能力的影响，这在施教授和汪戎教授的报告中都作了一些阐述。这个表是通过计算对云南资源产业的可持续发展能力水平的评价，它主要也是以2004年的数据来进行的。同时，一部分产业的重污染性，使得自然生态、区域可持续发展程度降低，整个环境承载力负荷增加。尽管现在节能减排已经取得了很大的效果，生态环境有所转变，但是我们云南大部分的产业属于一种初级的产业，处于整个产业链的底端，所以，使得生态环境负担状况仍然很重。（显示的几张图是关于云南部分地方污染状况的，另外一张是根据历年以来人均GDP与废弃排放量回归的曲线图，另外我们运用了红河州的数据）从2005年的这个图示可以看出，资源产业比较集中的地方，实际上环境的负荷量是比较大的，比如开远、个旧、蒙自等地。这个是废气的，这个是固体废弃物的。最后一个问题是，资源产业的能耗比较大，资源利用率低。这在前面专家的报告里面有所展示，我在这里，由于时间关系，不多讲。云南能耗在全国排第十八位。尽管近些年来有所发展，但2005年我们在生产值万元GDP和工业增加值综合能耗分别为1.37吨和3.55吨标准煤，工业城市用水为40%，工业固体废弃物的综合利用率只有43%，共生、伴生矿的资源利用率只有20%，能源利用率30%，水资源的利用率2006年也仅到6%，这都说明我们的资源利用率低。从以上分析可以看出，云南产业经济类型基本上为资源型产业经济。

　　我要汇报的第二个大问题。一是关于资源产业发展的一些理论阐释以及新的看法。在发展过程中，大家非常清楚，资源是我们社会发展的一个基本的保证，资源产业实际上是一个基础性的产业和过渡性的产业，国内外对资源基本认定为自然资源，我们在这里讲的资源主要也是自然资源。该方面的研究有了较多的理论，第一是资源依赖理论，主要的内容就是需要大量的资金，而且资源外运，初级产品外运，本地经济系统不完整，难以形成经济的多样化，使得资源型的城市、资源型的区域产生衰退。第二是比较优势理论，快速大量的开发会促进区域快速的增长，但是有开发过度、受波动等问题。第三是综合模式理论，可以形成主导产业发展模式，也可以形成多样性经济，但是过分依赖会形成资源诅咒效应。基于这样一些主要的观点和云南省的发展实际，我认为在云南的发展过程当中，要加强资源的竞争优势和产业经济环境的一种和谐论。关于资源产业优势观的提出，主要是基于如果仅仅立足于比较优势这样一种观念，很容易产生就资源开发资源，从而形成一种资源路径的依赖效应，使当地过分依赖资源，产生产业间结构的非关联性，也就是资源产业可能是当地的支柱产业，同时也是它的主要产业。也可能因为资源产业的大量投入，而产生了资本的固定产业的锁定性，从而使得产业聚集缺乏，资源开发殆尽后，形成结构性失业，造成社会不和谐。新经济增长论，前面几位点评的教授都提出来了，一个关于知识、技术、人力的投入，尤其是知识的积累的内在效应，会产生递推效应。基于这样一些理论提出了自然资源竞争的优势观，即在合理、合法的前提下，人们利用各自的表达方式，提高对自然资源价值的转换率，最大限度地获取自然资源的附加值的思维方式。在前面专家的讲述中讲到了价值的转换问题以及其附加值的增加问题。因此要将资源放到整个经济环境系统当中去，作为一个竞争要素来考虑，作为竞争的、构建区域竞争依赖的一个重要因素来进行。

149

将资源价值的转换能力或增加附加值，作为区域经济增长的一种根本动力，而不是数量上的增长。在考虑资源环境这样一个客体的同时，也要考虑我们采取什么样的策略、什么样的方式、什么样的战略来开发资源这样一些主体性的因素，以寻求主、客体整体和谐的发展。

接下来我从现实的问题和理论的分析及观点的提出来阐述云南的资源开发与资源产业发展的战略问题，这是我要讲的第三个大的问题。我仅在这里提出一个战略的框架图示，首先我们的指导思想立足于资源的竞争优势观和资源的开放观，刚才汪戎教授所讲的昆钢战略性的资源利用问题，实际上在里面就是开放问题。总体目标，形成整体资源经济环境系统和谐可持续发展，从总战略上提出了一个主客体协调整体发展的战略。下面我就介绍一些具体的战略和想法。

第一，关于科技先导与资源产业转型的战略。科技先导是我们资源产业中资源、经济、产业转变的一个最佳的模式。选择我们云南省一些规模企业率先进行探索，形成示范和带动效应。实际上，我们的云铜、昆钢已经在做了，实行新型工业化、知识化和信息化的激活，使资源高效、可持续的利用。昨天我参加评审了云南省重点实验室的一些工作，我们云南省一些基于原材料竞争优势的，像新材料制备技术、机电一体化、有色金属的真空冶炼等等，都是一种向更加富集知识和技术的方向转变。这是我们的资源向知识技术型利用、提高资源价值的转换力以及增加其附加值的一种有效途径。因此，要重视科技先导与资源转型的战略。

第二，空间整合与资源战略型产业发展战略。从空间整合来说，我们首先要有内部的整合，包括区域性的产业集群的发展，省内功能分区和产业联动的发展，以及与周边省市的发展。比方说，我们现在正在合作的泛珠三角问题，以及与东南亚、南亚国外资源市场的合作问题，实际上我们有很多资源可以把它看成战略性的资源来进行整合，尤其是我们要充分利用周边的一些资源，像昆钢就是利用国外、区外的一些资源。另外一个，我们可以通过联合建造一些资源消耗的产业在区外进行发展，形成稳定的资源供应地以及促进区内、区外的产业升级或结构的优化。（这是一个资源产业成长的一个示意图：从起步阶段到成熟阶段再到转型阶段）应针对云南资源产业发展这么多年存在的一些问题，应该进一步进行转型，进一步进行产业升级。

第三，作为资源深度利用与持续产业发展战略。从前面的分析来看，我们的一些产业有"高投入、高消耗、高排放、难循环、低效率"的弊端。因此要针对这些问题，在现有的产业上进一步延伸、投入和发展新产品，形成新型工业基地、新材料制备基地。在前面专家也提到了像法国、柏林的一些案例，通过高技术改造传统的产业。英国威尔士的大项目带动、美国休斯敦拓展产业链、德国鲁尔人力资源促进型、日本九州财政支持转型等都是可以借鉴的案例。因此，在我们云南，我们一些产业要进一步地巩固提升，要做大、做强；要进一步改造、发展一些特色产业，增加其价值。

第四，类型开发与资源生态产业发展战略。粗略的将资源产业分成两种：一种是资源产业上升为成熟型的，进一步地向精深发展，资源的和非资源的结合，由不开发向计划开发转变，走转型的道路。另一种是资源面临枯竭、产业效能低下的资源产业企业，加强科学技术的推进，实行多样化发展战略。少量资源能耗

151

高的产业，要进行一些评定。作为我们的产业发展，由于是立足于资源，因此要借助于产业生态理论和生态系统等这样一些观念进一步地发展我们的资源生态产业。由于时间关系，我不能展开来讲，最后说一下一些结论和建议。

一个就是我们云南经济的发展在相当长的一段时间里，仍然是资源产业占主导的一种经济类型。因此要认真研究资源产业发展的原理、方法以及可以借鉴的成功案例。在观念上建立资源竞争优势观、资源的战略观和资源的和谐观；在整体的方式上要采取主客体系统整体性思维模式，适度高效利用是非常有必要的。另一个是建立分类型、分地区、分行业来进行资源开发或资源产业发展的战略模式，采取不同的政策措施，最终达到一个目标——云南资源经济环境地域系统和谐可持续发展。

我讲的仅仅为初步思考，在座的有很多经济学的专家，请大家多多提出批评意见。谢谢！

段万春：

下午最后一场演讲时间虽然有点紧，但明院长把握得非常好，接下来由我们的专家或听众进行提问，中间这位同学。

（听众）问：

明院长您好，我想请教您的问题是：我们云南省旅游资源开发与利用存在哪些不和谐的因素？针对这些因素，您有什么比较好的建议？谢谢！

明庆忠：

谢谢这位同学，关于云南旅游产业的发展，目前是大家比较关注的一个问题。云南的旅游发展，从整体的发展来看，应该说是有一个非常好的态势的。记得在 1993 年的时候，我在《中国旅游报》上曾经发表过一篇文章叫《云南——中国旅游界的一匹黑马》。云南的整个经济发展和产业结构调整当中，我们旅游业体现了它自身的一些优势，成为云南很有优势的一个产业。发展到现在，存在的问题我们政府其实已经意识到了，所以在 2004 年的时候就开始组织编制云南旅游发展的倍增计划，计划起草是我在负责，后来旅游局又作了一些修改。当时就考虑到地区的发展，就是在一个快速发展的地区，它的增长率可能受到一定局限，要促进旅游地区如何利用资源？这是一个问题。就是说从区域上我们不能就一个地区来进行发展或少数地区进行发展，要从地区上、从空间结构上优化。第二个问题，从整个产业结构上，我们云南这样的资源，这样的气候条件，这样一个整体的人地和谐的环境条件下，我们可以开展更多的项目。因此在旅游倍增计划中提到了建设 8 大产品基地的一些基本构想，就是要形成整体的产品结构体系。另外，就是在整体的发展战略上，在我们这种后发达地区，政府的主导作用是非常重要的，我看主持人在看我，我就不讲旅游问题了，就讲到这！有什么问题我和你下去再讨论。

段万春：

还有一位是经济学院的武院长。云南省知名教授、博士。

（听众）问：

刚才明院长的报告给我们一个结论：云南省的经济类型是初步定位于以资源产业为主，在今后相当长的一段时间也是这样。我想问一个问题，云南省现在资源的储备或者是开发利用的储量，换一种说法就是经济可采量到底能支撑你所说的这种经济类型、资源产业类型多长时间？这是第一个问题。第二，这是否意味着云南省的经济或者产业结构将长期以第二产业为主？第三，在世界区域靠开发资源走向发达的例子比较少，这是否意味着云南省将创造一个特例，依靠资源的开发将走向发达？谢谢！

明庆忠：

好，谢谢武博士的指导。作为云南来讲，目前客观的现实摆在这里，云南的资源究竟能够支撑发展多少年？第一，现有储量的一种状况，另外技术在进步、勘探的力度在加大、后续资源储量的发现，这是一个因素。第二，作为技术进一步的提升，我们的利用率也在提升，尤其是技术水平，以前难以利用的或者是利用程度比较低的，我们还可以继续利用。第三，一些替代资源的进一步利用。所以判断云南省资源究竟能够支撑云南经济发展多少年，是一个不确定的因素，因为随着科学技术的发展，随着资源的不断发现，随着替代技术的进一步发展，再加上我们适度的开发，应该说是较为可持续发展的。这是一个问题。

第二个问题，作为云南资源产业的发展，在这样的前提下，加上技术的进一步发展，应该会持续一段时间，但是我不会妄下结论，云南资源型产业一定会转换为其他产业。因为，资源本身是基础，刚才提到了一个资源竞争优势观，我们已充分利用一些具有竞争优势的资源来进一步的进行发展，同时，我们要建立一种资源的战略观和开放观，一是我们可以利用区外的一些资源，形成一种资源供应基地；二是一些资源产业的进一步转移，促进区内产业结构升级、优化，同时有一些产业可以向外延伸，形成联合型的集聚。武教授的问题我大致回答到此。

段万春：

从两位博士的发言与提问中，我们可以看出师大真是人才济济。武院长，您对明教授这样一个回答满不满意？由于时间关系就不再提问了，请明教授先休息一下，我们欢迎王敏正教授进行点评。

王敏正：

各位专家、各位领导，特别是坐在后面的各位弟妹。非常遗憾我今天是以点评人的身份来和大家交流，没有时间给你们讲更多。

大家都非常熟悉的经济现象，一个是"富饶的贫困"，一个是"资源的诅咒"。回顾世界各国的发展历史可以发现，凡是那些资源比较富集或是资源非常富集的地区，反倒是贫穷落后的地方，远到非洲各国，近到中国的山西、云南的东川，辉煌过一段时间之后，最后走向衰退。而世界上资源非常匮乏的国家，像日本、新加坡、以色列，包括上面提到的瑞士，那些地方反而是人均GDP最高的地方。所以这就不得不对资源传统理论提出挑战。还有一个现象，荷兰的天然气发现之后，不但没有把一个国家推向一个经济发展的新阶段，反而，经过一段时间这个国家更进一步走向衰落，这是为什么？先把问题提出来。对于明院长今天演讲的题目，我有这么几点评价：

第一，选题非常好，对云南有重大的现实意义。这个题目是一个争论不休的问题，持续了很长的时间，现在依然没有找到很好的答案。

第二，明院长对资源产业的研究是深入的，对文献也作了大量的检索。并且在传统理论的基础上有所创新，提出了他的新的思维框架。

第三，有几个问题值得探讨：一是在第一页里面有一句话"资源产业是国家的支柱产业，也是基础性产业"，这句话需要推敲一下。当然有若干地方从GDP增长的长周期来看，它也不一定是用"基础性"可以描述的。原材料工业和能源工业是基础工业，但不一定是支柱产业。二是第一部分第二个括号的第一点，讲到"资源产业未能形成产业集群，产业关联度比较低"，这个问题我觉得要从经济实体来对它进行分析。明院长的思维点比较宽阔，他对几个产业的关联度作了分析。其实，因素的关联有的是巧合，他们几个因素的影响或者是关联，可能不是直接的。因为产业的集聚效应，在资源产业上，我的看法是不存在的，更多的是在制造业，特别是在机械制造业上，才体现出它的集群的意义。集群本质是什么？是技术扩散和递增。大家集聚在一起，原材料提供方便，技术交流也方便，这个是比较理想的，所以这个问题需要探讨。三是这一部分里的第五小点，明教授作了一些统计，能源的消耗，如云南工业的能耗超过了 GDP 的增长速度，这个问题也值得探讨。对的，你说的一点儿不错，这个速度快，但是我们仔细看看近几年以来云南在全国的排位往后走了，在西部地区的排位也往后走了。但看一看近几年速度超过云南的内蒙古等地，他们的能耗与 GDP 是一种什么关系，远远超过云南的速度。关于这个问题，我觉得高载能产业、高耗能产业在无论是什么样的经济社会发展阶段里面，它都是需要的。因为我们国家已经进入了重化工业阶段，现在石油突破 80 美元/桶，金、银、铜、铁、锡的价格在涨，这个时候市场供求关系拉动了产业的发展，一点不奇怪，所以在这个阶段不开发是个坏事，快一点也许是件好事。在今年国家发改委每年开一次暑期研讨班上，我非常明确地提出：要算能耗，只能算这个行业的能耗，比如说钢铁企业里，它的单位能耗是多少？要达到它的标准，我们应该允许它发展。但按省份来衡量节能减排指标显得不太科学，我们省目前的结构现状耗能就是高，拿这个来考核是不合理的。

第三部分可能尖锐一点，但是作为一种探讨，没有关系。明教授提了发展战略，非常明确地提出了科技先导、产业转型、加快资源利用率等等。正好拥有 200 个亿总资产的王长勇董事长在座，我们要问他一下，这事情怎么做？他这么多年来为什么不做？这么多企业都不做，这是一个大问题，说明他做不了。最近迈出了一个非常重要的步伐是引进战略合作伙伴，所以把对这一点的思考作为起点，我们要把传统的资源产业理论彻底予以颠覆，这是我的观点。不管是德国的洛林模式、英国的威尔士模式，还是

157

休斯敦、九州模式，这个我把它定性，它不是资源产业的延伸，也不是它的扩散，而是一个根本的转型。从技术特征来讲，它是异质的，因为它在采矿、在采选，甚至在冶炼上它不具有通用性，不像其他产业。从市场结构来看，这个领域属于寡头垄断市场结构，取得寡头地位的大企业在哪个国家，就为哪个国家的经济发展作出重要贡献，像日本的新日铁、韩国的浦项，它们是作出过重要历史贡献的，但是由于它的技术的先进性、资本的密集程度和对人才的不同需求，它完全是一个异质的东西，可以在云南办大型钢铁企业，甚至是生产高端产品的企业，但在武汉也可以。这种现象绝不是产业链的延伸，而是一种空降式的动作。所以千万不能把自己的思维抑于资源，抑于资源的延伸，而是要跳出这个框框，拓宽发展新思路。我相信在座的大部分是云南人，我们对资源路径依赖一直感到非常被动，核心的问题是没有真正能够让更多产业空降云南，形成具有核心竞争力、可持续的、发展的基干产业。

回过头来讲一个问题，为什么有的国家富裕，有的国家贫穷？结论是跟资源没有任何关系，跟地理位置没有关系，那跟其他因素有没有关系呢？短期来讲它与制度有关系，东德和西德，朝鲜和韩国的例子可以说明这一点。从长期来看，决定性因素还是人。我举一个例子可以非常清楚地说明这个问题：美国和墨西哥是两个邻近的国家，各种条件差的不是很多，大家知道在美国边境有大量的墨西哥人跑到美国去，说明墨西哥远远不如美国。曾经在记者招待会上，有记者问墨西哥的总统，你们跟美国相比，各方面条件差不多，为什么他们这么好，你们的状况却很糟糕？这个问题为难墨西哥总统了，他回答了两句话，说明他很有智慧。他说：我看有两个原因，第一个原因是我们离美国太近了；第二个原因是我们离上帝太远了，上帝没有关照我们。总统用的是外交辞令。分析家认为墨西哥落后的真正原因是西班牙后裔占了很大部分，因为都是老贵族，所以放不下这个心态，不去努力，而是靠吃老本，所以还是人的问题。资源开发能给当地带来什么？不能够积累人力资本，即使挖矿对当地的财政有一点贡献，但非常有限，大多作为政府的财政支出花掉了，而矿工的收入只能够维持人的简单再生产，吃饱饭睡下去，跟其他的产业没有更多的关联。所以它的这个特性与汽车，耐用消费品，与装备工业，或者说与其他公共用品的技术含量是不一样的，与现代工业通用化、规模化、标准化的要求，也是不一样的。所以资源路径依赖理论已经揭示了"靠山吃山、靠水吃水、靠资源吃资源"的思想，给当地留下的是什么？那一点资源费微不足道。所以当资源开发殆尽的时候，那个地方只有留下贫困。从这个基点出发，云南的发展必须有全新的思路，必须要跳出原来的框框，"靠山吃山"不是一条可持续的道路。刚才明院长也提到了这个问题。

《参考消息》最近报道了英国一个研究机构的成果：如果按照现存的开发速度开发下去，不再发现新的储量的话，到2030年，全世界的铜、锡、铅、锌、铝、金等将全部挖尽。2030年全部开发完，那个时候还吃什么？所以云南的发展，第一还是靠开放。"开放"是我的一个核心的观点，我们必须向西看，应该是西的方向吧，明院长？一个是印度洋的方向，我们可以稍微再偏南一些，更多地从南亚、中亚、西亚到欧洲去。我们云南到今天为止依然是全国对外开放的末端，也许未来的三年、五年，我们还是这种状况，只有把印度洋打通的那一天，云南才会真正从对外开放的末端走向前沿。云南与东南亚的经济合作交流要实现突破，应该是在高标准的铁路建成之后，修到曼谷的那一天才能够对我们云南的经济有直接的影响，否则我们都是纸上谈兵，这个结论不会错。昆曼公路的修通会对云南的人员和货物的交流有一定的作用。但是我看看东南亚的那些国家，无论越南也好、泰国也好、马来西亚也好，都是太平洋沿岸的国家。这些国家与中国的商品交流不一定穿过云南，这一点我们必须清晰地看到，从云南所处的地理位置看，我们对外开放的着力点在什么地方？我们必须尽一切的努力打通印度洋通道，构建第三亚欧大陆桥，这项工作是当务之急。

另外一点我还是要强调人力资本的开发，我建议云南所有的中小学都办夜校、补习班，花三个月到半年左右的时间让他们掌握一门熟练的技能，让他们能够出去打工，能够为工业社会的发展提供劳动力。政府给学校老师发一些补贴，把学校的设施利用起来，这是很现实的，我建议各级政府都应该做这个事。当前各地政府特别需要为企业家的发展营造一个良好的环境，一个国家或一个地区有没有竞争力，关键就看它有没有竞争力的企业，而这个决定的因素就是有没有具有竞争力的企业家。所以企业家才是最宝贵的，不要害怕企业家，要给他们创造良好的环境，只有企业家群体的崛起，这个地方才有希望。

最后一点就是基础设施建设，这个是社会的间接资本，是发展的前提和基础，它可以降低运输成本，降低交易成本。铁路、公路、水运的成本是不一样的，上午一位专家提到我们云南的铁路布局，铁路的运输成本在云南今天的平均成本是9分钱，我们的军用物资是2分钱/吨公里，化肥是5分钱/吨公里。公路起码在0.4或0.53元/吨公里以上，而我们航运线路不多，当然现在有长江第一港和珠江第一港，千吨级以上的成本大概在一毛以内，现在世界上最大的船是50万吨级，其运输成本非常低，而云南现在的运输成本很高，铁路运量又不足。中国的运输成本、物流的成本、单位价值的运输成本是美国的8倍到10倍，这样的现状要求我们尽可能生产单位GDP重量比较轻的商品。所以下一步云南产业的发展思路要重新推敲，水电、旅游、烟草、矿产四根支柱供大家吃饭没有问题，但要实现更大的发展，生物资源的开发要提到更重要的议事日程。还有让我们看看瑞典精密机械和金融业，印度的软件产业。云南发展软件产业很有条件，到这里不需要空调。如何利用优越的气候资源，过去考虑得不多。所以，我们需要一些全新的思维方式来发展我们可持续的具有竞争力的产业，使我们云南经济真正实现一个经济转型，不要再走资源开发老路了。

谢谢大家！

段万春：

我们对王敏正先生高水平的点评表示赞赏。王主任是专家型的政府官员，而且已参加了我们云南省很多政策方面的研究和制定，同时也是省院省校合作项目的评审专家。让我们对他的精彩点评再次表示感谢！下面请王所长进行点评，掌声欢迎！

王崇理：

各位老师、各位同学、朋友们，今天我要感谢明庆忠教授给

161

我们作的报告，因为有了他的报告，我才有可能到这里来发言。我还要感谢大会的组织者，把今天最后一个点评的这项光荣而又艰巨的任务交给我，因而我还得感谢主持人和在座各位又要耐着性子听取我这最后的发言，并对此表示深深的歉意和谢意！

我想先谈一下对论坛的看法。从去年到今年还有今后的每年都要继续下去，我感到我们的这个论坛标志着在云南已经基本上形成了一批新的学术积淀更加厚实、分析观察更加敏锐、队伍更加壮大的学术力量，我以为这是少壮派的学术队伍开始走到了我们云南学术殿堂的第一线，这是一件可喜可贺的事情。我觉得这也是今后进一步加强研究、探讨云南发展的一个必要的过程。但我也要对我们的论坛提一点建议，首先师大举办这次论坛的组织工作做得很好，我们对此深表感谢，同时我也希望今后的论坛应该进一步提高质量，我们在发言、提问和点评时，目标的集中度要更高一些，我们的提问和点评都要集中在一个主要的问题上。另外，也有人提出，我们论坛还应该邀请一些相关的领导、官员来参加，以更好地发挥论坛的积极作用。

今天谈的是云南的资源经济，我觉得这是一个古老而又现实的话题。云南历来的发展既得益于资源，又受制于资源。云南的发展越离不开资源，受资源的约束和制约就越大。如今，我们国家的经济正处于高速发展的状态，资源消耗空前加大，不仅使国内的资源供给严重短缺，而且在国际资源方面也出现了很大的瓶颈。所以我们现在才提出了所谓的新型工业化、科学发展观、循环经济、绿色经济等一系列的主张，其中都包含有要更加节约资源的意思，因而这些口号的提出在某种意义上也是不得已而为之的。我们今天的论坛也把资源列为首要的主题。我顺带说一下，这次讨论云南的资源问题就是由汪戎校长提出的，这确实是切中了我们云南发展的一个要害，一根软肋。因而明庆忠教授的这个发言是比较切题的，集中讨论了我们的资源问题。他的报告总的来说思路比较清晰，主要谈了两个方面的问题。一是对云南省资源型经济产业进行了判别，二是对云南省发展资源型产业的战略展开了一个讨论，提出云南应该立足于资源竞争优势而实现四个方面的战略，从而实现资源、经济、环境和社会的和谐可持续发展的目标。我认为这些结论和意见都是正确的，报告中也不乏一些精辟的论述和见解。但我感到支撑这些见解和结论的论述还有一些欠缺。根据我们论坛的游戏规则，好的方面就不多说了，主要是集中讨论一些问题。

第一，关于对云南经济类型判定的问题，报告的第一部分直接用六个表格的数据来说明，但文字表述方面却比较简略，有些地方还缺乏必要的阐述。一是报告没有提出对资源经济、资源型产业类型判别的标准。一般来说，资源产业型经济应该包括以农产品为原料的轻工业和重工业当中的采掘业和原材料工业。而且在这些资源产业当中也是有区别的。比如，我们应当区分不同产业的加工层次和加工的深度，以及他们是否是在使用本省原材料的加工业。比如我们云南的氧化铝，还有相当一部分铁矿、铜材和其他一些资源，主要就是靠进口和省外调运供给的，这类加工型产业与使用本省的资源是有区别的。另外我们也要看到，这些资源产业是否具有外部市场，特别是国际市场，这又是一个问题。因为要看这个资源产业拥有的市场占有率有多高。又如我们的医药产业，明教授把医药产业作为资源产业也列入了。其实医药产业中的一些中药部分可以看做是农产品加工的产业，但如果把化学药品的加工业，即西药这块也完全列入资源产业就值得讨论了。第二，作者在第一个表格中计算资源产业对国民经济的支撑度是以资源产业的产值来比生产总值，口径不一致，应该是用资源产业的增加值来比生产总值，增加值对增加值，这样比出来的结果，可能又会与报告中的数据有一些区别。第三，在产业的选取上，表一、表二列举的产业有12个，表三到表六列举的产业又变成了11个，而且后面的表格中又减掉了医药和煤炭，也就是在选取产业上有不一致的地方。第四，表中列举了一个很重要的数据，就是我们的烟草产业。大家都知道，云南的烟草产业是一个非常特殊的产业，把烟草产业列入资源产业是对的，但是计算烟草产业和不计算烟草产业，就会在我们资源产业的总量和比例上产生一个较大的差异。特别是烟草产业中有相当大的一个部分是卷烟加工业，而卷烟加工业应该看成是资源加工业，与纯粹的资源生产产业还有一定的区别。同时它还给了我们另外一个提示，就是我们的资源产业如果能够达到像烟草产业这样，形成一个产业链条，也就是达到生产出最终消费品的这么一个程度，那么情况就完全不一样了。但遗憾的是我们的很多资源产业都达不到这个程度，所以我们还得再区分哪些产业可以像云南的烟草产业一样达到生产出最终消费品的程度。推而广之，我们从烟草产业的例子中还可以得到另外一个提示，在我们的资源产业中哪些是战略性、支柱性的产业，然后再来评价不同资源产业的正负效应和效率及其对比情况，从而筛选出哪些是应该鼓励的，加强的，哪些是应该改造的或者是淘汰的。第五，结合后面提到的阶段划分，应当对云南资源产业目前的发展阶段作一个总体的评价，指出它到底是属于资源依赖型的阶段，还是比较优势型或资源竞争优势型的阶段，以及他们在各个阶段发展的程度如何？只有作出了这样的评价，我觉得才能更清楚地看到我们云南的资源产业到底处于一种什么样的状况。总而言之，我们不能停留在笼统地判断说云南就是一种资源型的产业，而应该再作一些细化的分析。

第二个问题就是建议对云南资源的状况及其构成作一个补充的评述。我们在讨论云南的资源产业时，如果不对云南的资源状况作一个评判和分析，就会使我们所讨论的资源产业出现一个欠缺。报告中仅仅是对云南的资源情况作了一个总体的评判，提出云南是一个资源丰富的大省，并把它作为一个既定的前提提了出来。报告强调了云南是一个资源大省，资源的总量居全国第六位，而且潜在价值评估达到 3 万亿元以上，因而资源产业作为主体的地位在相当长的时间里还将继续下去。但是对云南资源的具体状况却缺乏进一步的分析。为什么要对云南资源状况作一个具体的分析呢？如果我们仅停留在上述总体判断上笼统地来看云南的资源，就会给我们带来一个过于乐观的结论。现在的这种意识已经非常普遍，云南绝大多数的领导和我们关于云南省的各种宣传品，也包括我们学术界的相当一部分人，在谈到云南省情的时候，首先都是把资源当成一个非常了不起的优势。一谈就是云南省的资源有些什么什么样的种类，什么什么占到全国和世界的第几位，被称为什么什么样的"王国"，好像我们云南是掉在一个资源的聚宝盆里，认为云南不吃资源吃什么，认为云南因为有这些资源，只要做好这些资源的文章就行了，没有必要再花大力气去发展其他产业了……显然这种看法是很不全面的。其实，云南资源的最大的特点就是它的多样性。我们知道，种类多就会对资源的规模以及它的效益带来一定影响，即它的多样性、规模性、效益性并不是统一的，所以这种多样性反而就暴露了我们资源的一些弱点。所以我希望大家能够注意下面的一些问题。

首先，我们应该如何看待云南的资源。云南拥有这些资源固然是宝贵的，这是云南的福气。但这些资源成千上万年以来一直就是存在的，可是它却并没有为云南的经济发展带来显著的效应。相反云南长期以来就一直处于一种边远落后的地位和形象。我们说，自然资源固然是经济发展的重要条件，但它却不是唯一的条件。刚才王主任（王敏正）也提到了像日本、新加坡、香港这些地区，他们的资源是非常缺乏的，但是他们的经济发展反而更加发达；美国的资源是丰富的，但美国却尽量不使用他们本土的资源；还有像中东的几个石油国家，他们虽然富裕但却并不发达。所以，仅鉴于以资源种类构成来作为开发的依据，由于还有技术条件、水平、层次的不同，以及不同的市场机遇，因而就会使资源的经济效应存在着很大的差异性和偶然性。又比如我们省的食糖、橡胶，以及近年的有色金属等等，都有过大起大落的跌宕。

另外一方面也由于发展的阶段、区域分工的惯性以及人的惰性、依赖性等方面的原因，人们往往在技术水平较低的层次上就进入资源开发的领域，一旦进入这个领域就会一直延续下去，只要还有市场，就能长时期地维系这种资源开采和初级产品的加工，从而就会形成一种资源经济的构成，就会陷入我们前面专家提到的路径依赖。同时，我们还要看到，这种低层次的资源经济一般都是以较低的技术水平、劳动生产率、投资收益率和较高的环境污染和资源破坏相联系的。所以，我们就会看到越是发达的地区，加工业的比重就会越高，对资源的依赖性也越低；而越是落后的地区就越是难以摆脱对资源的依赖。因此，这种资源经济往往是与落后画等号的。我们云南不恰当地炫耀自己的资源经济，在某种程度上是拿落后当光荣了。其实拥有资源不仅是云南的福气，反过来也是云南的悲哀，甚至在很多情况下还是云南经济的悲剧。例如我们现在所看到的那个非常可怜的，而且是令人心碎的滇池，就是这场悲剧的一个非常明显的写照。

因而我们对云南的资源就应该有一个更加清醒的认识。要了解我们云南的资源状况，我觉得还需要考虑以下几个方面的问题：第一是，在云南的资源当中有哪些是称得上战略资源的，以及这些战略资源的拥有量和开发程度如何？第二是，云南资源开发的总体技术力量和技术水平怎么样？其中哪些是具有国际先进水平的，特别是符合循环经济发展要求的，且其技术开发达到了什么程度？第三是，云南可再生性与不可再生性资源类别划分的比例情况如何，总量和构成情况如何，以及他们现在的开发程度如何？第四是，云南不同资源的具体规模和分布的状况如何，其可开发量和比较优势、开发效率、生态损失等方面的状况怎样？第五是，云南自然资源在开发中的配套组合情况怎样，特别是它与社会经济资源，比如与我们的交通运输、劳动力、技术力量、市场等方面的组合情况到底如何？总之，这一类涉及我们资源开发非常重要的相关因素和问题的还可举出很多，它们都应当是作为资源经济发展必须要回答的问题。而如果我们用这样的标准来看，对云南的资源优势就要打一些折扣了。实际上云南可用的有效资源还是比较有限的。这就使我们想起中国原来宣传的一句话，叫"地大物博"，但要是以中国的人均水平来分，现在已经很明显地看到中国其实是一个资源贫乏的国家。用这样的观点来看问题，从节约资源的立场来看，云南确实是在过分夸大地宣传自己的资源优

167

势了。

第三个方面是关于发展出路的问题。我们注意到明庆忠教授在报告中提到的产业战略问题，一是引入科技实现资源产业的战略转型；二是扩大整合的空间，利用外部资源；三是提高加工深度，发展后续产业；四是发展产业系统与生态系统相结合的新型系统。我认为这些意见都是正确的、很有见解的，但我觉得其中应当特别突出第一种战略。因为我们之所以陷入传统的资源产业的困境，本质上都是因为我们缺乏足够的、科学的、正确的资源开发利用的技术，都是在我们还不具备这种专门的科技能力的时候，就进入了一个强行开发的阶段，违背了资源开发的客观规律，所以才带来了一些不良的后果。因此我认为，在资源开发上还是那句老话，就是"科学技术是第一生产力"，最后解决问题还得要靠科学技术。而如果要在资源开发利用上依靠科学技术，就应该把问题集中到发展循环经济这个主题上来。说穿了，循环经济就是科学技术。上述四种战略都应该统一到发展循环经济这个轨道上来，把它当做一个判别的标准。但如果用这样的标准来衡量，我们又会面临一个新的问题，那就是我们对传统的资源经济、资源产业的改造和淘汰的问题，这也是摆在我们面前不可回避的一个重要的任务。云南一定要对那些浪费资源、制造污染的产业的发展和决策，进行一次系统的梳理排队，能改造的必须改造，不能改造的要坚决淘汰。现在我们对资源产业谈改造的比较多，讨论淘汰的比较少。同时我们还要看到，云南在经过改革开放若干年以后，一些新型产业开始涌现，特别是一些现代工业的发展正在云南的对外开放不断扩大的进程中发挥着越来越大的作用。实际上云南对传统资源经济的依赖程度正在逐步下降，因而我们也不能过分迷信云南只能走资源导向型发展道路的神话。应当看到，随着现代经济的发展壮大，云南要走向一条既能科学有效地利用宝贵的资源，又迈向一条以非资源导向型为主导的发展道路，从而把有限的资源更多地留给子孙后代去更加有效地利用资源是完全有可能的。所以，我看到这次大会的会场后面写了一个标语："合理开发利用资源，促进云南又好又快的发展"。我觉得这个结论与我们今天讨论的意见好像还有点差距，还不够全面，这个标语似乎在告诉我们今后还得继续依赖资源来发展经济。因此，我建议应当在"合理开发利用资源"的后面再加一句话，就是"大力发展非资源导向型的现代经济产业"，接着才是"促进云南又快又好的发展"。这样的表述也许才更加符合我们发展的实际。

我的发言完了，谢谢大家！

段万春：

谢谢王所长精彩的点评，他从宏观、微观、具体对策、措施四个方面表述了自己的观点。今天明教授通过他的演讲阐述了三个观点：第一个是如何判识资源产业，第二个是对相关理论的分析，第三个是发展方面的战略。通过明教授的演讲，我自己认为，在矿产资源、水电资源、人力资源、旅游资源、生物资源等资源中，最突出的还是人力资源。人力资源是整合以上各种资源的根本，各种资源的优化配置最终还是需要高质量的人力资源去落实。感谢与会领导、专家、学者的精彩演讲，谢谢大家！

邹　平：

　　感谢主持人有效的主持，使我们顺利地完成第五单元的演讲。今天我们的主持，后面的两位专家充分利用时间进行了点评，我们王主任、王教授是专家型（刚才段万春教授也提了）高层领导，他期盼对我们这个问题从理性上作很深入的思考，提出了不要依赖资源产业，要扩展制度去走一条新的路子，以保持我们云南省的经济可持续发展。而王崇理教授是我们云南资深的经济专家，对我们的论坛进行了评价，提出了很好的建议。同时，在这样的情况下，他能够合理地利用资源去发展产业，没有掉入资源的困境。此外，从规范经济学的角度对明教授的研究提出了很好的建议和相应的措施。所以我想他们的点评都是非常有意义的，对我们怎么样利用资源而又拓展资源产业来保证云南发展的认识具有很现实的指导意义，所以对他们的演讲、点评和主持表示衷心的感谢！同时，我们也希望他们三位：段万春教授、王敏正教授、王崇理教授接受云师大聘他们为兼职教授，现在请骆校长颁发聘书！

闭幕式

主　　持：邹　平　云南师范大学副校长

云南论坛 · 2007 The Forum On The Development Of Yunnan Province

邹　平：

好，长话短说。

今天紧张的演讲、提问、讨论，使我们共享了各位专家的智慧和学识，使我们对云南的未来发展有了更深刻的了解。下面我们请云南师范大学校长骆小所教授致辞。

好，谢谢！

骆小所：

尊敬的各位领导、各位专家，老师们、同学们：

经过一天充满智慧、创新、广泛、深入的讨论，"云南论坛·2007"即将落下帷幕，我谨代表论坛发起单位之一的云南师范大学对与会专家、学者的光临和精彩的演讲与点评以及在座的各位热情支持、大力帮助表示衷心的感谢！

同志们，今天的论坛闪耀着专家们的睿智的理论之光，他们的理论醇厚，香气延绵，体现了他们的价值。围绕"云南经济——资源·发展·战略"的论坛的主题，我们有幸聆听了"云南论坛"各位专家的报告，感悟到了"云南论坛"专家们的金子般的观点，并领略了学术大家们的智慧风采。在今天的论坛上，汪戎教授的《生态安全与云南经济发展的关系》、施本植教授的《云南经济增长的相关因素分析》、贺圣达教授的《关于科学发展观和新时期云南对外开放的几个问题》、王长勇董事长的《资源型企业可持续发展战略中需要特别关注的两个问题》和明庆忠教授的《云南省产业经济的性质及其自然资源开发战略》等学术报告，从不同的角度阐释、探讨和回答了我省在"十一五"乃至在21世纪的中国如何才能和谐与可持续发展的问题，这必将推动我省经济的发展。

在论坛中，主题发言人的旁征博引，主持人稳健持重的主持风格，评论人独到的精彩点评以及各位观众的积极提问与参与，给我留下了深刻的印象。

大量区域发展的理论研究成果和云南发展的实证研究成果均表明，作为经济欠发达的云南省，云南科学发展的重要基础包括数量和结构在内的经济发展，如何有效地形成节约资源型的、保护环境的生产方式和消费模式，实现云南又快又好的发展？借这个机会，我谈一点个人的看法与认识。

云南省现有的资源结构、发展历史和云南与其他区域之间的区际关系等因素决定了我省现阶段的产业结构和经济结构。云南省当前和今后的经济增长，面临着与全国诸多省区同样的问题，即经济增长面临着严峻的能源资源、物质资源、环境资源、人力资源等的约束。因此，要着力调整和优化结构、规模结构，最终才能实现不断降低第二产业的单位产值的资源消耗量和增大第三产业的比重的战略目标。

各位专家的报告，阐述了资源基础和资源开发对云南省经济增长和产业结构优化的重要性。然而，在云南经济发展和资源的开发利用的过程中，除了"物质资源"之外，作为云南省经济可持续发展的基础资源"非物质资源"即"文化资源"显得异常重要。所以，在重视物质资源产业的同时我们也要重视文化产业的经济学问题的探讨。它包括文化产业市场结构、文化产业企业行为、文化产业市场绩效、文化政府规制和文化产业转型机制等问题。实际上，对云南省而言，文化资源对区域经济增长的贡献方

175

面的问题，从区域的角度进行研究，还可能孕育出一个新的研究领域，即经济学与文化学之间的交叉学科——区域文化经济学。今天刚刚收到的信息，我们云南省到俄罗斯演出，昨天晚上（云南省的表演）轰动整个俄罗斯。虽然云南省经济是以资源型经济为主要特征，但云南可以直接作为经济基础的自然资源并不丰富。所以，我认为，在系统思考云南产业经济发展和资源开发中，要充分认识到自然资源的有限性，充分重视文化产业发展与文化资源的开发等问题。

在注重文化产业的同时，应当加强地方文化的交流和保护，以凸显云南灿烂民族文化的魅力和价值，促进文化产业的发展。作为文化产业细胞的文化资源型企业的发展、规划也应当与区域文化经济发展战略协调起来。以企业的联合集成、规模数量以及效益推动文化产业的发展，要不断探索文化企业管理与发展的内在规律，既符合文化产业发展的规律，又符合市场运作的规律。

同志们，历史是一条载满荆棘、驶向未来的航船，现实是往事的审判者。我们今天的"云南论坛"，它已进入了云南经济发展的记忆的航船，也对往事进行了审判。我们是初步找到了一条云南经济发展的路子，但是它毕竟是初步的，还不是完整的或者是成熟的，还需要集中我们大家的聪明才智，重点找准出路，找出一条卓越的道路。

最后，我再次代表云南师范大学对"云南论坛"的各方人士表示衷心的感谢，也衷心的祝愿"云南论坛"越办越好，为促进云南社会经济的发展作出更大的贡献。谢谢！

邹　平：

谢谢骆校长的致辞。

今天紧张的论坛就要结束了，与会者对这个论坛表示了极大的兴趣，刚才有很多同学（因为参与论坛的除老师以外全部都是研究生），提出了希望获得这样的演讲稿和点评的材料，我们将很快地发在云南师大的网站上，以供大家阅读，这是第一个事情。第二个，就是我们要感谢参会的各位同学能够自始至终的参加论坛。我想这次论坛是一个精神大餐，可以学到很多东西，对你们的行为表示衷心的感谢！

下面我宣布"云南论坛·2007"圆满结束，谢谢！

一、收录论文

云南论坛 · 2007
The Forum On the Development Of Yunnan Province

云南省全面建设小康社会难点及对策

聂元飞　　杨升金

（云南省人民政府发展研究中心）

【摘要】本文认为本世纪头 20 年，是中国经济快速发展的机遇，也是云南省与全国同步实现全面建设小康社会目标的关键时期，但是，由于云南自身发展中观念落后，加上经济一体化、区域化的进程加快，市场竞争和资源争夺越来越激烈，对云南全面建设小康社会提出了严峻的挑战。结合云南实际，对云南省全面建设小康社会的基本情况进行分析。

【关键词】全面建设小康社会　难点　对策　云南省

根据十六大全面建设小康社会的战略部署，本文结合云南经济社会发展的实际，立足在新的起点上，对云南省全面建设小康社会的基本情况进行分析，并找出其难点，针对问题提出相应的对策措施。

一、云南全面建设小康社会的进程

云南省全面建设小康社会的进程可分三个阶段：第一阶段：从 1980—1990 年，基本解决温饱问题时期。1990 年，云南省生产总值达 451.7 亿元，与 1980 年的 84.3 亿元相比翻了 1.3 番。[①] 第

---

① 云南省统计局编：《云南统计年鉴》，中国统计出版社 1991 年版。

二阶段：从 1991—2004 年，总体实现小康阶段。2004 年，云南省人均生产总值达 6733 元，约合 821.1 美元，超过了 800 美元的小康标准。城镇居民人均可支配收入 8870.8 元，农民人均纯收入 1864.2 元。[①] 云南省总体上实现了进入了小康社会。第三阶段：从 2005—2020 年，全面建设小康社会阶段。2005 年，云南省生产总值为 3472.89 亿元，人均生产总值为 7833 元。[②] 云南省经济实现了快速增长，人民生活水平明显提高，社会事业取得了较好发展，正朝着 2020 年与全国同步实现全面建设小康社会的目标迈进。

二、云南全面建设小康社会的难点

（一）经济总量小，人口基数大

2006 年，云南省完成生产总值 4001.87 亿元，比上年增长 11.9%，在全国 31 个省市区中排第 23 位，在西部 12 个省市区中居第 4 位。总人口为 4481 万人，居全国 31 个省市区的第 12 位。由于云南省生产总值总量小，而人口基数相对较大，人均生产总值为 8926.7 元，仅居全国第 29 位。[③]

（二）产业结构层次较低，对资源的依赖性大

2006 年，云南省三次产业增加值的比例为 18.8：42.7：38.5，与全国 11.8：48.7：39.5 的平均水平相比层次较低，[④] 产业结构处于初级阶段向中级阶段过渡时期。此外，多数产业以原材料等粗加工为主，资源的综合利用率不高，高新技术产业、装备制造业

---

① 云南省统计局编：《云南统计年鉴》，中国统计局出版社 2005 年版。
② 云南省统计局编：《云南统计年鉴》，中国统计局出版社 2006 年版。
③ 统计数据服务网站：2006 年全国及各省区统计公报，http://data.acmr.com.cn/freesource。
④ 国家统计局：《中华人民共和国 2006 年国民经济和社会发展统计公报》，2007 年 2 月 28 日。

比重较小。2005 年，高新技术产业实现增加值 130 亿元左右，仅占全省生产总值的 3.7%。①

（三）基础设施条件较差，物流成本较高

2005 年末，云南省二级以上的高等级公路 4994 千米，仅占全省公路的 3%，比全国 20.5% 的平均水平低。② 同时出省的运力不足，铁路出省运输计划兑现率仅 20% 左右。此外，云南省现代物流业还处于起步发展阶段，大部分是传统落后的物流方式，导致物流成本较高。目前，发达国家平均的物流成本占销售额的比例为 10% 左右，中国平均物流成本则为 20%，而云南省的平均物流成本在 30% 以上。

（四）人口总体素质低，农村人口比重大

2005 年，云南省人口平均受教育年限为 6.61 年，比全国平均水平低 1.9 年；大学入学率为 12.65%，比全国 21% 的水平低近 9 个百分点。云南省有农村人口 3137.5 万人，占全省总人口 4450.4 万人的 70.5%，高于全国农村人口占总人口数 57% 的平均水平。③

（五）地区间差距明显，省内发展极不平衡

在全国范围内，云南省与东部沿海发达省区存在明显差距。与 2000 年相比，2006 年云南省生产总值占全国生产总值的比重由 2.2% 下降为 1.9%；④ 与广东、山东、江苏等省份相比，其差距不断扩大。2005 年，省内 16 个州市中，生产总值基数较大的昆明、

① 云南省人民政府研究室云南经济年鉴编辑部编：《云南经济年鉴》，云南民族出版社 2006 年版。
② 根据交通部《2005 年公路水路交通行业发展统计公报》计算。
③ 《国家统计年鉴》（2006）和《云南省统计年鉴》（2006）。
④ 2000 年数据根据 2001 年国家统计年鉴和云南统计年鉴计算得出；2006 年根据国家和云南省统计公报数计算得出。

曲靖等 8 个州市共完成生产总值 2926.48 亿元，占全省生产总值的 84.28%，其中仅有大理州位于滇西地区。生产总值最高的昆明市和最低的怒江州之间相差 44 倍。[1]

（六）科技投入不足，自主创新能力弱

2006 年，云南省科学研究与试验发展（R&D）经费支出 23.15 亿元，占 GDP 的比重为 0.58%，低于全国 1.41% 的平均水平。[2] 云南综合科技进步水平指数为 29.43%，低于全国 47.11% 的平均水平，居全国第 29 位。[3] 由于云南技术创新的社会支撑体系不健全，科技、资源配置不合理，缺乏产业发展必须的关键技术、核心技术和前瞻性技术储备，导致科技进步水平低，创新能力弱。

（七）卫生事业发展相对滞后，卫生和医疗条件较差

2005 年，云南省每万人拥有卫生技术人员 25.5 人，低于全国 34.2 人的平均水平，卫生资源总量低于全国平均水平。[4] 大部分村卫生室仅有血压计、听诊器、体温表等简易设备，开展农村公共卫生服务的基本设备如小型冷藏箱、新生儿体重秤等严重不足。

（八）环境恶化势头未得到根本遏制，生态保护的任务较重

据监测，2005 年，云南省 IV 类以上水质在全省 116 条主要河流中占 75.8%，湖泊中占 62.5%。[5] 一半以上的城市大气环境质

---

[1]　云南省统计局编：《云南统计年鉴》，中国统计局出版社 2006 年版。

[2]　国家数据来自国家统计局《2006 年全国国民经济和社会发展统计公报》，2007 年 2 月 28 日；云南省来自统计数据服务网站：《2006 年云南省国民经济和社会发展统计公报》，http://data.acmr.com.cn/freesource。

[3]　中国科技统计网：2006 全国及各地区科技进步统计监测结果，http://www.sts.org.cn/。

[4]　《国家统计年鉴》（2006）和《云南省统计年鉴》（2006）。

[5]　《云南省环境保护"十一五"规划》。

量低于二级标准，部分地区出现酸雨，且面积不断扩大。2000—2005 年云南省单位 GDP 综合能耗呈现不降反升的趋势，年均增幅达到 2.5%，"十一五" 期间要完成国家下达的节能降耗指标难度大。①

三、云南省全面建设小康社会的对策建议

（一）保持经济平稳、快速增长

在未来 15 年内，要突出打造资源型、服务型、开放型、生态型"四大"特色经济，抓好滇中现代新昆明核心增长极、滇南蒙自区域增长极、滇西大理区域增长极和滇西南普洱区域增长极，力争使生产总值年均增长 10%。同时，从云南省实际出发，大力发展比较优势，发展潜力较好的精细磷化工、光电子、天然药物制造、金属矿产品深加工、茶产业、林纸、新能源、石化、辅酶Q10 和环保产业等特色产业。

（二）努力提高居民收入水平

努力提高低收入群体家庭成员的就业率，切实帮助群众开辟和拓宽工薪以外的收入渠道。加快农业产业化进程，培育特色优势产业，扶优扶强龙头企业，建设标准化生产基地；抓好农村综合改革，增加财政扶持资金，落实税收优惠政策。力争到 2020 年，云南省城镇和农村居民人均可支配收入分别实现年均增长3.4% 和 7.1%，达到 18000 元和 8000 元。

（三）继续做好就业、再就业工作

坚持劳动者自主择业、市场调节和政府促进就业的方针，多渠道增加就业岗位，重点解决失业人员再就业、关闭破产、改制、

---

① 根据云南省统计局编《云南省统计年鉴》（2001 和 2006）计算得出。

重组企业职工安置和就业特别困难人员的再就业问题；努力做好各类高等院校毕业生、城镇其他登记失业人员、农村富余劳动力特别是贫困地区富余劳动力进城和被征地农民的就业工作。力争到2020年，城镇登记失业率控制在5%以内，新增加城镇就业300万人以上；扶持100个省级劳动力转移培训示范基地，培训转移200万贫困地区劳动力。

（四）大力推进扶贫开发攻坚工作

重点要加快贫困地区的生产持续发展，使贫困地区农民人均纯收入年均增幅高于全省平均水平，实现农村低收入人口收入稳定增长，农村基础设施、生态环境和公益服务显著改善；农民文化生活日益丰富，综合素质和文明风尚明显提高。总的要求是坚持统筹规划、整村推进、因地制宜、分类指导，力争到2010年云南省省级扶持3万个、州市级扶持1万个，共完成4万个30户以上贫困自然村的整村推进任务，完成20万缺乏生存条件的贫困人口的易地搬迁。

（五）加快提高人口总体素质

大力推进基础教育，振兴行动计划，提高办学水平和质量，逐步实行农村义务教育阶段全免费，巩固提高"两基"成果。到2010年，实现全省小学、初中学龄人口入学率达到95%以上，初中毕业生升学率达到60%以上。加快发展职业教育，建设好100所骨干职业学校。力争到2010年，中等职业教育在校生人数达到46万人，国家级重点中等职业学校达到50所。加快发展高等教育，注重提高教育的质量，重点扶持和建设10个左右具有较高水平的国际人才培养基地。到2020年，使全省的平均受教育年限达到10.5年以上。

（六）大力改善医疗卫生条件

建立健全医疗卫生体系，建设覆盖城乡居民的基本卫生保健制度。健全医疗卫生服务体系，重点加强农村三级卫生服务网络和以社区卫生服务为基础的新型城市卫生服务体系建设。加强医疗卫生队伍建设，提高医疗服务水平。增强疾病、疫病预防控制和医疗救治体系建设，提高应对重大突发公共卫生事件的能力。到 2007 年实现全省全面开展新型农村合作医疗试点工作。力争到 2020 年使全省每万人拥有医生数 28 人以上，人均预期寿命 73 岁以上，婴儿死亡率下降到 16‰。

（七）建立健全社会保障体系

以基本养老保险为突破口，逐步建立农村社保体系，提高农村社保标准，扩大社保覆盖面。积极推进最低生活保障制度，完善农村特困户救济制度。力争到 2020 年城镇登记失业率控制在 5% 以内，农村社会保险覆盖率达到 85%，城镇基本养老保险参保人数达到 300 万，失业保险参保人数达到 250 万，医疗保险参保人数达到 400 万。

（八）以污水治理为重点，加强生态环境保护

要以九大湖泊的污染治理，城市污水集中处理和严格控制工业废水排放量的增长为重点，做好水污染综合防治工作，突出建设集约、清洁、安全发展的经济实体和环境友好型社会。力争到 2020 年使全省万元生产总值能耗下降到 0.84 吨标准煤，森林覆盖率提高到 55% 以上。城市生活污水集中处理率、城市生活垃圾无害化处理率分别达到 70% 以上，城镇污水集中处理率达到 75% 以上，基本遏制住生态环境恶化的趋势，环境质量指数得到明显提高。

云南省消费结构与产业结构变化分析

牛晓帆　　字来宏

（云南大学经济学院）

【摘要】 需求是影响产业结构的主要因素，需求结构是产业结构演进的推动力，需求总量的增加引起产业总量的扩张，而需求结构的变化则引起产业结构的变化。影响产业结构的需求因素主要是消费需求和投资需求。以下内容是从这两方面对"十五"期间云南产业结构变化的需求因素的分析。

【关键词】 需求总量　消费结构　投资结构

一、消费需求情况

消费需求变动与人口、人均收入水平、经济发展周期、经济发展水平、社会发展水平和技术水平等因素密切相关。消费需求变动一方面与需求总量的变动有关，另一方面也与消费需求结构的变动有关，这两个方面的变化会引起产业结构相应的变化，从而引起新产业部门的产生和旧产业部门的衰落。从总量的角度考虑，人口数量的增加和人均收入水平的提高都会扩大消费需求；经济、社会和技术水平的不同，消费水平也不同。在不同的经济发展周期内，各种消费需求也会出现波动。从结构的角度来考虑，消费需求结构的变化对产业结构的影响是最为直接的。需求结构的变化包括个人消费结构、消费和投资的比例等方面。以下从上述方面列表对云南的消费需求状况进行分析。

（一）云南省人口的增加、人均收入和消费总需求之间的变化

表1：云南省"十五"期间消费需求总量变化表

		2000 年	2001 年	2002 年	2003 年
	人均 GDP	4637 元	4866 元	5179 元	5662 元（＄708）
	人口数量	4240.8 万	4287.4 万	4333.1 万	4375.6 万
需求总量的增长	居民消费	1066.77 亿元	934.60 亿元	1024.60 亿元	1086.23 亿元
	政府消费	415.04 亿元	495.84 亿元	501.65 亿元	511.37 亿元
	最终消费总额	1481.77 亿元	1430.44 亿元	1526.2 亿元	1597.6 亿元

文中以及表格中的数据除特别说明外，都是来源于《云南统计年鉴》2001 年版到 2004 年版或者根据其计算得到。

从上表可以看出，由于人口和人均收入两个方面的同时增加，导致云南省总需求的较快的增长，在 2000 年到 2003 年期间，最终消费需求总量增加了 115.83 亿元，年平均增长率约为 2.5%。需求总量的增加，自然会引起产业的扩张，2000 年到 2003 年三大产业的 GDP 增加了 1004.39 亿元。

（二）个人消费结构的变化情况

消费结构是需求结构中对产业结构变动影响最大的因素。因为它不仅直接影响最终产品的生产结构和生产规模，而且间接地影响中间产品的需求，进而影响中间产品的结构。

表2：云南省"十五"期间消费结构变化表

（单位：%）

	2000年		2001年		2002年		2003年	
	城镇人口消费结构	农村人口消费结构	城镇人口消费结构	农村人口消费结构	城镇人口消费结构	农村人口消费结构	城镇人口消费结构	农村人口消费结构
吃	40.34	59.0	40.09	57.0	41.58	55.9	41.61	53.0
穿	10.07	4.4	10.19	3.9	9.26	4.2	9.87	4.1
住	9.26	13.9	9.69	14.7	7.51	16.2	7.4	18.3
行与用	40.33	22.7	40.03	24.4	41.65	23.7	41.12	24.6

文中以及表格中的数据除特别说明外，都是来源于《云南统计年鉴》2001年版到2004年版或者根据其计算得到。

表3：云南省"十五"期间国内生产总值以及三大产业构成表

（总量单位：亿元　比重单位：%）

	2000年		2001年		2002年		2003年		2004年	
	总量	比重	总量	比重	总量	比重	总量	比重	总量	比重
第一产业	436.26	22.3	450.54	21.7	470.5	21.1	502.84	20.4	604.33	20.4
第二产业	843.24	43.1	881.49	42.5	951.48	42.6	1069.29	43.4	1314.19	44.4
第三产业	675.59	36.6	742.68	35.8	810.34	36.3	893.16	36.2	1040.96	35.2
生产总值	1955.09		2074.71		2232.32		2465.29		2959.48	

表4：云南省"十五"期间生产总值及三次产业增加值各时期年均增长情况

（单位:%）

	2001—2002 年	2003—2004 年	2001—2004 年
生产总值	7.3	10.0	8.7
第一产业	3.9	5.5	4.7
第二产业	6.8	12.7	9.7
第三产业	10.2	9.5	9.8

表3和表4资料来源于云南省经济研究所分析小组编写的《云南省"十五"以来宏观经济发展评估报告》。

从上述表格可知：随着人均收入水平的提高，云南的个人消费结构发生了一定的变化，从2000年到2003年，城市人口的恩格尔系数变化不大，而且出现了反常的趋势，恩格尔系数上升了1.27%，穿的比例基本稳定，下降了0.2%；住的比例从2000年到2001年有小幅度的上升，但是随后便下降，3年间下降了1.86%；行与用的比例三年间上升了0.79%。比较而言，农村人口的消费结构变化幅度要大些，恩格尔系数稳步下降，3年间下降了6%，穿的比例基本稳定，下降了0.3%；住的比例从2000年到2003年有稳定的上升，3年间上升了4.4%；行与用的比例3年间上升了1.9%。这反映出云南的消费结构还没有进入到以"住"、"行"等为主要消费特征的消费结构升级阶段。但是居民教育、文化、交通、通信、旅游支出等增加较快，其中城镇居民人均交通、通信支出由2000年的421.76元增加到2003年的763.59元，娱乐、教育、文化支出由2000年的649.33元增加到2003年的735.88元，农村人均居住支出由2000年的177.14元增加到 2003 年的 257.65 元，交通与通信支出由 2000 年的 31.96 元增加到 2003 年的 59.54 元。由于消费结构的变化，产业结构相应地发生了变动。2000 年到 2004 年第一产业产值增加 168.07 亿元，第二产业产值增加 470.95 亿元，第三产业产值增加 365.37 亿元。2001 年到 2004 年第一产业年平均增长率为 4.7%，第二产业年平均增长率为 9.7%，第三产业年平均增长率为 9.8%。从而导致产业结构由 2000 年的 22.3:43.1:34.6 变化为 2004 年的 20.4:44.4:35.2，使得第一产业比重下降了 1.9%，第二产业比重上升了 1.3%，第三产业比重上升了 0.6%，这反映出产业结构在不断地优化。

（三）消费和投资的比例

消费与投资的比例直接决定消费资料产业和资本资料产业的比例关系。消费与投资的比例的变化直接引起消费资料产业和资本资料产业的比例变化。

表 5：云南省"十五"期间消费与投资比例变化表

项目＼年份	2000 年	2001 年	2002 年	2003 年
消费与投资的比例	2.043:1	1.538:1	1.719:1	1.394:1

表 5 中的消费与投资的比例是根据《云南统计年鉴》中的最终消费率和资本形成率的比值计算而得到的。

从上表可以看出，消费与投资的比例总体上在不断地下降，它反映出云南省近几年加大了投资的力度，特别是 2003 年，其投资额比 2002 年就增加了 182.5357 亿元。为简便起见，我们以轻工业和重工业的比例近似的代替霍夫曼比例。正是由于消费和投资的比例由 2000 年的 2.043:1 变化为 2003 年的 1.394:1 才使得霍夫

191

曼比例由 2000 年的 1.02 变化为 2003 年的 0.87。

二、投资需求变化情况

投资是产业扩张的重要条件，从长期看，投资结构决定着产业结构的形成和变化，因为既定的产业结构是由历年投资结构累积形成的，现期的投资结构又塑造着未来时期的产业结构，投资结构和产业结构的演进方向是相同的。不同方向的投资是改变已有的产业结构的直接原因，资金投入不同的方向，就形成了不同的产业结构，对创造新的需求投资，将形成新的产业而改变原有的产业结构；对部分产业投资，将推动这些产业以更快的速度扩大，从而影响原有的产业结构；对全部产业投资而言，由于投资比例不同，则会引起各产业发展程度的差异，导致产业结构的相应变化。

（一）投资的产业结构

表 6：云南省"十五"期间固定资产投资产业分布表

（总量单位：亿元　比重单位:%）

		2000 年		2001 年		2002 年		2003 年	
		总量	比重	总量	比重	总量	比重	总量	比重
三大产业间投资情况	第一产业	28.4246	4.13	28.8195	3.92	38.0439	4.59	38.7721	3.83
	第二产业	136.7046	19.84	155.2686	21.13	211.1785	25.49	260.7548	25.79
	第三产业	523.8132	76.03	550.7252	74.95	579.4247	69.92	711.6559	70.38
产业结构	第一产业	22.3		21.7		21.1		20.4	
	第二产业	43.1		42.5		42.6		43.4	
	第三产业	36.6		35.8		36.3		36.2	

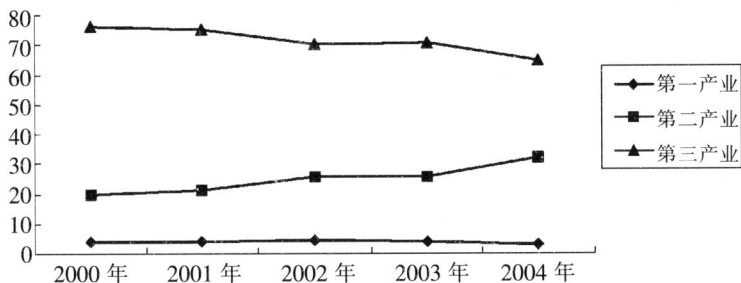

图1："十五"期间云南省三次产业投资占固定资产投资比重（%）

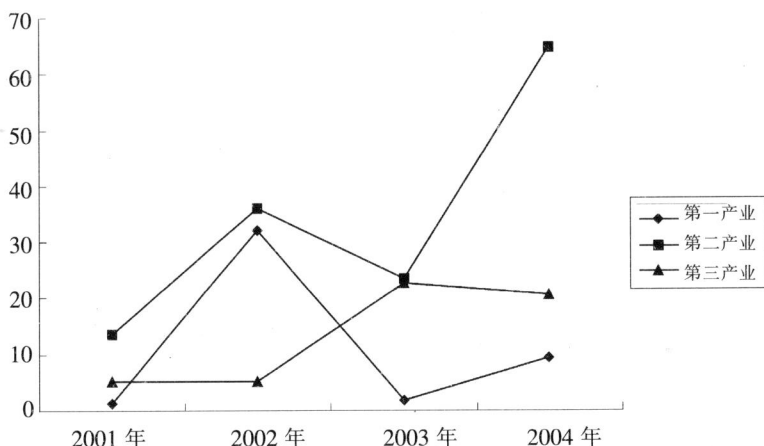

图2：2001—2004年云南省三次产业投资增长速度（%）

图1和图2来源于云南省经济研究所分析小组编写的《云南省"十五"以来宏观经济发展评估报告》。

　　由上述图表可以认识到云南投资的产业结构特点、产业结构变化的特点以及它们的关系。云南2000年到2004年投资的产业结构变化特点是：第一产业比重小幅度下降，第三产业比重下降较快，第二产业比重上升大。这是贯彻云南省委、省政府提出的"坚持工业强省，走有云南特色的新兴工业化道路"政策的结果。投资产业结构与产业结构之间存在着明显地相关关系。由于投资

193

的结构对产业结构的影响，"十五"以来云南产业结构出现了第一产业趋于稳定下降，第二产业趋于上升，第三产业在34%～36%之间小幅波动的特点和发展态势，这4年间第一产业比重下降了1.9%，第二产业比重上升了1.3%，第三产业比重上升了0.6%。由此可见投资不仅是云南经济增长的主要拉动力，也是产业结构变化的主要推动力。但是第一产业的投资受到压缩，第二产业的投资的大部分都向重工业倾斜，因此重工业得到了快速发展，而其他产业的发展却受到抑制，将逐渐成为工业发展的障碍。在这里我们用平均投资比例和产业贡献率的比值来分析产业的层次结构（如果其比例很大）。根据计算，2001年到2003年云南第一产业的比值是0.316，第二产业的比值是0.521，第三产业的比值是1.708。它反映出第一产业投资严重不足，第三产业投资比重过大。

（二）投资资金来源结构与所有制结构

从下面图表（表7和图3）可以看出：一方面，从资金的来源看，投资资金来源中，云南的股票和债券筹集资金的比例太低，甚至有些年几乎没有。利用外资的比例虽然总体趋势是上升，但是其比例也较低，而且云南的外资投向主要投资于第二产业和第三产业，第一产业比例很低，各年的投向变化很大。如2000年其投资比例最大的是社会服务业，但是到了2001年其比例急剧减少。因此我们应该注意到，外资对产业结构调整的影响，充分发挥了其对产业结构优化的积极作用。另外一方面，从资金的所有制形式看，"十五"计划的前4年，云南省固定资产投资中国有投资比重逐渐下降，民间投资比重逐渐上升，两者的差距由大变小。2004年民间投资比重首次超过国有投资比重，投资增长方式发生了深刻演变，标志着我省投资自主增长机制正在形成，也说明民间投资在产业结构调整中将会扮演更加重要的角色。因此政府要改变产业结构主要依靠国有投资调节的方式，加强对民间投资的产业的引导，使其主要投向政府重点扶植、鼓励的产业部门及地区，如基础设施、基础产业和支柱产业等，从而促进产业结构的优化和升级。

表7：云南省"十五"期间固定资产投资资金来源构成表

（总量单位：亿元　比重单位:%）

	国家预算内投资		国内贷款		利用外资		自筹和其他投资		股票和债券	
	总量	比重	总量	比重	总量	比重	总量	比重	总量	比重
2000年	57.1601	8.2	152.4937	21.8	7.8666	1.1	469.4255	68.6	1.9965	0.3
2001年	72.6391	9.9	146.0202	19.9	13.1517	1.8	492.0023	68.4		
2002年	101.1789	12.21	185.6879	22.41	18.2248	2.20	510.3564	61.59	4.1991	0.51
2003年	74.7382	7.32	279.6391	27.38	17.0135	1.67	649.6655	63.62	0.1265	0.012

表7中的数据，根据《云南统计年鉴》2001年版到2004年版计算得到。

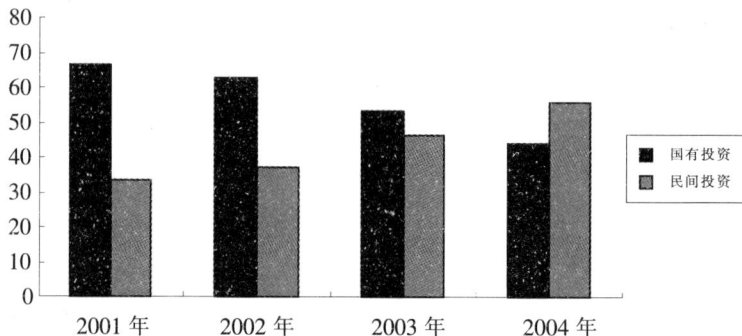

图3：云南省"十五"期间固定资产投资中国有投资与民间投资比例图

图3来源于云南省经济研究所分析小组编写的《云南省"十五"以来宏观经济发展评估报告》。

三、云南省消费结构变化及产业结构变化与国内的 比较（表8）

表8：2000年到2003年的消费结构变化比较表

（单位：%）

	东部						中部						西部						全国平均	
	江苏		广东		山东		湖南		湖北		河南		陕西		新疆		云南			
	城镇居民	农村居民	城镇居民	农村居民	城镇居民	农村居民	城镇居民	农村居民	城镇居民	农村居民	城镇居民	农村居民	城镇居民	农村居民	城镇居民	农村居民	城镇居民	农村居民	城镇居民	农村居民
吃	-2.88	-2.17	-1.43	-1.9	-0.93	-2.36	-1.41	-2.27	-0.08	-1.52	-2.56	-1.44	-1.23	-4.02	-0.51	-4.47	+1.27	-5.99	-2.02	-3.54
穿	-0.48	-0.22	-2.4	+0.08	+7.2	-0.34	+3.01	+0.35	+2.97	-0.38	+8.88	-0.4	+0.47	-0.73	+1.09	+0.02	-0.2	-0.28	-0.22	-0.08
住	+2.47	-2.55	-1.3	+1.72	+1.22	-0.73	-0.28	-0.26	-4.58	+0.87	-2.82	+0.17	-0.23	+0.26	+1.26	+3.56	-1.86	+4.39	+0.64	+0.40
用与行	+0.89	+4.94	+5.13	+0.1	-7.49	+3.61	-1.32	+2.18	+1.69	+1.03	-4.57	+1.67	+0.99	+4.49	-1.84	+0.89	+0.79	+1.88	+1.60	+3.22
结构变化值总计	6.72	9.83	10.26	3.8	16.84	7.22	6.02	5.06	9.32	3.8	17.76	3.68	2.92	8.98	4.7	8.94	4.12	12.54	4.48	7.24

表9：2000—2003 年产业结构变化值比较

全国平均	东部			中部			西部		
	江苏	广东	山东	湖南	湖北	河南	陕西	新疆	云南
2.6	6.2	6.5	7.7	6.2	5.1	10	7.0	1.8	3.8

表8 和表9 资料根据《中国统计年鉴》，2001 年版到 2004 年版计算编制而成。

由表8 和表9 可以看出：虽然云南的农村居民的消费结构变化在全国是较快的，但是由于城市居民的消费结构变化慢，又加上云南的消费结构还是没有进入以"住"、"行"等为主要消费特征的消费结构升级阶段，因此在一定程度上使其对云南的产业结构变化的拉动力不够大，从而产业结构变化速度较慢。它的产业结构变化速度不仅低于东部和中部的所有省份，也低于同为西部的陕西，但是稍微高于全国平均水平和西部的新疆。

四、基本结论

通过以上分析，我们可以得到以下结论：

1. 随着云南省人口的增加和人均收入的增加，云南省消费需求总量也相应增长，因此引起各产业的扩张，由于扩张是不均衡的，自然会引起产业结构的变化。

2. "十五"期间，云南城市居民的消费结构变化缓慢，比较而言，农村居民的消费结构变化较大，恩格尔系数稳步下降，"住"的比例有稳定的上升。虽然不管是城市居民还是农村居民，交通和通信支出的绝对数以及占总消费支出的比例都有所上升，但是从总体上看，云南的消费结构还没有上升到以"住"、"行"等为主的消费阶段。因此其对产业结构升级的推动作用不大。

3. 云南投资的产业结构决定了产业结构的发展特点和态势。

云南投资的产业结构特点是：第一产业比重小幅度下降，第三产业比重下降较快，第二产业比重上升大。"十五"以来，云南产业结构出现了第一产业趋于稳定下降，第二产业趋于上升，第三产业在34%~36%之间小幅波动的发展态势。

4. 民间投资在产业结构调整中将会扮演更加重要的角色。因此政府必须要改变产业结构主要依靠政府直接干预的方式，加强对民间投资的产业的引导。

增长极效应研究

——以昆明高新技术产业开发区为例

罗美娟　金红丹

(云南大学经济学院)

【摘要】经济增长极的实质是主导产业（群）和有创新能力的企业在某一特定经济空间上的聚集，从而对区域经济产生的带动效应。我国高新技术产业开发区的发展，成就了大批有创新能力的高新技术企业，从而在带动区域经济发展和产业成长中起到了重要作用。

【关键词】经济　增长极　效应

一、增长极理论与区域经济增长

经济增长极理论是由法国学者弗朗索瓦·佩鲁于 1955 年在分析经济部门之间的关系，解决经济发展不均衡状态时提出的，[①] 后经多位经济学家的补充和发展，形成了较完整的理论体系。

（一）经济增长极是区域经济持续、协调发展的动力源

在区域经济发展的多种可供选择的模式中，经济增长极的形成与示范、扩散作用为区域经济从不均衡到动态均衡的协调发展

---

① 弗朗索瓦·佩鲁：《略论增长极概念》，载《应用经济学》1955 年 1～2 期，中译文见《经济学译丛》1988 年第 9 期。

注入了不竭的动力。① 由于先进技术、高素质人才、高质量信息、雄厚资本实力的高度集中和产业间较强的关联带动效应，主导产业（群）在区域经济发展中起着创新—示范—扩散的核心作用，可以逐步消除由于区域内各地区发展不平衡而造成的外部不经济，从而实现整个区域的协调发展。增长极理论表明，在区域内投资建立（或嵌入）推动型产业之后，会通过乘数效应而带动区域内其他产业的发展，从而促使周围其他区域的经济增长。

（二）高新技术产业（群）是构成经济增长极的物质内核

经济增长极同时是一个经济空间概念，而构成这一经济空间的物质内核则是支撑其持续发展的主导产业（群）。具有较强技术创新能力、较高关联效应、较大需求收入弹性、较高投资收益率的高新技术产业则构成了增长极的物质内核。由于高新区正是高技术产业在经济空间的高度聚集，因此，根据增长极理论的脉络，可以将高新技术产业开发区看做增长极。高新区的核心目标不仅是要推动产业（制造业）部门本身的发展，而且还要通过建立研究和开发机构设施和其他基础设施，制定优惠的政策，造就舒适的科研环境和生活环境，吸引国内外先进的高技术公司在此建立工厂、分支公司、研究和开发机构，这些机构和工厂可以生成增长极的动量，从而推动区域经济的发展。②

与一般制造业的增长极效应不同，高新技术产业内的大量联系及其推动的增长主要不是建立在原料流，而是建立在信息流的

---

① 张明之：《高新技术产业开发区：知识经济时代区域经济发展的新增长极》，载《经济学研究》1998 年第 5 期，第 41 页。

② 王缉慈：《高新技术产业开发区对区域发展影响的分析构架》，载《中国工业经济》1998 年第 3 期，第 54 页。

基础之上的，因而所造成的服务和贸易的增长效果比一般制造业工业所造成的增长效果要大。

二、对昆明高新区对区域经济的贡献度分析

昆明高新区经过十多年的建设，已有了较好的硬件环境和系统配套政策，截止到 2006 年底，已有 2946 家企业入区，其中总收入上亿元的企业有 37 家，专业技术人才达 226600 人。

2003—2006 年间，昆明高新区对云南经济的贡献度逐年增加（详见表 1）。高新区对云南省总收入的贡献度由 2003 年的 5.34% 提高到 2006 年的 8.48%，上升了 3.14 个百分点。其中高新区工业总产值对云南省的贡献度较大，2006 年高达 17.95%。高新区出口创汇能力较强，平均出口创汇额占全省的 11.88%。

表 1：2003—2006 年昆明高新区经济指标占云南省各项指标比重

年　份	2003 年	2004 年	2005 年	2006 年
高新区技工贸总收入（亿元）	132	158	239	339.5
云南省总收入（亿元）	2458.8	2959.48	3472.34	4001.87
占云南省总收入比重（%）	5.34	5.34	6.88	8.48
高新区工业总产值（亿元）	98	117	206	306.7
云南省工业总产值（亿元）	1067.76	1314.19	1449.71	1710.19
占云南省工业总产值比重（%）	9.18	8.9	14.21	17.95
高新区出口创汇额（亿美元）	1.8	2.3	3.5	4.5
云南省出口创汇总额（亿美元）	16.77	22.4	26.42	33.9
占云南省出口创汇比重（%）	10.73	10.27	13.25	13.27

2005 年、2006 年高新区数据根据《昆明高新区》2006 年第 2 期，2007 年第 2 期整理而得；2003 年、2004 年高新区数据根据昆明高新区网站公布数据整理而得。云南省数据来自 2003 年、2004 年、2005 年、2006 年的《中国统计年鉴》。

2003 年至 2006 年，昆明高新区累计实现财政总收入 31.74 亿元，其中地方财政收入 12.43 亿元。财政收入逐年递增，且增幅迅猛，平均增幅达 60.54%。① 而且，2003 年至 2006 年间，昆明高新区的财政总收入与地方财政收入对云南省的贡献度在不断地增加。高额的财政收入既为高新区的建设与发展提供了可靠的财力保证，也为全省的发展与建设作出了贡献。

表 2：2003—2006 年昆明高新区财政收入对云南省的贡献

年　份	2003 年	2004 年	2005 年	2006 年
高新区财政总收入（亿元）	5.17	5.56	8.06	12.95
云南省财政总收入（亿元）	510	666.3	764.66	887
占云南省财政总收入比重（%）	1.01	0.85	1.05	1.46
地方财政收入（亿元）	2.12	2.5	3.27	4.54
云南省地方总收入（亿元）	228.9	263.3	312.6	379.9
占云南省地方总收入比重（%）	0.93	0.95	1.05	1.19

2005 年、2006 年高新区数据根据《昆明高新区》2006 年第 2 期，2007 年第 2 期整理而得；2003 年、2004 年高新区数据根据昆明高新区网站公布数据整理而得。云南省数据来自 2003 年、2004 年、2005 年、2006 年的《中国统计年鉴》。

三、昆明高新区对云南经济增长极效应分析

昆明高新区的增长极效应主要通过以下三个方面表现：第一，带动云南省区域经济增长。第二，促进云南省区域竞争力的提升。第三，促进云南省产业结构升级。

---

① 云南省统计局编：《云南统计年鉴》，中国统计局出版社 2006 年版。

（一）昆明高新区对云南省经济增长的带动作用

赫希曼认为："经济发展不会在各处同时出现，一旦在某一点生成，强大的经济增长力将在最初的生成点形成空间的高度聚集。"[1] 在这种经济增长力的中心（即增长极），经济增长的积累集中是必然的，通过向心力和离心力与经济空间周围产生联系。高新区的涓流效应即增长极对"力场"周围经济发展的有利影响主要表现在：

第一，极化（聚集）效应。高新区是先进技术、人才、信息、资本高度集中的特殊经济空间，一般以所在区域的中心城市为依托，在资源有限的条件下形成相对经济、科技优势。先进的生产技术、生产工艺和营销手段的广泛运用，在很大程度上加快了科技成果商品化和价值化的步伐。在科技进步的促动下，高新技术产业因其产品高科技含量而获取较高的产品附加值，较高的投资收益率及良好的投资环境吸引更多的人才、资本的流入，从而在更大规模上促成、经济科技一体化进程。

第二，孵化功能。高技术产业化的关键在于有一批具有技术创新的企业，而孵化器对企业创新提供了全过程和全方位的服务。孵化功能是高新区最基本，也是最原始的功能。到 2005 年底，昆明高新区内已累计孵化企业 108 家，尚有在孵企业 400 余家，形成了一批名牌产品和优秀的企业家群体。昆明高新区的各孵化器自成立以来，通过具有国际先进水平的孵化服务，优良政策及服务设施，为入驻企业提供了良好的启动运行环境、政策环境、社会环境及良好的工作和生活环境，使其不仅成为高科技企业迅速

---

[1] A. Hirschman, *The Strategy of Economic Developed.* New Haven：Yale University Press，1958：PP. 382.

成长的摇篮，而且成为吸引留学人员回国创业的基地。

第三，扩散功能。扩散功能指高新区具有的使高技术、高技术产品、高技术企业等不断繁衍壮大直至发展成为高技术产业的功能，使昆明高新区形成和发展产生的影响决不仅局限在开发区的狭窄小区域里，而是通过高新区的扩散功能，向全社会各个领域辐射。昆明高新区通过扩散作用，成为云南省高技术产业孕育和成长的源头。

（二）高新区促进了云南区域经济竞争力的提升

高新技术产业开发区在提升区域经济竞争力方面发挥着不可替代的作用。截止到 2006 年底，昆明高新区已拥有各类企业 2946 家，其中取得高新技术企业认定的有 182 家，已初步建成以生物工程及生物技术产业、光机电一体化、电子信息技术和新材料等高新技术领域为主的高新技术产业园区。① 各产业部门经过不断地技术创新，开发新的高科技含量、高附加值的产品，不断占领省内外甚至国际市场，不断提高科技技术改变云南省较低的技术优势，对云南区域经济竞争力的提升发挥着重要作用。

十几年来，云药集团、云南白药、施普瑞等公司与研发机构在高新区基础条件、优惠政策、管理经验的支持下，科研开发、生产环境得到改善，促进了生物制药产业的发展壮大。生物、医药产业逐渐成为高新区最具潜力和活力的经济增长点。2006 年拥有生物技术企业 102 家，实现总收入 48 亿元，总产值 31 亿元。②

---

① 张兴华：《全面完成 2007 年我区各项目标任务》，载《昆明高新区》2007 年第 2 期，第 13 页。

② 高新区管委会经济发展局：《产业培育》，载《云南政报》2007 年第 5 期，第 20 页。

电子信息产业是一个新兴的综合产业，它含有庞大的产业体系，大力发展电子信息产业可以对云南省电子行业的发展形成持久的拉动作用。目前，电子信息产业已成为昆明高新区中最关键、最具活力的产业之一。2005 年高新区电子信息产业实现技工贸总收入 40.63 亿元，占高新区总量的 17%。[①] 形成以云南南天电子信息产业集团、云南白药电子商务公司等一批骨干企业。

云南传统的骨干大中型企业和重点科研院所利用高新技术改造传统产业的过程中，形成了高新区以有色金属、稀贵金属深加工等特色的新材料产业。此外，光机电一体化产业，已经形成了高新区内的光机电一体化产业群，这对发挥高新区的集聚作用，提升云南省光机电一体化产业的竞争力具有重大的意义。

（三）昆明高新区促进了云南省产业结构升级

产业结构的高级化实际上是指这样一种趋势："技术密集型产业在产业结构中所占比重越来越大，劳动密集型所占比重不断下降。"[②] 在实现昆明市乃至云南省产业结构升级的过程中，昆明高新区发挥了重要的作用。昆明高新技术产业开发区的设立，其作用就在于促进科学—技术—生产的周期日益缩短，新产品和新部门不断地涌现，产品更新速度加快，因而使得产业结构处于不断改革和迅速变动之中。

总之，昆明高新区的设立，促进了昆明及云南高新技术产业不断发展，为传统产业的技术改造提供源源不断的高新技术。此外，传统产业的发展必须建立在高新技术基础之上。昆明高新区

---

① 云南省人民政府研究室云南经济年鉴编辑部编：《云南经济年鉴》，云南民族出版社 2006 年版。

② 李京文：《科技富国论》，社会科学文献出版社 1995 年版，第 203 页。

的设立，通过高新技术产业为传统产业的技术创新和技术升级提供了有力的支持，实现了昆明市传统产业的技术改造和提升。同时，传统产业的技术改造，也为高新技术提供了广阔的市场，有力地促进了昆明及云南高新技术的发展。

通过高新技术项目的产品的辐射，带动区外传统产业的技术进步，逐步使高新区成为昆明市乃至云南省改造传统产业、优化产业结构的技术和管理的辐射源。截止到 2006 年底，已取得高新技术认证的企业共有 182 家，涉及新材料、光机电一体化、电子信息技术、生物工程及生物医药工程、核技术应用等各个高技术领域。2006 年度高技术企业共完成产值 52.63 亿元，占整个高新区总产值的 94%，占昆明市工业总产值的 17.11%，已经成为昆明市及云南省高科技产业的中坚力量。①

参考文献：

[1] A. Hirschman, *The Strategy of Economic Developed.* New Haven：Yale University Press，1958：PP. 380～387.

[2] Williamson，J. G.，"Regional Inequality and the Process of National Development：A Description of the Patterns". *Economic Development and Cultural Change.* 1965：132.

[3] 弗朗索瓦·佩鲁：《略论增长极概念》，载《应用经济学》1955 年 1～2 期，中译文见《经济学译丛》1988 年第 9 期。

[4] 王缉慈：《创新的空间：企业集群与区域发展》，北京大

① 张兴华：《全面完成 2007 年我区各项目标任务》，载《昆明高新区》2007 年第 2 期，第 14 页。

学出版社 2001 年版，第 53～58 页。

[5] 王缉慈：《高新技术产业开发区对区域发展影响的分析构架》，载《中国工业经济》1998 年第 3 期，第 54～57 页。

[6] 张明之：《高新技术产业开发区：知识经济时代区域经济发展的新增长极》，载《经济学研究》1998 年第 5 期，第 41～44 页。

[7] 刘朝明、蹇明：《区域增长极的理论模型及其应用创新研究》，载《经济学动态》2006 年第 6 期，第 56～59 页。

[8] 胥小彤、杨玉梅：《西部地区增长极选择问题研究》，载《特区经济》2006 年第 7 期，第 269～270 页。

[9] 姚芳：《试论高新技术产业开发区的产业集聚导向》，载《商业经济》2004 年第 7 期，第 101～102 页。

资源型县域经济转变增长方式的现实思考

——基于云南省华坪县的发展

康云海　乔召旗

（云南省社会科学院）

【摘要】 文章以资源型为特征的华坪县的经济增长方式为研究对象，在其面临国内外和县域经济发展阶段的有利形势的基础上，阐述了华坪县在转变经济增长方式的过程中，可供选择的发展模式：延长产业链、增加附加值，新型工业化，工农结合型可持续发展以及循环经济等。最后就其发展模式，提出了华坪县在发展过程中采取的对策和建议，以促进华坪县转变经济增长方式，实现可持续发展。

【关键词】 华坪县　资源型县域经济　转变经济增长方式可持续发展

经济增长方式是指推动经济增长的各种生产要素投入及其组合的方式。其实质是依赖什么要素，借助什么手段，通过什么途径，怎样实现经济增长。一般来讲，经济增长方式分为粗放型和集约型。粗放型的特征是依靠生产要素的数量扩张实现增长，其特征主要表现为高投入、高消耗、高排放、不协调、难循环、低效率。集约型增长就是通过提升生产要素质量，如科技进步、体制和机制创新、劳动者素质提高以及提高生产效率而实现经济的增长，其特征主要表现为低投入、高产出，低消耗、少排放，能循环、可持续。转变经济增长方式，是提高一个国家或者地区经济国际竞争力的客观需要，也是推动经济发展和人口、资源、环境相协调，实现一个国家或者地区经济可持续发展的必然选择。

我国是一个人口众多、资源短缺且人均资源相对贫乏的发展中大国，转变经济增长方式，充分利用国际和国内两个市场、两种资源，优化资源配置，创造新的比较优势，才能不断提高我国经济的国际竞争力。目前，我国发展循环经济，建设资源节约型、环境友好型社会，正是贯彻落实科学发展观，调整经济结构、转变增长方式的重要内容和切入点，是实现我国经济可持续发展的必然选择。

在这新的经济发展阶段，资源型县域经济如何转变经济增长方式，才能促进县域经济持续发展和提高其经济综合发展能力？为此，本文以云南省丽江市华坪县为例，探讨资源型县域经济转变经济增长方式的条件和途径。经过研究，发现资源型县域经济转变经济增长方式，不仅要向集约型增长方式转变，还要向符合生态规律和可持续发展的生态型经济的增长方式转变，还需要把传统的线性经济发展模式逐步转变为循环经济模式。传统工业经济遵循的是"资源→产品→废物"的线性经济模式，高开采、高消耗、高排放、利用率低是其特点，带来的后果往往是资源枯竭、（环境）污染严重、生态环境遭受破坏。这种经济发展模式是以丧失可持续发展的条件与基础为代价的。而循环经济模式的路径则是"资源→产品→再生资源"，即用最少的资源和付出最小的环境成本为代价，实现经济效益的最大化，从而达到资源可持续利用的目的。

一、转变经济增长方式的条件分析

（一）外部条件的有利形势

对当前中国经济形势的分析和判断，是县域经济选择增长方式，转变时机的前提和条件。就我国经济运行周期来看，中国经济已经进入新一轮高速增长期。继 2002 年我国国内生产总值（GDP）突破 10 万亿元人民币后，2003 年人均可支配收入突破了 1000 美元的界限。随后，2006 年 GDP 更是以 10.7% 的速度进一步把中国的经济推向经济增长上升周期，在 2007 年底人均 GDP 达到 2000 美元。从连续 5 年经济增长速度的高位运行态势看，预计这种高速增长惯性还会进一步保持下去。

与此同时，随着 2006 年中国加入 WTO 三年过渡期的结束，中国经济在更为开放的国际环境中谋求发展。一方面，国际经济周期运行态势必将对中国经济增长产生推波助澜的作用；另一方面，中国经济发展面临着更加紧迫的外部资源稳定供给问题，扩大国际市场、提升国际分工地位以及创造良好的对外经济关系等新问题，都将对中国经济和社会发展产生重大影响。经验表明，任何一个国家的工业化都不能仅靠国内市场来实现，而对外贸易增长速度超过经济增长速度是经济全球化的重要特征。1995—2004 年，全球 GDP 增长了 27%，出口增长了 78%；同期中国 GDP 增长了 108%，出口增长了 299%；2001—2004 年，中国占国际市场的比重从 3.9% 上升到 6.7%。经济全球化在增加我国利用国际市场与资源机遇的同时，也在更大范围和程度上带来了经济周期波动、金融风险防范、全球贸易摩擦和资源竞争、约束全球化等重大挑战。

当前中国经济面临的另一个重要条件，就是随着 2003 年人均可支配收入突破 1000 美元的大关，我国开始走出低收入国家行列并向中等收入国家迈进。按照到 2020 年 GDP 再翻两番的战略目标，以固定价格计算，我国 GDP 总量到 2020 年将达到约 36 万亿元人民币，人均可支配收入将达到4000美元。根据经验，这一阶段对任何国家的成长来说都是一个极为重要的战略机遇期。因为随着人均可支配收入提高到一个标志性的水平后，消费结构也会随之升级，进而引起产业结构的大幅度调整和升级，促进服务业长足发展，加速城市化发展。在此时期，快速发展的各种基础条件都已经具备，只要应对得当，就有可能保持一个较长时期的经济持续、快速的增长，实现国民经济整体素质的明显提高，使经济社会发展再上一个新台阶。同时，这一时期往往也是社会矛盾、生态环境矛盾凸显时期。经济发展的瓶颈约束加剧，如果处理不当，就可能丧失发展机遇，导致经济增长低迷。因此，利用有利的战略机遇期，切实转变经济增长方式，提高经济增长质量，就显得尤为重要。

（二）内部条件成为初步转变经济增长方式的基础

2006 年华坪县生产总值完成 132211 万元，比 2005 年增长了 11.1%，其中第一产业增长了8.2%，第二产业增长了14%，第三产业增长了 8.7%。三次产业的比例由上年的 19.1：46.9：34.0 调整为 18.0：49.0：33.0，产业结构日趋优化。全社会固定资产投资完成 69800 万元，增长了 30.9%；完成财政总收入 25386 万元，增长了 40.3%，其中地方财政收入首次突破亿元大关，达到12366万元，增长了 53.3%；金融机构年末存款余额比年初增长了 28.7%，贷款余额与年初规模持平；社会消费品零售总额完成 29486.3 万元，增长了 14.7%；城镇居民人均可支配收入实现

7739 元，增长了 8.3%；农民人均纯收入实现 1970 元，增长了 15.5%。

华坪县紧紧抓住被列为云南省重点工业强县的机遇，培育壮大了煤炭、电力、化工、建材等支柱产业；引导企业进行技术创新，提升企业的市场竞争力；大力发展循环经济，并选择了多家企业进行试点。2006 年完成工业总产值 162488 万元，增长了 13.7%，占丽江全市工业总产值的 46.5%；实现工业增加值 55445 万元，占华坪县生产总值的 41.9%；工业缴纳税金 17974 万元，占全县财政总收入的 70.9%。

首先，为实施"工业强县"战略，华坪县加大了产业结构调整力度，充分发挥资源优势，集中力量抓好煤炭、电力、化工、建材等支柱产业。在财政收入快速发展的基础上，设立工业发展专项基金，推动工业企业技术创新和技术提升，促进工业结构优化升级，不断提高工业综合效益。其次，华坪县重视节能降耗。重点推进煤炭、化工、电力、建材、冶金等行业的节能降耗技术改造，推行可再生资源有效利用，大力推进循环经济建设。坚决淘汰落后工艺和设备，坚决依法关闭高能耗、高污染、低产出的企业。最后，华坪县加强矿产资源管理。进一步加强整顿和规范矿产资源开发秩序。以资源整合为基础，整合小煤矿，依法关闭污染环境、生产规模小、布局不合理、不具备安全生产条件的矿井，严厉打击无证采矿等违法行为。严格执行审批权限和程序，完善探矿权和采矿权的申请、延续、变更、转让、注销等相关管理制度。加强矿产资源统筹规划，整合矿产资源，加快矿区煤炭资源开发，促进规模化开采和集约化利用。

华坪县对资源和能源依赖性强。2006 年全县三次产业比例为

213

18.0∶49.0∶33.0，是典型的工业主导经济。而这些工业中，煤炭、电力、化工、建材等传统产业，多为资源和能源高消耗型企业。这种经济格局决定了高速经济增长必须以大量的资源和能源为支撑。另外，华坪县的能耗、物耗系数高，2006年华坪县全社会固定资产投资增长率为30.9%，而GDP增长率为11.1%，固定资产投资增长比GDP高出19.8个百分点。其中，水资源重复利用率非常低。

综合以上情况，华坪县经济虽然不能完全排除经济波动和快速增长进程或长或短或中断的可能性，但应该看到，华坪县工业化、城市化、市场化进程的加快也为经济增长提供了广阔的发展空间和难得的发展机遇。可以说，经济增长速度已经不是当前华坪县经济的主要问题。当前更为关键的问题是如何抓住战略机遇期，切实提高经济增长的质量，转变经济增长方式，在新的经济环境下为实现县域经济的长期、持续、稳定发展打下坚实的基础。

二、资源型县域经济转变增长方式的模式选择

（一）延长产业链，增加附加值

依托丰富的煤资源，瞄准省内外的市场需求，在适度扩大煤的开采量的同时，大力发展煤的精深加工，逐步延伸产业链，增加煤的附加值，提高煤炭开采及精深加工产业的素质，开展煤炭资源的合理利用和充分利用。推进华坪县年产60万吨焦化项目的实施，生产焦炭及其他煤化工产品，加速煤矸石电站的建设，延长煤炭资源的服务年限，提升煤炭资源的利用价值。

首先，做好煤炭资源的勘探工作。鼓励业主、投资者、勘探部门等加大对煤炭地质勘探的投入，进一步摸清煤炭资源的家底。其次，加快标准化矿井建设。以提高矿井安全管理和装备水平为核心，加快机械化采煤及相关辅助技术的应用，推广光面爆破的巷道掘进技术，实施顶板支护材料技术的改革，采用金属摩擦支柱支护、单体液压支柱、锚喷支护等先进工艺；建设全县安全网络工程，在高瓦斯煤矿井推广瓦斯监控系统，对骨干矿井重点进行瓦斯防治，安装瓦斯微机监控预报系统。再次，积极发展煤的精深加工。引进和推广煤炭就地转化、洁净煤、煤化工等方面的新技术和新工艺，加快土焦改造步伐，搞好全县骨干焦厂的技改工作，加快 60 万吨机焦项目建设，积极发展碳氨、尿素等新的煤深加工产品。最后，实施煤电联营战略。按照风险共担、利益共享的原则，推进煤炭企业与发电企业形成长期稳定、互利双赢的供需关系，使资源利用进入良性循环。并采取股份制的形式，组建煤电集团公司，通过走规模化、集团化道路提高市场竞争力。

（二）走新型工业化道路

适时调整工业结构，加快推进工业结构优化升级是新型工业化进程的必然要求。首先，做大、做强支柱产业。立足于华坪县的资源优势和产业基础，大力发展水电、煤炭、矿电结合的材料工业和特色农产品加工业等支柱产业，重点围绕市场需求，发展精深加工，力争实现由数量型向质量型、粗放型向集约型的转变，提升产业核心竞争力。其次，加快轻、重工业的结构调整。在重工业内部，加快发展火电工业、精选煤工业、矿电结合产业、建材工业，不断完善重工业体系。轻工业发展的重点放在农产品加工和特色工艺品及旅游产品的开发上，通过产品的深加工、精加工，不断延伸产业链，提高轻工业对经济的贡献率，切实改变轻、重工业严重畸形的局面。再次，积极培育新兴产业。培育技术含量高的天然药物产业和热区绿色农产品等特色产业和新兴产业。

最后，以工业为主导，通过工业结构调整，发挥聚集效应和辐射效应，带动第一、二、三产业的结构调整，实现三次产业之间和工业内部的良性互动与协调发展。

（三）走工农结合型可持续发展的道路

以特色农产品加工产业为突破口，依托丰富的热区资源，大力发展特色农产品加工产业。首先，要着力培育热区生物资源。利用热区开发优势，引进适宜在华坪种植的特、新农作物和种植技术，提高农产品的规范化种植水平，为农产品加工业建好"第一车间"。其次，建立畜禽、鲜玉米、茶叶、芒果、竹子、花椒、薯类、亚麻等特色农产品加工基地，逐步形成多品种的农产品加工格局。重点搞好年消耗5000吨的优质畜产品综合加工、年消耗5000吨的芒果精深加工、年消耗300吨的花椒加工、年消耗2万吨的薯类产品加工、年消耗500吨的鲜玉米加工、年消耗500吨竹笋的竹产品和年产100万件竹编产品加工等项目，建成年贮量2000吨果蔬气调保鲜冷库。最后，培育一批农特产品龙头加工企业。积极引进和发展有一定规模的农特产品加工企业，培育系列品牌产品，鼓励企业推广"公司+基地+农户"、"订单农业"、贸工农一体化等多种经营模式。

（四）发展循环经济

循环经济，即是变传统的"资源→产品→污染排放"单向流动的线性经济为"资源→产品→再生资源"的反馈式流程，以物质闭环流动为特色的生态经济。华坪县在推进新型工业化的过程中必须大力发展循环经济，使物质和能量在整个经济活动中得到合理和持久地利用，最大限度地提高资源环境的配置效率，在保护生态环境、合理开发利用资源的基础上加快新型工业化进程，实现人口、资源、环境、经济和社会的良性循环与可持续发展。

首先，要建设循环经济型企业。在企业内广泛采用清洁生产技术，使企业单位产品能耗、物耗及污染物排放量减少；提高工业用水重复利用率，创建废水"零排放"企业；在有条件的生产规模较大的企业，引进关键链接技术，通过能源、水的梯级利用和废物的循环利用，形成工业生态链网，建立循环经济型企业。其次，建设生态工业园区。工业园区要运用循环经济理念和工业生态学原理，完善园区总体规划，配置产业和产业结构，在企业内部或企业之间形成以废弃物再生利用为纽带的互利共生产业链条，把工业园建成生态工业园区。再次，煤矿区的生态恢复。积极推进华坪煤生态恢复项目，重点抓好植被恢复、水土保持、固体废弃物处理与综合利用、煤矿塌陷区整治及复垦、农村能源建设、移民搬迁、监管机构建设等工程。最后，建立资源循环型社会。积极争取整合资金，建设县城垃圾处理场；在全县开展垃圾分类回收的试点工作；对垃圾进行资源化、无害化处理；集中处理医疗垃圾；建设污水处理厂，净化生活污水，提高水资源利用率；在餐饮娱乐服务行业推进绿色消费模式，各商品零售业要尽量减少商品的过度包装，各类市场禁止使用一次性包装物。同时，必须要建立可持续发展的政策体系、法律体系、综合决策体系和协调管理体制，依法促进循环经济发展，为生态环境的保护和实现可持续发展提供有力保障。

三、促进资源型县域经济可持续发展的对策建议

（一）转变政府职能，提高公共服务水平

按照社会主义市场经济体制的要求，充分发挥市场在资源配置中的基础性作用，减少政府对市场的干预，切实转变政府职能，

不断推进行政管理体制改革，着力解决好行政管理错位、职责不对称的问题。提高政府办事效率，改善服务质量，成为"服务型"政府。把政府管理的职能放在市场失灵的领域，减少对企业生产经营的直接干预，把工作重点放在为企业创造良好的外部环境上，为维护正常的经营活动搞好协调服务。加大市场监管力度，维护市场秩序，严厉打击扰乱市场的违法行为，保护市场行为主体的合法利益，保持物价总体水平基本稳定。推行行政管理方式的转变，把更多的精力用于宏观经济调控、市场监管、社会管理和公共服务上，推进行政管理的规范化和程序化。加强对公共行政的监督管理，搞好廉政建设，努力构建教育、制度、监督并重的预防和惩治腐败体系。

（二）强化技术创新，推动产业优化升级

随着招商引资优惠政策的逐步淡化，国民待遇将主导投资环境，再加上宏观调控以及资源要素的制约，新一轮的竞争必将转移到科技竞争和人才竞争上。从区域经济发展的角度来看，提高科技创新能力，促进科技进步将势在必行，同时也对企业科技创新提出了更高、更新的要求。显而易见，寻求华坪县经济新的增长点和提高县域经济竞争力，其核心是要不断提高企业及其产业的科技水平。积极改革科技创新管理体制，以制定和实施有效的激励政策为切入点，引导企业提高认识，激活企业科技创新的原动力。要积极探索先进技术、先进管理等生产要素参与分配的多种有效形式和机制，充分调动科技人员、经营管理人员和社会各方面的积极性。同时，要加快传统产业的改造升级步伐，积极引导企业走"升级型"的技术改造之路，鼓励企业引进先进设备、先进技术和先进管理，切实增强企业的市场竞争能力。对走"升级型"技术改造之路的高新技术企业，在实施技改贴息时，要予以倾斜。

（三）加快人才资源开发，提高科技水平与人员素质

当今世界，现代科技的迅猛发展空前加大了科学知识转化为生产力的力度和速度，高科技及其产业已经成为推动经济和社会发展的主导力量。智力活动在经济领域中的重要性不断增强，国力的较量归根到底是人的素质的较量。经济发展的水平主要取决于高素质的人才。同样，县域经济可持续发展能力的大小在很大程度上取决于高素质人才的多少，因为县域工业和农业的发展都离不开高素质的人才。由于县域范围内的劳动者平均受教育程度较低，虽然劳动力资源丰富，但总体的技能水平不高，结构不合理，高层次专业技术人员所占的比重极少。所以，必须大力发展教育，建立有效的教育投入机制，加强基础教育，完善农村教育体系，扩大教育覆盖面。要不断提高劳动者的劳动技能，努力造就县域经济发展所需要的训练有素和高层次的科技人才和管理人才。

（四）减少资源消耗，促进人与环境和谐发展

要在发展中实现人与自然的和谐，建立资源节约和环境友好型社会，最大限度地减轻经济快速发展、城市化加速推进、消费迅速升级带来的巨大环境压力。建立和完善煤炭资源有偿使用制度改革试点，选择电力行业和水流域开展排污权有偿使用和排污权交易试点，建立流域生态补偿机制。加大对生态建设和环境保护的投入，出台鼓励废旧物资回收，发展可再生能源、替代能源和新能源等的相关财税政策；完善矿产资源补偿费和排污收费政策，加快建立比较完善的鼓励能源、资源节约和环境保护的财税

政策体系。改革排污许可证制度，完善排污权交易制度；建立矿区环境和生态恢复新机制，督促采掘企业承担资源开采的环境治理成本；财政适当增加资金投入，加大环境污染治理力度，真正解决"企业污染、政府埋单"的问题。

参考文献：

[1]《中共中央关于构建社会主义和谐社会若干重大问题的决定》，载人民网 2006 年 10 月。

[2] 中共中央宣传部理论局组织编写：《科学发展观学习读本》，学习出版社 2006 年 6 月版。

[3] 刘世锦：《我国进入新的重化工业阶段及其对宏观经济的影响》，载《新华文摘》2005 年第 2 期。

[4]《国务院召开深化煤炭资源有偿使用制度改革试点工作电视电话会议》，载人民网 2006 年 11 月。

[5]《我国国民收入分配最终格局的变化——正向政府倾斜》，载《上海证券报》2006 年 6 月。

[6]《统一环境政策的制度因素分析：以排污权交易为例》，《规制与竞争前沿问题》第二辑，中国社会科学出版社 2006 年版。

云南省产业集中与工业增长的实证分析

岳超云　　陈传明

（云南省社会科学院经济研究所，云南师范大学商学院）

【摘要】本文利用云南省1994—2006年各工业企业分类数据，建立了一个关于全要素生产率和产业集中度和产业规模的计量模型，考察云南省现阶段的产业集中和云南工业发展的关系。研究发现没有证据表明，产业集中是促进云南省工业增长的主要因素，因此云南省的政府主导下的产业集中导向的工业发展战略应该进行审慎调整。

【关键词】全要素生产率　产业集中度　云南工业增长

“十五”期间，云南省提出“走新型工业化道路，建设工业强省”的工业发展目标。实现这一目标的基本措施是“推进优势资源向优势产业聚集、优势生产要素向优势企业聚集、优势产品向优势品牌聚集、优势企业向重点园区聚集”，即政府主导下的产业集中和聚集。之后，云南省的工业发展进入了一个相对快速的增长时期。这一时期的显著特征是：工业产值持续快速增长，企业经济效益总的来看有所提高并高于全国水平，各工业部门均出现了不同程度的产业聚集和集中。但是这种政府主导下的产业集中和聚集，仅在云南而言，有没有构成工业增长的坚实基础仍是一个没有答案的问题。本文收集了1994年到2006年间，云南省分行业工业企业的有关数据，运用现代计量经济技术，建立模型，力图对这一问题作出解答。

一、研究综述和建模的理论依据

近年，我国经济学界从不同角度考察了我国产业集中和集聚的现状、机理、后果和特征等问题。范剑勇研究了市场一体化引致的地区专业化与产业聚集的关系，对中国1980年、2001年地区专业化和产业集中率的变化情况进行了实证分析。范剑勇研究发现，改革以来中国地区间的专业化水平和市场一体化水平已有提高，产业布局已发生根本改变，绝大部分行业已经或正在向东部沿海地区转移。他进一步认为，中国现阶段国内市场一体化水平总体上仍较低，且滞后于对外的一体化水平，这一现状使得制造业集中于东部沿海地区，无法向中部地区转移，进而推动了地区差距不断扩大。陈志广则讨论了企业利润率与产业集中度之间的关系，提出了一种不同于前人的新看法。他认为是垄断因素、效率因素的混合作用，形成了中国制造业中利润率与产业集中度、市场份额的正相关关系。魏后凯在《市场竞争、经济绩效与产业集中》一书中，对中国制造业集中与市场结构进行了系统研究。他以中国制造业为案例，采用521个四位数代码行业近60万个企业的数据，对改革开放以来中国制造业的集中状况、形成原因及经济绩效进行了实证分析，揭示了市场竞争、政府干预和中国制造业集中过程之间的内在逻辑联系，在产业组织理论的中国化和建立中国的产业组织理论上取得了有创见的研究成果。这些研究都是以全国为研究视野，结论宏观而博大，对地方政府制定和实施产业政策的直接指导意义不大，所发展的方法也并不适合分析较小区域的产业集中和聚集与工业发展的关系。另外，上述研究都没有注意考察产业集中度和产业增长质量的关系。因此需要发展出一种方法，可以有效地识别产业集中对经济增长的影响，同时还适用于小规模的经济，可以对云南这样的省份发展工业经济提供指导。

按照古典增长理论，资本积累被认为是经济增长的主要决定因素。而现代经济增长理论和实证研究发现，实物资本的积累，既不能解释不同时间上人均产出的巨大增长，也不能解释地域上人均产出的巨大差异，经济增长的真实源泉在于技术进步。[①] 20世纪50年代后各种对技术进步进行测度的方法被发展起来，索洛余值法是其中的一种。索洛余值法的基本框架，是一个讨论产出增长率、要素投入增长率与全要素生产增长率三者之间关系的模型。该模型采用了总量生产函数：$Y = F(K, L; t)$。为了计量研究的方便，一般采用希克斯中性的技术进步法，故生产函数常取下面的这种形式：

$$Y = A(t) F(K, L) \quad \cdots\cdots\cdots\cdots\cdots\cdots\cdots\cdots\cdots ①$$

其中，$A(t)$ 表示一段时间内技术变化的累积效应。

定义产出对资本投入和劳动投入的弹性分别为：

$$\alpha = (\partial Y / \partial k) \cdot (K/Y) \text{ 和 } \beta = (\partial Y / \partial L) \cdot (L/Y)$$

由①式推导，可得：

$$\dot{Y}/Y = \dot{A}/A + \alpha(\dot{K}/K) + \beta(\dot{L}/L) \quad \cdots\cdots\cdots\cdots\cdots ②$$

②式即为索洛增长方程。其中 $\dot{Y}/Y$ 为产出增长率，$\dot{A}/A$ 为全要素生产增长率，$\dot{K}/K$ 和 $\dot{L}/L$ 分别为资本投入和劳动投入的增长

---

① 详细分析参见《高级宏观经济学》（［美］戴维·罗默著，王根蓓译，上海财经大学出版社 2002 年版）的相关论证。

率，α 和 β 分别为产出对资本投入和劳动投入的弹性。进一步假设规模效益不变，即 $\alpha + \beta = 1$，我们就可以得到如下的每位工人平均产出增长率的表达式：

$$\frac{\dot{Y}}{Y} - \frac{\dot{L}}{L} = \alpha \left(\frac{\dot{K}}{K} - \frac{\dot{L}}{L} \right) + \frac{\dot{A}}{A} \quad \cdots\cdots\cdots\cdots\cdots\cdots\cdots\cdots \text{③}$$

产出、资本和劳动的增长率可以直接地度量。并且我们知道，如果资本获得其边际产品，α 可以利用有关分配给资本的收入份额的数据进行计算。在一次回归中，$\dot{A}/A$ 可以被度量为③式中的余值——索洛余值，它反映了"除资本积累通过其私人报酬所作出的贡献之外的增长的所有来源"。因此，③式提供了把每位工人平均产出的增长分解成每位工人平均资本增长的贡献与全要素生产率增长贡献的直观方法，由于全要素生产率囊括了除资本和劳动外所有对产出有贡献的因素的影响，如果产业集中对产出的增长具有长期真实的"额外贡献"，那么按照索洛余值法得到的全要素生产率序列就应该和产业集中度序列显著相关。

二、处理数据和建立模型

本文的数据处理和建立模型的过程包括三个步骤，首先是全要素生产率的计算，其次是产业集中度的计算，最后是建立全要素生产率和产业集中度的简单回归模型。在全要素生产率和产业集中度的简单回归模型的建立中，我们使用了"平行数据"以弥补因为观察期短而导致的数据不足的缺陷。所谓"平行数据"（panel data），也称做"面板数据"，是指在多个截面上对对象连续观测所得的数据，它的结构是"立体"的。平行数据计量经济学模型是在最近 20 年来计量经济学理论方法的重要发展之一，具有很好的应用价值。在经典线性计量经济学模型中，要么使用时间序列数据，要么使用横截面数据。但是只利用时间序列或横截面数据，一般而言，需要大量高质量的样本，而经济分析往往需要在信息有限的情况下作出判断，样本是有限的，利用平行数据可以克服数据不足的缺点，充分利用横截面、时间提供的信息，构造和检验比单独使用横截面或时间数据更现实的行为方程。鉴于平行数据模型的诸多优点，我们采集了云南省 25 个行业从 1995 年到 2005 年的数据来建立模型。

（一）全要素生产率的计算

全要素生产率需要通过估算总量生产函数来加以测算。为了简化计算，我们在这里采用了两个关键假设，即第一总量生产函数为两要素（资本和生产）的柯布－道格拉斯形式，第二假设规模报酬不变。由此总量生产函数的具体形式为：

$$Y_t = A K_t^{\alpha} L_t^{1-\alpha} \quad\cdots\cdots\cdots\cdots\cdots\cdots\cdots ④$$

其中，Y_t 为产出，我们用云南省工业品出厂价格指数调整后的真实工业增加值表示，K_t 为资本存量，同样出于简化的原因，我们用年末固定资产净值、全部流动资产平均余额和本年提取的折旧基金加总表示。[①] L_t 为劳动投入，我们用部门全部职工平均人数表示。上述数据都可以从《云南统计年鉴》方便地获取。

④式取对数得：

$$1n\ (Y_t/L_t)\ = 1n\ (A)\ + \alpha 1n\ (K_t/L_t) \quad\cdots\cdots\cdots\cdots ⑤$$

---

① 2004 年和 2005 年的资本存量数据，我们使用了《全省大中型工业企业一览表》中的"资产合计"一项。之前因为该统计表没有提供总资产的统计值，我们使用了"年末固定资产净值"、"全部流动资产平均余额"和"本年提取的折旧基金"的和近似表示企业固定资产存量。另外，由于《全省大中型企业一览表》中被统计企业的明细投资数据难以获得，为了和集中度计算统一，这里也没有运用永续盘存法，尽管后者是计算固定资产存量更为准确和流行的方法。

在④式基础上可以建立回归模型：

$$1n\ (Y_t/L_t)\ =1n\ (A)\ +\alpha1n\ (K_t/L_t)\ +\varepsilon_t \cdots\cdots\cdots ⑥$$

模型⑥可以用 OLS 方法估计，得到 α 的估计值，然后带入③式，计算可得到索洛意义下的全要素生产率（TFP）。我们利用 EVIEWS5.0 软件进行了计算，具体的样本回归方程如下：

$$1n\ (Y_t/L_t)\ =\ -1.512724 +0.9321641n\ (K_t/L_t)$$

$$\cdots\cdots\cdots\cdots\cdots\cdots\cdots\cdots\cdots\cdots\cdots\cdots\cdots ⑦$$

$$(-16.40743)\ (30.42945)\ R_2 =0.9685$$

其中，括号内为 t 统计值，*panel data* 建模用了截面加权的固定效应模型。由回归方程⑦得到，云南工业的资本产出弹性 α = 0.93，在此基础上，我们计算得到 1996 年至 2005 年的云南工业部门全要素生产率序列。具体计算结果见附表 1。观察计算得到的云南省分行业全要素生产率序列，我们发现在云南省工业化进程不断加快的过程中，工业结构不断演进，但是全要素生产率却没有稳定的增长趋势，说明工业增长的模式仍未发生较大转变，这一点和全国平均水平相比有较大差距。

（二）产业集中度的计算

产业集中度是说明产业结构的一个重要指标，通常以该产业最大的 n 家企业的相关数值占整个行业的比重来表示，简称"C_n"。一般而言，集中度越高，市场支配势力就越大，竞争程度也就越低。过高的产业集中度会导致垄断价格和垄断利润，形成资源配置的无效率和收入分配不均。产业集中度的计算相对简单，我们在这里计算了两个指标，即 C_2 和 C_4。出于课题主要考虑产业的绩效问题，我们分别计算了分行业内，例如通用机械制造部门，年工业增加值最大的 4 家企业工业增加值的和占整个部门工业增加值的总和的比例来表示该部门的集中度，即 C_4。由于有的部门规模较小，出现了企业数小于等于 4 的情况，我们同时也计算了 C_2。在实际计算过程中，由于有的年份，某些部门内较多企业工业增加值出现了负增长的现象，致使 C_2 或 C_4 的计算值大于 1。我们对这种情况作了特殊处理，在主营业务数据可得时，以主营业务数据为基础计算了集中度指标；在主营业务数据不可得时，以固定资产为基础计算集中度指标。最后，和 10 年以前相比，云南省的产业分布有了较大的变化，为了保持统计口径的一致，我们选择了采掘、化工、非金属矿物制品、电力的生产和输送、机械制造、烟草、农副食品加工、饮料生产和纺织等 25 个没有数据损失的部门计算其产业集中度。计算结果见附表 2 和附表 3。

（三）计量模型及其含义

用上两步计算得到的全要素生产率序列分别对产业集中度 C_2 及 C_4 序列进行回归，可以建立简单回归模型，这里使用的同样是 panel data 截面加权的固定效应模型。结果如下表：

全要素生产率对产业集中度的简单回归模型

	解释变量	参数值	标准差	T 统计值	R_2	F 统计值
模型一	常数	−0.114765	0.112246	−1.022446	0.070393	0.875281
	C_2	0.177862	0.191815	0.927256		
模型二	常数	−0.143352	0.159943	−0.896275	0.069665	0.882062
	C_4	0.171832	0.207815	0.826849		

根据建立的云南省全要素生产率（TFP）和产业集中度之间的简单回归模型，C_2 和 C_4 都对全要素生产率的变化有积极的作用，产业集中度每单位的提高可以导致全要素生产率 17 个左右百

分点的增加，这是相当可观的影响。遗憾的是，参数的统计检验并不显著，T 统计值和 F 统计值甚至都低于显著性水平为 10% 的临界值，不能拒绝产业集中度对全要素生产率"没有影响"的零假设，因此不能认为产业集中度和全要素生产率之间存在可靠的因果关系。

那么可不可以认为云南省现行的新型工业化政策和全要素生产率的变化没有关系呢？也不能得出这个结论。云南省现阶段实施的"推进优势资源向优势产业聚集、优势生产要素向优势企业聚集、优势产品向优势品牌聚集、优势企业向重点园区聚集"的新型工业化战略，实际包含了谋求企业竞争优势和区域竞争优势，即产业的集中和集聚两个方面。我们的模型仅仅证明产业集中对全要素生产率的影响可以排除，但不能认为产业的集聚对全要素生产率没有良性作用。另外，从该政策的施行结果来看，对比"九五"和"十五"期间，云南省的大部分工业部门的产业集中度并没有显著集中的趋势，有的部门还出现了分散化，比如占据云南省工业增加值过半份额的烟草制品业和电力、热力的生产和供应业的产业集中度还出现了下降。这表明行业间竞争的加剧是全要素生产率积极变化的主导因素之一。

三、对策和建议

在走"新型工业化"道路的具体措施上，云南省先后采取了"加快工业结构调整"和集中资源"扶持 5 个 10 户重点企业"的措施。在《云南省人民政府关于"十五"期间加快工业结构调整的若干意见》中，云南省提出了"在重点产业中培育一批主业突出、主体精干，在国内外有较强竞争力和影响力的大企业、大集团，提高产业实力和企业市场竞争力"的任务，随后的政策更明确了这一目标。2006 年云南省政府又出台扶持重点企业及具体措施，要求挑选"在该行业中具有较强的实力和影响力"，"主业突出，符合国家和省的产业政策"的企业，在技术升级、信息化和融资等方面予以重点扶持。同时，云南省的产业政策也屡次强调"加快劣质企业退出市场"。这些措施极大地加速了云南省产业结构调整和产业集中的进程。

然而我们的研究揭示，政府主导下的产业集中对工业增长的质量没有长期的、积极的影响，产业集中增加了目标企业的竞争优势，提高其经济绩效，在云南工业结构中国有经济占据绝对优势（公有制经济占 94%，非公有制经济只占 6%）的情况下，进一步的产业集中可能限制其他所有制企业的发展，从而对工业经济的长期发展产生负面作用。因此，云南省推进新型工业化战略的措施应该加以调整，以促进工业经济又好又快的发展。

具体来说，我们的建议如下：第一，淡化"推进优势资源向优势产业聚集、优势生产要素向优势企业聚集、优势产品向优势品牌聚集"的政策，代之以鼓励"优势企业向重点园区聚集"的政策，调整产业的空间结构，充分利用产业空间集聚的"规模"效应。第二，取消对谋求特定企业竞争优势的扶持政策，鼓励竞争。

参考文献：

［1］李子奈、叶阿忠：《高等计量经济学》，清华大学出版社 2000 年 9 月版。

［2］张培刚等：《发展经济学教程》，经济科学出版社 2001 年 12 月版。

［3］［美］戴维·罗默著，王根蓓译：《高级宏观经济学》，上海财经大学出版社 2003 年 2 月版。

［4］马国芳、马金书：《对加快云南工业化进程的探讨》，载《经济问题探索》2004 年第 11 期。

［5］付润民、赵国庆、赵家增：《对云南走新型工业化道路的思考》，载《云南社会科学》2003 年第 4 期。

［6］郭庆旺、贾俊雪：《中国全要素生产率的估算 1994—2004》，载《经济研究》2005 年第 6 期。

［7］易纲、樊纲、李岩：《关于中国经济增长与全要素生产率的理论思考》，载《经济研究》2003 年第 8 期。

［8］郑玉歆：《全要素生产率的测度及经济增长方式的"阶段性"规律》，载《经济研究》1999 年第 5 期。

［9］孔翔、Robert E. Marks、万广华：《国有企业全要素生产率变化及其决定因素：1990—1994》，载《经济研究》1999 年第 7 期。

［10］李小平、朱钟棣：《国际贸易、R&D 溢出和生产率增长》，载《经济研究》2006 年第 2 期。

［11］郭庆旺、赵志耘、贾俊雪：《中国省份经济的全要素生产率分析》，载《世界经济》2005 年第 5 期。

［12］陈志广：《是垄断还是效率——基于中国制造业的实证研究》，载《管理世界》2004 年第 12 期。

［13］白文扬、李雨：《我国工业产业集中度实证研究》，载《中国工业经济研究》1994 年第 11 期。

［14］魏后凯：《市场竞争、经济绩效与产业集中》，经济管理出版社 2003 年版。

［15］岳为民：《关于云南工业化发展问题的思考》，载《学术探索》2005 年第 2 期。

［16］范剑勇：《市场一体化、地区专业化与产业集聚趋势》，载《中国社会科学》2004 年第 6 期。

［17］徐康宁、王剑：《自然资源丰裕程度与经济发展水平关系的研究》，载《经济研究》2006 年第 1 期。

［18］康云海：《云南经济发展报告》，云南大学出版社 2005 年版。

［19］魏澄荣：《跨国资本进入对福建省产业集中度影响的实证分析》，载《国际贸易问题》2005 年第 4 期。

［20］徐家洪、林鸿：《四川省产业集中现状分析与对策》，载《农村经济》2005 年第 5 期。

［21］赵晓华：《云南工业化进程中的产业结构分析》，载《云南民族大学学报（哲学社会科学版）》第 24 卷，2007 年 2 月第 2 期。

［22］《云南省人民政府关于扶持 5 个 10 户重点工业企业若干措施的通知》（云政发［2006］83 号）。

［23］王岳平：《云南省新型工业化研究》，载《经济研究参考》2005 年第 69 期。

［24］《云南省人民政府关于"十五"期间加快工业结构调整的若干意见》（云政发［2001］45 号）。

附表1：云南省工业分行业全要素生产率计算表

部门	1996年	1997年	1998年	1999年	2000年	2001年	2002年	2003年	2004年	2005年
煤炭开采和洗选业	-0.27791	0.523436	-0.24983	-0.03634	-0.04079	0.232465	0.072198	0.028894	-0.21653	0.06795
黑色金属矿采选业	-0.035	-0.18468	0.071951	-0.56586	0.103115	0.212204	0.422578	-0.0414	-27.3192	-0.43766
有色金属矿采选业	-0.43207	-0.1277	-0.39494	0.254956	0.221711	-0.01997	0.011242	0.093709	0.352126	0.383016
非金属矿采选业	0.120903	-0.77677	0.236611	-0.56447	0.566871	-0.1271	1.429307	0.158076	0.03089	0.490544
农副食品加工业	-0.58248	0.048074	-0.92969	-0.3601	4.671325	0.330902	-0.5098	0.310429	0.666636	-0.1699
食品制造业	-0.3034	0.349926	0.589185	-0.48433	0.091791	-0.01777	0.143221	-0.00526	0.270269	-0.72471
饮料制造业	0.283715	0.002923	-0.164	-0.00448	-0.68156	0.075239	0.436409	0.02245	-0.07653	0.034908
烟草制品业	0.007089	-0.05464	-0.04039	-0.09598	-0.01263	-0.12661	-0.03114	0.008177	-0.32896	-0.00451
纺织业	-0.10838	-0.1952	-0.22547	0.061148	0.309627	-0.21609	-0.18715	0.108377	-0.14355	-0.30927
木材加工及木、藤、棕草制品业	0.037275	4.780219	0.539677	-0.73587	2.264297	-0.22238	0.010095	-0.09293	1.647741	-0.54707
造纸及纸制品业	0.09545	-0.37798	-0.7065	0.148908	-0.17083	4.522322	0.251087	0.029259	0.153866	0.242035

续 表

部门	1996 年	1997 年	1998 年	1999 年	2000 年	2001 年	2002 年	2003 年	2004 年	2005 年
印刷业和记录媒介的复制	-0.07401	0.309118	0.165668	-0.05904	0.163143	-0.03919	-0.03348	0.045991	0.127407	-0.08784
化学原料及化学制品制造业	-0.036	-0.37123	-0.28087	0.135338	0.093675	0.065735	-0.02342	0.1424	0.236974	0.206802
医药制造业	0.204323	0.832198	0.05224	0.010426	-0.00951	-1.42102	1.001477	0.129962	-1.03281	-0.0079
橡胶制品业	-0.06202	0.0694	-0.29856	-0.58547	0.395196	0.540017	-0.56073	0.526772	3.850098	-0.89775
非金属矿物制品业	-0.17482	-0.09148	-0.29896	0.130629	-0.02136	-0.38873	-0.08416	0.529029	-0.43421	0.216319
黑色金属冶炼及压延加工业	0.141106	0.001015	-0.12646	-0.46347	0.144942	0.134533	0.10223	0.9303	-0.13324	-0.30876
有色金属冶炼及压延加工业	-0.26753	0.171741	-0.29867	0.220828	0.071735	-0.24573	0.212087	0.221573	-0.18144	-0.04312
通用设备制造业	-0.022	-0.11037	-0.25952	-0.26525	0.345634	0.18897	0.014863	-0.16627	0.290098	0.283053
专用设备制造业	-0.03253	-0.32001	-0.27409	0.392992	-0.06417	-0.06204	0.231624	0.271277	-0.09119	0.149222
交通运输设备制造业	-0.54141	1.474549	0.206313	0.012789	0.019394	0.221319	0.002533	0.874811	-0.35304	0.18286

续表

部 门	1996年	1997年	1998年	1999年	2000年	2001年	2002年	2003年	2004年	2005年
电气机械及器材制造业	0.188743	0.057859	0.074648	-0.32729	0.478002	-0.1444	-0.03784	-0.06095	-0.16943	0.376332
通信设备、计算机及其他电子设备制造	-0.47584	0.717883	1.059687	-0.23929	0.617661	0.606052	-0.09177	0.179506	-0.95133	-0.05369
仪器仪表及文化、办公机械制造业	-0.43651	0.217829	0.01026	0.406309	0.73397	-0.5072	0.325072	-0.17273	-0.65081	1.046059
电力、热力的生产和供应业	0.354574	-0.51975	0.950046	-0.12221	0.015393	-0.13018	0.165717	-0.08043	0.047558	0.060104

附表 2：云南工业分行业 C_2 集中度统计表

部　门	1996 年	1997 年	1998 年	1999 年	2000 年	2001 年	2002 年	2003 年	2004 年	2005 年
煤炭开采和洗选业	0.5848	0.6584	0.6374	0.7083	0.6955	0.7341	0.7126	0.6341	0.5005	0.4692
黑色金属矿采选业	0.8437	0.7534	0.8826	0.8136	0.6029	0.7617	0.6095	1	0.698	0.4099
有色金属矿采选业	0.4729	0.4499	0.4181	0.3964	0.4302	0.4284	0.5445	0.4835	0.4071	0.3874
非金属矿采选业	0.7835	0.7095	0.6782	0.9331	0.7233	0.8506	0.8852	1	0.9608	0.9133
农副食品加工业	0.0977	0.1029	0.1114	0.1521	0.1374	0.0756	0.1014	0.1782	0.2318	0.1932
食品制造业	0.8344	0.9852	0.5509	0.7458	0.6163	0.5182	0.6501	0.6827	0.5892	0.4475
饮料制造业	0.5374	0.4776	0.5734	0.6236	0.5707	0.4531	0.3993	0.5438	0.5948	0.3915
烟草制品业	0.7728	0.7529	0.7595	0.7242	0.6932	0.5885	0.5386	0.5711	0.5672	0.5744
纺织业	0.4318	0.4532	0.4011	0.454	0.4856	0.4364	0.5312	0.5342	0.5918	0.7029
木材加工及木、竹、藤、棕草制品业	1	0.7263	0.8196	0.7656	0.6371	0.4813	0.4994	1	0.8371	0.6609

235

续表

部门	1996年	1997年	1998年	1999年	2000年	2001年	2002年	2003年	2004年	2005年
造纸及纸制品业	0.4535	0.4543	0.4647	0.4571	0.5123	0.608	0.5465	0.7282	0.7528	0.7285
印刷业和记录媒介的复制	0.4378	0.4274	0.5027	0.4439	0.401	0.323	0.2896	0.3629	0.2854	0.4238
化学原料及化学制品制造业	0.2982	0.3607	0.3592	0.3956	0.2639	0.2369	0.2219	0.278	0.3293	0.2637
医药制造业	0.9126	0.7599	0.6619	0.6188	0.6445	0.3049	0.3336	0.5037	0.4744	0.7504
橡胶制品业	0.7661	0.8133	0.8531	0.8024	0.5667	0.5253	0.8536	1	1	1
非金属矿物制品业	0.471	0.5059	0.4826	0.4793	0.3653	0.2744	0.2736	0.4295	0.2146	0.2118
黑色金属冶炼及压延加工业	0.9621	0.9892	0.9741	0.9904	0.9837	0.9674	0.9021	0.8582	0.8185	0.748
有色金属冶炼及压延加工业	0.562	0.4807	0.6075	0.5578	0.4984	0.4878	0.4041	0.4346	0.3508	0.3667
通用设备制造业	0.4904	0.485	0.6121	0.5823	0.6399	0.6523	0.6568	0.792	0.687	0.7627
专用设备制造业	0.1663	0.2053	0.4568	0.3526	0.395	0.4234	0.4025	0.3188	0.344	0.503

续 表

部 门	1996 年	1997 年	1998 年	1999 年	2000 年	2001 年	2002 年	2003 年	2004 年	2005 年
交通运输设备制造业	0.4425	0.4279	0.5862	0.7546	0.7785	0.7082	0.7837	0.7587	0.555	0.5859
电气机械及器材制造业	0.3729	0.515	0.412	0.3671	0.4046	0.3676	0.3959	0.4833	0.4735	0.4189
通信设备、计算机及其他电子设备制造	0.6174	0.7964	0.5266	0.7608	0.8855	0.9059	0.8833	1	1	1
仪器仪表及文化、办公机械制造业	1	1	1	1	1	0.9039	0.6045	0.7373	1	0.8896
电力、热力的生产和供应业	0.3632	0.4975	0.4621	0.3467	0.3876	0.3049	0.3079	0.2743	0.2697	0.2949

附表 3： 云南工业分行业 C_4 集中度统计表

部　门	1996年	1997年	1998年	1999年	2000年	2001年	2002年	2003年	2004年	2005年
煤炭开采和洗选业	0.8486	0.869	0.921	0.8562	0.8756	0.8997	0.8593	0.7422	0.6526	0.5833
黑色金属矿采选业	1	1	1	1	1	1	1	1	0.9358	0.7055
有色金属矿采选业	0.6968	0.7328	0.6629	0.6804	0.6979	0.6997	0.7839	0.6896	0.6902	0.6264
非金属矿采选业	1	1	1	1	0.9167	0.954	0.9837	1	1	1
农副食品加工业	0.1892	0.2009	0.2305	0.2442	0.2358	0.1435	0.1876	0.3202	0.3795	0.3352
食品制造业	1	1	0.9591	0.9838	0.8361	0.7203	0.899	1	0.9282	0.7668
饮料制造业	0.7323	0.7291	0.7416	0.8627	0.7729	0.7007	0.6787	0.805	0.7773	0.6149
烟草制品业	0.8832	0.8814	0.8889	0.8878	0.8743	0.8244	0.7951	0.8067	0.8281	0.8331
纺织业	0.6236	0.6786	0.744	0.6388	0.8355	0.7654	0.8323	0.8726	0.9943	0.9428
木材加工及木、竹、藤、棕草制品业	1	1	1	0.9896	0.8623	0.6489	0.7355	1	1	1
造纸及纸制品业	0.7034	0.6683	0.7786	0.7356	0.8608	0.8003	0.7074	0.8898	0.8809	0.845

续表

部 门	1996 年	1997 年	1998 年	1999 年	2000 年	2001 年	2002 年	2003 年	2004 年	2005 年
印刷业和记录媒介的复制	0.7343	0.6278	0.7421	0.688	0.6185	0.5117	0.44	0.5593	0.6083	0.6599
化学原料及化学制品制造业	0.448	0.5067	0.5002	0.5638	0.4212	0.3609	0.3502	0.4375	0.4335	0.3919
医药制造业	0.9798	1	0.987	0.9807	0.9533	0.4965	0.5061	0.7811	0.706	0.5673
橡胶制品业	0.9344	0.9412	0.9928	1	0.9233	0.9229	1	1	1	1
非金属矿物制品业	0.5907	0.6241	0.6474	0.6172	0.5351	0.4285	0.4137	0.5622	0.3429	0.3441
黑色金属冶炼及压延加工业	0.9908	1	0.9994	1	1	1	0.9832	0.8985	0.8711	0.8689
有色金属冶炼及压延加工业	0.8284	0.85	0.8516	0.8658	0.8094	0.7765	0.6585	0.6564	0.6419	0.5836
通用设备制造业	0.7528	0.7023	0.7678	0.7769	0.8525	0.8297	0.7791	0.9381	0.8547	0.9133
专用设备制造业	0.3052	0.3546	0.6034	0.537	0.6057	0.6391	0.5779	0.547	0.5622	0.7847
交通运输设备制造业	0.6634	0.6858	0.7525	0.8865	0.9072	0.8605	0.8831	0.94	0.9098	0.9062

239

续表

部　门	1996年	1997年	1998年	1999年	2000年	2001年	2002年	2003年	2004年	2005年
电气机械及器材制造业	0.6545	0.7112	0.6611	0.6727	0.6474	0.582	0.5895	0.7291	0.7879	0.7222
通信设备、计算机及其他电子设备制造	0.8957	1	0.7267	0.9963	1	0.989	0.9738	1	1	1
仪器仪表及文化、办公机械制造业	1	1	1	1	1	1	0.8613	1	1	1
电力、热力的生产和供应业	0.608	0.797	0.7006	0.5784	0.567	0.4764	0.4507	0.4104	0.4214	0.4608

注：附表 2 和附表 3 均根据《云南统计年鉴》1996—2006 年的数据计算而得到的。

云南省分地区综合经济实力与竞争力比较研究

武友德① 吴映梅② 张学波③

（①云南师范大学经济学院，

②③云南师范大学旅游与地理科学学院）

【摘要】地区综合经济实力与竞争力的比较研究是判断区域发展格局的途径之一，对于合理制定地区发展政策具有重要的指导作用。全面落实科学发展观、促进地区经济协调发展是当前构建和谐社会的重要内容，这对云南省各地区综合经济实力与竞争力的提升提出了挑战。文章在构建测度地区综合经济实力与竞争力指标体系的前提下，运用主成分分析法计算云南省十六州市的地区综合经济实力与竞争力得分，并对其空间格局和存在问题进行分析，提出提升各地区和全省综合经济实力和竞争力的战略对策。

【关键词】云南省 综合经济实力 地区竞争力

云南省经济发展的自然资源和人文社会资源极为丰富，但由于区位、历史以及国家政策的影响，经济社会发展水平相对落后，属于我国经济社会发展的欠发达地区。然而在云南省内部经济社会发展水平也存在着显著的不均衡性，以地区综合经济实力为核心的区域差异进一步强化了地区经济社会发展的差异，从而形成了地区竞争力的差异性。但差异的显著性不能代表差异的全面性，有些地区虽然经济发展水平不高，但资源条件较好，环境承载力也较大。地区综合经济实力侧重经济发展水平层面，而地区竞争力具有综合性，其包含了现有竞争力、发展的基础和环境支持能力以及将来的发展潜力等三个方面。因此测度云南省地区综合经济实力和竞争力可以展现云南省经济社会发展格局，为主体功能区的划分以及地区发展政策的制定提供理论支持。

一、概念界定与评价方法

（一）地区综合经济实力与地区竞争力

区域（地区）综合经济实力是综合反映一个区域的经济总量、人均收入、经济结构、发展环境及发展潜力等经济要素的量化描述。地区综合经济实力不仅是区域经济社会发展的整体基础的反映，而且决定了地区在区域经济联系中的相对地位、竞争力及可持续发展能力。经济实力强的地区在经济发展方向、途径的选择等方面有更加广阔的余地，在区域间的竞争与协作中处于主导、支配的有利地位。相比之下，区域竞争力是在区域综合经济实力的基础上提出的一个含义更为广泛的概念。区域竞争力是指一个特定地区在参与国际或国内竞争中所具有的现实经济实力，相对于其他地区更能有效吸纳和优化配置资源，提供较强的比较优势和竞争优势以及提供经济运行要素和环境支持等能力的综合，在这些基础上形成的促进区域快速发展的综合能力。由此，我们认为区域综合经济实力是区域竞争力的一个要素，在进行区域综合实力比较时，其基本等同于区域经济竞争力或区域核心竞争力。区域综合经济实力比较更侧重经济领域，是区域竞争力测度的核心部分，在注重区域经济发展或欠发达地区经济发展的区域竞争力评价时，将区域综合经济实力划分出来进行单独评估更能寻找到区域经济发展中的问题，并解决区域经济发展的问题，从而更能促进区域竞争力的迅速提升。

（二）地区综合经济实力与竞争力评价指标体系

依据上述我们对区域综合经济实力和竞争力的认识，参考瑞士洛桑国际管理开发学院（IDM）和迈克尔·波特区域竞争力研究模型，在遵循将区域竞争力"三个层面"理论与"三力"模型进行有机结合的原则的前提下，鉴于区域核心竞争力和区域经济实力的综合性以及区域经济实力在区域竞争力中的核心地位，将区域核心竞争力等同于区域综合经济实力。这样，区域竞争力由三大模块组成，即：核心竞争力、基础竞争力、环境竞争力。三大模块根据各自的属性或要素组成的特点，又细分为九个测度属性和要素。由于区域竞争力具有系统性，从系统论观点看，这三大模块以及九个测度属性和要素是相互联系，互为补充的。这里需要说明的是，由于综合经济实力的综合性，我们没有把其分为几个要素进行测度，而是从经济运行中的规模、速度、效益、结构等四个属性进行评价，这样既保障了测度指标选取的全面性，又比较适宜本研究的顺利进行，即将区域综合经济实力划分出来进行单独评价和分析。

依据地区竞争力的内涵及系统构成，按照多指标综合定量评价的科学性、系统性、层次性、可行性和指标量化性等方法原则，构建由三大模块［核心（综合经济实力）竞争力、基础竞争力、环境竞争力］、九大属性或要素（经济发展规模竞争力、经济发展速度竞争力、经济发展结构竞争力、经济发展效益竞争力、基础设施竞争力、人力资本竞争力、科技金融竞争力、区域管理支持竞争力、生态环境支持竞争力）、38 个指标构成的，涵盖现有实力、转换能力、发展潜力等三个层面的地区竞争力评价

243

指标体系（详见表1）。

表1：地区竞争力评价指标体系

目标	三大模块	属性、要素（9个）	指标（38个）
地区竞争力	核心竞争力（综合经济实力）	经济发展规模竞争力	GDP 总量
			社会消费品零售总额
			工业总产值
			各地区资本形成总额
			进出口总额
			工业企业单位数
		经济发展速度竞争力	GDP 增长率
			非公有制经济增长值占 GDP 比重
			第二、三产业产值增长率
		经济发展结构竞争力	第二、三产业产值比重
			城镇化率
			进出口总额占 GDP 比重
			实际利用外商投资总额
			工业企业产值增加值占 GDP 增加值比重
			接待国际旅游人次
		经济发展效益竞争力	人均 GDP
			固定资产投资占 GDP 比重
			农民人均纯收入
			国有及规模以上非国有工业企业利润总额

续　表

目标	三大模块	属性、要素（9个）	指标（38个）
地区竞争力	基础竞争力	基础设施竞争力	商业、运输邮电业基本建设投资总额
			发电量
			自来水供应量
			公路运输网密度
			教育业法人单位数
		人力资本竞争力	人口数
			第三产业就业人口比重
			教育经费支出占GDP比重
		科技金融竞争力	R&D机构从业人数
			高科技产业利润总额
			城乡居民储蓄存款余额
			城乡人均储蓄存款
	环境竞争力	区域管理支持竞争力	财政收入
			财政自给率
			非公经济投资占总投资比重
		生态环境支持竞争力	土地面积
			水库总库容
			工业废水排放达标率
			"三废"综合利用产品产值

（三）评价方法

目前国内学者在评价区域综合经济实力与竞争力时，所采用的评价方法主要有：主成分分析方法（任向华，2002）、模糊综合评价方法（韦学敏，1994）、层次分析方法（刘艳春，1997）、因子分析模型（曾艳，2002）、聚类分析方法（卢向虎，2002）、

245

综合指数方法（刘艳春，2005）等。这几种方法各有利弊，我们倾向于应用主成分分析法，主成分分析法就是一种通过降维把多个指标化为少数几个综合指标的统计分析方法。通常情况下，我们要求主成分分析后的综合指标能够反映原始指标85%的信息。这些综合指标能够反映原始指标的绝大部分信息，它们通常表示为原始多个指标的某种线性组合。同时，在数据处理过程中，最大限度地避免了人为因素的影响。

二、云南省地区综合经济实力与竞争力的评价与分析

（一）地区综合经济实力与竞争力的评价和类型划分

通过查询和整理《云南省统计年鉴（2005）》和云南省第一次经济普查资料获取指标数据，运用主成分分析法，应用数据统计分析软件 SPSS13.0 对数据进行处理，对核心竞争力（综合经济实力）、基础竞争力、环境竞争力三个模块以及地区竞争力分别应用主成分分析法，计算得到各地区三大模块竞争力指数以及地区竞争力指数数值（见表2）。根据竞争力指数（用 F 表示）的大小，即可评价地区各模块和综合竞争力的大小，当 $F > 1$ 时，表示具有较强的竞争力，F 越大，竞争力越强，优势越显著；当 $0 < F \leq 1$ 时，表示具有一定的竞争力，即竞争力在比较样本中处于弱优势；当 $F \leq 0$ 时，表示具有较弱的竞争力，即竞争力在比较样本中处于劣势。依据竞争力指数比较标准，同时考虑云南省各地区综合经济实力和地区竞争力空间格局（见图1和图2）对各地区进行类型划分（见表3和表4）。

表2：各地区三大模块竞争力与地区竞争力比较表

地　区	核心竞争力（综合经济实力）		基础竞争力		环境竞争力		地区竞争力	
	综合得分	排名	综合得分	排名	综合得分	排名	综合得分	排名
昆明	7.7882	1	6.4428	1	3.4003	1	9.6923	1
曲靖	0.7752	3	1.1422	2	1.0865	3	2.3392	2
玉溪	1.6671	2	0.0787	4	0.9338	4	1.6813	3
保山	−0.9688	10	−0.8092	13	−0.8358	12	−1.5540	13
昭通	−0.9733	11	−0.4266	7	−0.2537	9	−0.7113	7
丽江	−0.5267	7	−0.8421	14	−0.5736	11	−1.1390	11
普洱	−0.9860	12	−0.7452	12	−0.2696	7	−1.0992	10
临沧	−1.0938	14	−0.5374	8	−0.5607	10	−1.0889	9
楚雄	−0.3318	6	−0.3923	6	0.5079	5	−0.0990	6
红河	0.6030	4	0.5494	3	1.1979	2	1.6103	4
文山	−0.7973	9	−0.6056	9	0.0591	8	−0.9135	8
西双版纳	−0.7913	8	−0.6247	10	−1.0730	14	−1.4219	12
大理	−0.0310	5	0.0241	5	0.4995	6	0.3202	5
德宏	−1.0772	13	−0.7357	11	−1.0515	13	−1.7041	14
怒江	−2.0694	16	−1.3589	16	−1.6266	15	−3.2940	16
迪庆	−1.1890	15	−1.1595	15	−1.9798	16	−2.6184	15

表3：云南省地区综合经济实力类型划分

类　　型	竞争力指数阈值	地　　区
强竞争力型	1 < F	昆明、玉溪
一般竞争力型	0 < F ≤ 1	曲靖、红河、大理、楚雄
局部竞争力型	−1 ≤ F ≤ 0	丽江、西双版纳、文山、保山、昭通、普洱
弱竞争力型	F < −1	德宏、临沧、怒江、迪庆

表4：云南地区竞争力类型划分表

类　　型	地区竞争力指数阈值	地　　区
强竞争力型	1 < F	昆明、曲靖、玉溪、红河
一般竞争力型	0 < F ≤ 1	大理
局部竞争力型	−1 ≤ F ≤ 0	楚雄、昭通、文山
弱竞争力型	−2 ≤ F < −1	临沧、普洱、丽江、西双版纳、保山、德宏
极弱竞争力型	F < −2	迪庆、怒江

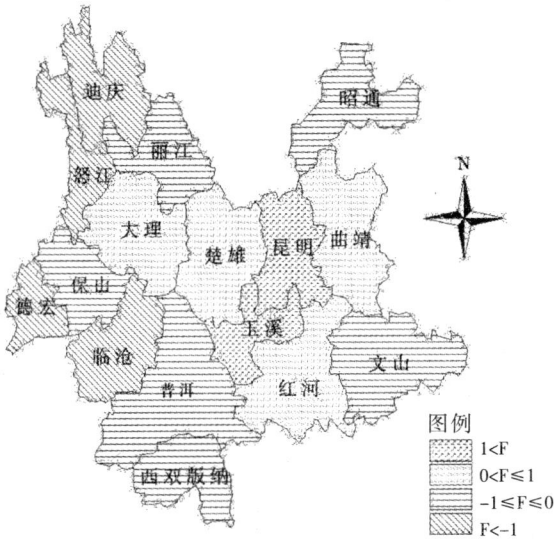

图 1 云南省地区综合经济实力空间分布格局示意图

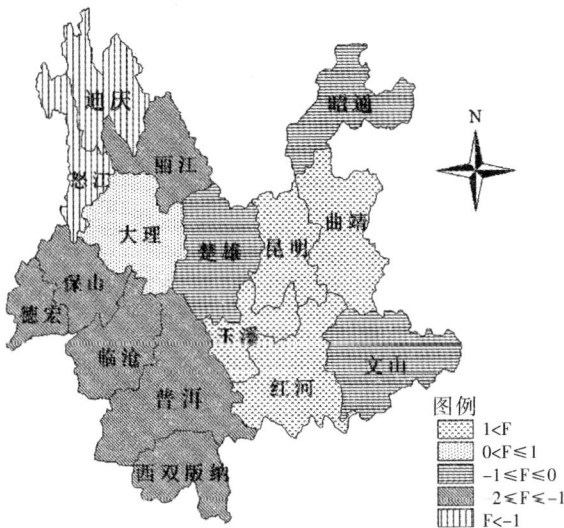

图 2 云南省地区竞争力空间分布格局示意图

249

（二）地区综合经济实力的比较与分析

在对云南省各地区综合经济实力竞争力进行类型划分的前提下，结合各地区综合经济实力在经济发展的规模、速度、结构、效益等属性的表现的特点，发现云南省地区综合经济实力差距较大，竞争力强的地区少，弱的地区多。在衡量地区竞争力时，经济规模起的作用较大，总结为以下三个特点。

1. 竞争力金字塔形结构。

分析云南地区综合经济实力类型划分表，处于第一层次的强竞争力型的地区有两个，即昆明和玉溪，一般竞争力型的地区有四个。由于属于局部竞争力型的地区竞争力只是表现在某一个属性要素上，所以在比较范围内基本没有竞争力，如果严格根据竞争力的含义可以将第三层次和第四层次的地区划为一类，这样，处于弱竞争力的地区就有十个。由此，云南省地区整体竞争力基本呈金字塔结构分布，这也印证了云南省地区经济发展水平差距较大的事实。

2. 竞争力差异显著。

竞争力金字塔形的结构反映了云南省各地区间较大的经济差距，而如果从各地区综合经济实力竞争力指数的分布状况看，各地区之间的差距是相当大的。在总排名中排在第一位的昆明，经济实力竞争力指数为 7.7882，排在第二位的玉溪经济实力竞争力指数为 1.6671，两者指数差距达 6.1211。排在最后一位的怒江经济实力竞争力指数为 -2.0694，与玉溪的差距为 3.7265，也就是说第一名与第二名之间的差距几乎是后十五位地区差距的两倍，昆明在云南省各地区综合经济实力竞争力中可以成为孤立点，也就是因为昆明在经济水平上过大的优势，才造成了云南省地区综合经济实力竞争力的金字塔形结构。

3. 经济规模份额贡献率较高。

云南省地区综合经济实力竞争力主成分分析共提取四个主成分，第一主成分反映了地区经济发展的规模和效益，第一主成分的特征根为 11.016，信息贡献率达 67.66%。我们可以认为，经济发展的规模和效益基本决定了各地区综合经济实力竞争力的大小。进一步分析，将云南省各地区 2004 年 GDP 总量进行排名并与综合经济实力竞争力排名进行比较，我们发现两者相似性相当大，当然差异也是存在的，但这并没有在竞争力指数上造成太大的差距。这说明地区综合经济实力竞争力主要有各地区经济规模大小决定，只有当经济发展速度或效益相当突出的地区才有所变化。

4. 空间格局的层次性显著。

从各地区在云南省的地理位置看，处于云南省两大经济核心区的地区经济发展条件优越、经济基础较好、经济效益明显、发展水平较高，包含了属于竞争力较强的昆明、玉溪、曲靖、红河和楚雄，而大理因为长期的历史地位以及较好的交通区位条件，发展仅次于经济核心区的五个地区，处于核心区边缘的西双版纳、文山、昭通和普洱的竞争力渐弱，而处于滇西和滇西北的德宏、临沧、怒江、迪庆等地区自然环境恶劣、历史基础薄弱、经济社会发展条件较差，综合经济实力竞争力极弱（各地区综合经济实力竞争力空间格局见图 1）。

（三）地区竞争力的比较与分析

1. 总体评价。

由表 2 我们可以分析出，虽然在评价地区竞争力时将基础竞争力和环境竞争力考虑其中，而且由于地区基础竞争力和环境竞争力的差异的影响，一些地区的综合竞争力排名发生了一些变化，但是地区竞争力所表现的特点及空间分布格局与综合经济实力竞争力有很大的相似之处，尤其是在整体格局上。表现出的这种相似处是因为，地区基础设施的完善、生态环境的保护以及软环境的改善和经济发展水平有着极为密切的关系。从地区竞争力指数方面分析，$1 < F$ 的有昆明、曲靖、玉溪和红河四个地区，大理的地区竞争力指数是 0.3202，所以具有一定竞争力的地区只有五个，虽然局部竞争力型的三个地区在基础竞争力或环境竞争力方面有弱优势，但综合竞争力指数却小于1，即几乎没有竞争优势。所以在云南省区域范围内，不具备竞争优势的地区达11个，占据总州市的68.75%。在地区竞争力总排序中，排在第一位的昆明地区竞争力指数为9.6923，第二位的曲靖地区竞争力指数为2.3392，两者差距为7.3531，最后一位的怒江地区竞争力指数为 -3.2940，与昆明的差距为12.9863，这种差距比经济实力排序中的差距还大。因此，云南省地区竞争力差距是巨大的。归结其原因，基础竞争力和环境竞争力虽然有些受天然因素的影响，但有些还要受地区经济实力的影响，即地区经济实力对综合竞争力的差距有扩大效应。

2. 产业结构对地区竞争力影响显著。

产业结构的高度与综合经济实力竞争力有密切的正相关关系，这种正相关关系同样存在于地区竞争力的分布特点中。属于第一层次强竞争力型的四个地区，工业门类较多，发展基础较好，支柱产业和优势产业明显，第二产业较为发达，第三产业不断发展并进一步增强了区域经济发展的活力；第二层次仅有大理一个地区，大理州由于旅游业的拉动，第三产业发展水平较高，同时也拥有电力、食品、轻纺、烟草等工业部门，自然条件优越，农业及深加工产业不断发展，综合竞争力较强；第三层次的三个地区第二产业有一定的发展，以旅游业为主导的第三产业也有一定发展，但由于发展水平的限制，影响了综合竞争力的提高；第四和第五层次地区的产业结构比第三层次地区普遍偏低，尤其是第二产业，工业门类较少，产业链较短，工业企业经济贡献率较低，经济发展水平不高。虽然我们只从影响区域经济发展中的核心因素——产业结构入手对地区竞争力各类型的州市作了分析，但各州市在基础设施建设水平以及环境支持能力上存在的差距是相当明显的。

3. 空间格局分析。

从各地区综合竞争力的空间分布看，与综合经济实力竞争力的空间格局有着较大的相似性，处于滇中及滇南云南经济核心区的州市竞争力较强，其外围州市次之，处于边缘的滇西、滇西北、滇西南及滇东南的地区竞争力较弱，尤其是滇西和滇西北的州市竞争力极弱（各地区竞争力空间分布格局见图2）。

三、提升云南省地区综合经济实力和竞争力的战略与对策

（一）地区综合经济实力与竞争力提升的战略

1. 结构调整战略。

结构调整战略是云南省提升地区综合经济实力与竞争力各战略中最为重要的一环。云南省存在产业结构不合理、企业竞争力不高、城镇体系发育不成熟等问题，只有不断进行产业结构、城市体系结构、所有制结构、政府职能结构的调整与优化，云南省才能实现资源优势转化为产业优势，产业优势转化为经济优势，

253

经济优势转化为竞争力优势的依次转换。

2. 知识经济战略。

云南省各地区的产业或行业存在着资源初级开发、能耗物耗较大、经济效益不高的现象。改变这种现状的途径是提高基础设施信息化水平，提高全民受教育水平，引进人才和技术，使知识、信息成为区域经济运行中不可或缺的因素，提高产业经济效益，促进地区竞争力的提升。

3. 开放型经济战略。

云南省地处我国西南边疆，与南亚、东南亚各国有着贸易和经济交流的优良传统，发展对外经济贸易的区位条件极为优越。充分挖掘区域资源优势、发展特色经济、开展各种形式的经济合作和对外经济贸易是云南省促进经济发展提升地区竞争力的重要策略。云南省发展外向型经济包括三个层面，即区域内部的经济一体化、国内经济集团化和多边贸易自由化。

4. 可持续发展战略。

科学发展观深入人心，成为各领域的普遍共识，这必将为云南省人口、经济社会各领域的发展策略和路径选择产生深远影响。尤其是科学发展观中的可持续发展思想，要求云南省在保障经济健康可持续发展的同时，必须注重生态环境的保护，而生态环境的保护也将为经济社会的快速、持续发展提供重要保障。

（二）增强云南地区综合经济实力与竞争力的对策措施

1. 继续加强基础设施建设，进一步改善投资环境。

（1）首先完善现代化综合运输体系，加快建设以昆明为中心的铁路客、货运枢纽，进一步加强昆明铁路作为我国西南物流、客流集散中心的地位。其次要着力加强公路体系和航空机场建设，不断改善投资的硬件环境，为区域发展提供最为基础的保障条件。

（2）进一步优化基础设施体系建设：重点抓好一批水利、农业综合开发、城镇基础设施、城乡电网改造等基础设施项目，拉动经济增长；构建相对完善的交通、通信、邮政、给排水、能源、治污、防灾减灾等基础设施体系。

2. 转变思想观念，增强企业的竞争意识。

（1）要培育竞争意识和开放意识，深刻认识到观念滞后对经济发展的阻碍作用，彻底摒弃因循守旧、不思进取、封闭保守的观念；进一步解放思想，加快改革进程，鼓励私营企业等各种形式的非公有制经济的发展；打破狭隘的地方利益观念和地域偏见；树立创业、创新和竞争意识；树立尊重知识、尊重人才的观念。

（2）要加强政府的体制创新，加快政府职能转变，不断改进政府经济社会管理方式、方法，为市场主体创造良好的发展环境；进一步推进政企分开、政资分开、政事分开。整合行政资源，降低行政成本，提高行政效率和服务水平；增强政府工作透明度，提高政府的公信力。

3. 建立科技创新体系，加强科技推广和应用。

（1）建立科技创新体系，加快科技进步：提高云南省的区域竞争力，根本上要依靠科技进步和提高劳动者素质。强化企业在科技创新、科技投入中的主体地位，支持企业创新能力建设。有选择地加强原创性基础研究、战略高技术和社会公益技术研究，大力引进省内急需的关键技术和先进适用技术，增强科技原创能力和吸收消化能力。组织实施生物工程、新材料、新能源等云南有优势和特色的重大科技专项，支持优势领域、优势行业自主知识产权、技术标准创新。

（2）加强科技推广和应用：重视高新科技的应用，鼓励和引导企业、社会资金进入科技领域，形成多元投入机制。增加 R&D 投入比重，大力培养、引进和用好科技人才队伍，使他们在科技创新和应用中发挥更大的作用，尤其要为涉及资源节约、清洁生产、环境保护的先进科学技术推广提供财力支持。

4. 提升人力资本转换效率，促进人力资源开发。

（1）加强教育、卫生、文化等提高人力资源素质的基础性领域，大力实施"人才强省"战略。将政府资源与社会资源更好地结合起来，开辟多渠道的投资机制、多样化的发展途径。将发展高中阶段教育作为实施人力资本赶超的战略选择，特别是大力发展中等职业技术教育和培训，把培养创新精神、开发创新能力作为培养人才的重中之重。

（2）要解决人才流失问题。真正留住并能吸引人才，必须从制度上、从社会环境层面上解决问题，建立尊重人才、保护人才、留住人才的激励机制；形成尊重人才、尊重知识、鼓励创业的社会氛围；完善引才、用人机制，充分调动各类人才的积极性；建立人力资源市场体系，发挥市场配置人力资源的基础作用，形成人才合理、畅通的流动渠道，促进人才合理流动。

5. 以产业结构调整为主线，促使经济健康、持续、快速发展。

（1）优化工业结构，提高工业经济运行质量和效益：工业结构的调整和优化，要以市场为导向，以产业升级为目标，以产品结构调整为重点，以企业为主体，通过技术改造和创新，重点发展那些市场前景好、科技含量高、附加值高的产品；通过提高产品加工增值程度，变资源优势为经济优势。在继续巩固发展"两烟"产业的同时，大力培植生物资源创新产业、旅游业、矿产资源开发以及电力业等四大支柱产业。重点发展信息制造业、光电子产业、计算机服务及软件和生物工程、环保等产业，加快信息技术在金融、电信、教育等领域的应用。同时，大力发展服务业是我省结构调整的重点，为此要采取措施，鼓励多种经济成分以资金、技术、房地产、劳务投入等方式发展服务业，提高服务业在国民经济中的比重。

（2）推进各类产业园区建设：完善工业园区基础设施，吸引企业集聚。为工业园区配备完备的基础设施，增加对企业的吸引力；完善"产、学、研"一体化机制，倡导企业知识技术创新。以昆明为核心实现教育和知识创新产业集群，形成一个良好的创新环境；将产业规划与城市规划和空间功能分布相结合，以产业化促进工业化，以工业化带动城市化。

（3）培育和发展大企业集团：设立大企业研发基金，鼓励企业不断加大技改投入，通过重大技改项目的实施，提高技术装备水平，促进产业优化升级。支持企业建立以技术开发中心为主要形式的技术创新体系，围绕主营项目进行技术引进、科技开发，跟踪国内外行业技术发展方向，积极实施重大技术创新项目。

6. 优化调整区域经济布局，提升云南省区域影响力。

（1）发挥省内比较优势，构建八大特色经济区：昆明、环昆、滇东南、滇东北、滇西、滇西北、滇西南经济区和滇西边境经济区。在此基础上进一步形成集聚功能强劲、辐射带动作用明

257

显、核心竞争优势突出的三大经济圈，即以昆明为中心的东部经济圈，以蒙自为中心的南部经济圈，以大理为中心的西部经济圈。三大经济圈将使全省的经济布局更为合理，区域经济特色更明显，与国内外经济的互补性更强，经济实力、综合竞争力更大，进而形成全省区域协调发展的合理格局。

（2）"一极三向五群"空间开发战略布局。"一极"：滇中发展极，含昆明、曲靖、玉溪、楚雄四个城市及其相关地区，即全省的经济核心区域。"三向"：对内开放取向，指沿贵昆铁路、南昆铁路、内昆铁路、成昆铁路、大理—丽江—香格里拉线（公路、铁路），面向四川、重庆、贵州、广西、西藏等的开放取向；对外开放取向，指沿昆瑞（丽）公路、昆曼（谷）公路、昆孟（定）公路、昆河（口）线（公路、铁路），面向东南亚、南亚的开放取向；特色产业取向，指对内对外开放各方向均以特色产业为重点。"五群"：在资源环境承载力较强、发展潜力大的区域构建滇中城市群、红河城市群、普（洱）景（洪）城市群、大理城市群、保（山）腾（冲）潞（西）瑞（丽）城市群。

（3）协调发展区域经济，不断缩小地区差距。制定全省的区域经济发展规划，将缩小地区差距纳入全省经济社会发展计划，并予以高度重视，实施我省内部的"西部大开发工程"。强化滇中地区的辐射和带动作用，推动滇东南、滇西等地的快速发展，建设边境地区经济带与省界地区经济带，依托国际大通道建设，构建产业集聚带，加大对重点经济区的投入，发挥增长极作用，充分发挥政府在缩小地区差距中的协调作用。

7. 提高对内对外开放程度，加快开放型经济发展。

（1）在对外开放上要努力扩大出口规模，积极开拓国际市场，实施市场多元化的战略。同时要坚持以质取胜，调整优化出口产品结构，在保持优势产品出口规模扩大时，提高出口产品的附加值和科技含量。大力发展加工贸易和服务贸易，推动出口商品结构优化，重点提高三个比重，即高新技术产品、机电产品及其他高附加值和深加工产品的出口比重。

（2）应按照市场经济和世贸组织规则，加快内外贸一体化进程和涉外经济体制改革步伐，形成稳定、透明和符合国际规则的涉外经济管理体制。在对内开放上，大力实施"东引西进"战略，充分发挥我省市场容量大，劳动力成本低，资源丰富，交通便利的优势，吸引东部产业向我省转移，加强与东部省（市）的经济技术合作，提升产业结构。鼓励企业开发西部，培养"西进"意识，提高我省优势产品在西部市场上的占有率。在吸收外资方面，要放宽金融、旅游、运输的公共服务领域以及基础设施建设的准入条件，对水电、信息产业、生物制药、文化旅游、国企改制、矿产资源开发等重点领域吸收利用外资，实行更优惠的政策。

（3）积极参与国内外区域经济合作，大力推动南向互利合作战略，积极参与中国—东盟自由贸易区建设，全方位推进大湄公河次区域合作，继续推进"孟中印缅"地区经济合作，着力加强与东南亚国家在能源、矿产、农业、旅游、人力资源开发等方面的合作，主动参与其他多边、双边经贸合作和区域经济合作。

（三）提升云南不同类型地区综合经济实力与竞争力的对策建议

1. 综合经济实力和地区竞争力较强的地区。

主要是指滇中地区的昆明、曲靖、玉溪、楚雄、红河等州市，这类地区需要在土地上实行更严格的建设用地增量控制；在产业政策上，要引导转移占地多、消耗高的加工业和劳动密集型产业，提升产业结构层次；在绩效评价和政绩考核方面，主要是强化经济结构、资源消耗、自主创新等的评价，弱化经济增长的评价。发展导向是改善基础设施条件，改变大量占用土地、大量消耗资源、大量排放污染的经济增长模式，化解资源环境瓶颈的制约，大力提高产业技术水平和服务能力，提高参与区域竞争的层次和能力。

2. 综合经济实力和地区竞争力不高，但发展潜力较大的地区。

主要是指昭通、大理、文山、西双版纳、普洱、临沧、保山、丽江等州市。这些地区土地政策需要相对宽松，在保证基本农田不减少的前提下适当扩大建设用地供给；在绩效评价和政绩考核上，则要综合评价经济增长、质量效益、工业化和城镇化水平。其主体功能是加快经济社会发展，成为支撑经济发展和人口集聚的重要载体，以及我省面向"9＋2"和东南亚、南亚开放的传承点。重点发展导向是：增加基础设施投资力度，逐步完善区域经济发展的硬件条件；对传统产业进行技术革新，大力开发区域特色资源，以特色产业为核心，增加产品竞争力，同时加强支柱产业建设和产业体系构建；加快城镇化进程，促进城市发展，有条件的城市逐步成长为大中型城市，同时保证地区经济社会与生态环境的协调发展。

3. 综合经济实力和地区竞争力较差的地区。

主要是指德宏、怒江、迪庆的大部分地区以及丽江的部分地区。这类地区在土地开发上进行严格的审核，对于生态恢复能力较差的土地实行严格控制；产业政策上，在保证现存产业部门的稳定发展的同时，鼓励以特色资源为基础的物耗小、污染小、经济效益明显的绿色特色产业的发展；集中资金进行基础设施建设以及公共事业发展，提高经济社会发展的硬件条件，促进公共教育、卫生事业的快速发展，提高居民生活质量；绩效评价和政绩考核上以区域基础设施建设、公共事业发展为主体，弱化经济总量的增加以及经济发展的速度。

4. 三类地区中的生态功能区。

这类地区主要包括云南省的天然林保护地区、退耕还林生态林区、重要的生物多样性保护区、重要水源地、自然灾害频发等地区以及依法设立的各级自然保护区。这类地区要实行保护优先、适度开发、点状发展的方针，把开发活动集中于当地可以承载的特色产业，引导发展破坏强度较小的旅游业，并加强政府监督功能，满足当地居民基本的生活需求和经济收入。加强生态环境保护和修复，引导人口自愿、平稳、有序地转移到环境承载力较强、经济社会具有一定发展水平的地区。政府要动用财政转移支付的方式，使当地居民享有均等化的基本公共服务；投资政策也重点支持这类区域的公共服务设施建设和生态环境保护。

参考文献：

[1] 郝寿义、倪鹏飞：《中国城市竞争力研究——以若干城

市为例》，载《经济科学》1998 年第 3 期，第 50 ~ 56 页。

[2] 曹远征、国家体改委经济体制改革研究院、中国人民大学综合开发研究院联合研究组：《中国国际竞争力研究发展报告（1999）——科技竞争力主题研究》，人民出版社 1999 年版。

[3] 赵彦云、中国人民大学竞争力与评价研究中心研究组：《中国国际竞争力研究发展报告（2001）》，中国人民大学出版社 2001 年版。

[4] 任向华、刘菊红：《我国西部省份综合经济实力的数量分析》，载《上海经济研究》2002 年第 1 期，第 61 ~ 65 页。

[5] 韦学敏、欧阳赞：《应用模糊综合评判方法评价区域经济实力》，载《农业系统科学与综合研究》1994 年第 10 期，第 119 ~ 121 页。

[6] 刘艳：《关于工业企业技术开发状况对策研究的数学模型》，载《系统工程理论方法应用》1997 年第 6 期，第 44 ~ 47 页。

[7] 曾艳、赖景生、李容：《重庆市区域综合经济实力评价》，载《西南农业大学学报》2002 年第 12 期，第 559 ~ 562 页。

[8] 卢向虎、朱淑芳等：《运用聚类分析评价重庆各县（市）综合经济实力》，载《重庆商学院学报》2002 年第 9 期，第 1 ~ 4 页。

[9] 刘艳春、高立群：《组合评价模型在辽宁省主要地区综

合经济实力评价中的构建及应用》，载《数学的实践与认识》2005 年第 3 期，第 44～49 页。

东亚货币合作：大湄公河次区域
先行示范区考察

丁文丽

（云南师范大学"金融学"重点学科组）

【摘要】 东亚各国在经济指标上与"最优货币区"理论的标准尚有一定距离，货币合作不仅是个经济问题，而且也有政治意愿、利益与信心方面的问题。基于这些现实的考虑，笔者认为，"多样性中求统一"的基本特征决定了"从双边货币合作走向次区域合作最后到全区域的合作"不失为东亚货币合作的一个现实可行的推进路径。大湄公河次区域合作框架自亚洲开发银行首倡以来，各国对这一合作机制抱有厚望。该区域在多大程度上具备货币金融合作的条件？存在哪些问题？本文将对这些问题展开实证分析。

【关键词】 东亚货币合作 大湄公河次区域 最优货币区标准

东亚货币合作存在着地区经济文化差距大、合作基础不牢固、历史遗留问题多、政治利益各异及缺乏领头国等诸多不利因素。这些因素决定了东亚货币合作是一个典型的"多样性中求统一"的艰难而渐进的过程。这也是为什么亚洲货币合作虽经历了十年历程却仍然呈现出很大的"非正规化与非制度化"特征的原因。

目前，东亚各国在经济指标上与"最优货币区"理论的标准尚有一定距离，这就决定了在东亚，货币合作必须遵循循序渐进的原则。此外，货币合作不仅是个经济问题，而且也有政治意愿、利益与信心方面的问题。在政治利益关系复杂的亚洲，货币合作先在合作意愿强烈的国家间展开，无疑更易于实施，并能产生现实的示范效应。

基于这些现实的考虑，笔者认为，"多样性中求统一"的基本特征决定了"从双边货币合作走向次区域合作最后到全区域的合作"不失为东亚货币合作的一个现实可行的推进路径。

大湄公河次区域合作框架自亚洲开发银行首倡以来，各国对这一合作机制抱以厚望。该区域在多大程度上具备货币金融合作的条件？存在哪些问题？本文将对这些问题展开实证分析。

一、经济一体化程度

从最优货币区理论的评价标准看，经济一体化程度是衡量一个区域是否具备建立最优货币区的重要判断条件。本文主要从社会经济发展水平、产业结构、宏观经济政策目标与经济增长的相关性等方面对大湄公河次区域各国的经济一体化程度进行分析。

（一）社会经济发展水平

从社会与经济发展水平看，东亚国家之间差距很大。如在世界人类发展指数排名中，日本列第 9 位，而老挝则在第 135 位，东亚的主要国家依次分布在这一区间，发展程度非常不一致；在人均国民收入水平方面，日本则是老挝的 100 倍以上。但是如果将比较的范围缩小到大湄公河次区域，则可见该区域内各国均属于中等人类发展国家。人均国民收入的差距也大大缩小（如表

1、表 2 所示）。

表 1：东亚主要国家发展程度表

国　　家	人均国民收入（美元）	人类发展指数排名	国家分类
日本	34510	9	高人类发展国家
中国香港	25430	23	高人类发展国家
新加坡	21230	25	高人类发展国家
韩国	12020	28	高人类发展国家
文莱	—	33	高人类发展国家
马来西亚	3780	59	中等人类发展国家
菲律宾	1080	83	中等人类发展国家
印度尼西亚	810	111	中等人类发展国家
中国内地	1100	94	中等人类发展国家
泰国	2190	76	中等人类发展国家
越南	480	112	中等人类发展国家
缅甸	—	132	中等人类发展国家
柬埔寨	310	130	中等人类发展国家
老挝	320	135	中等人类发展国家

资料来源：《2004 世界发展报告》。

表 2：大湄公河次区域各国发展程度

国　　家	人均国民收入（美元）	人类发展指数排名	国家分类
中国内地	1100	94	中等人类发展国家
泰国	2190	76	中等人类发展国家
越南	480	112	中等人类发展国家
缅甸	—	132	中等人类发展国家
柬埔寨	310	130	中等人类发展国家
老挝	320	135	中等人类发展国家

资料来源：《2004 世界发展报告》。

（二）产业结构

大湄公河次区域各国产业结构互补性很强。如表3、表4所示，中国和泰国制造业和服务业所占比重较大，而缅甸、柬埔寨及老挝等国农业所占比重较大。就具体产品而言，中国的机电产品、纺织品、建筑材料与日用百货等产品具有明显的比较优势，而大湄公河次区域国家具有比较优势的产品为石油、热带农业和经济作物等。因此，大湄公河次区域经济体的相互依赖性已是不争的事实，这一格局在客观上构成了区域各国货币合作的经济基础。

表3：大湄公河次区域各国产出结构占 GDP 的比率（%）

国　家	农　业		工　业		制造业		服务业	
	1990 年	2004 年	1990 年	2004 年	1990 年	2004 年	1990 年	2004 年
中国	27	13	42	46	33	—	31	41
泰国	13	10	37	44	27	35	50	46
越南	39	22	23	40	12	20	39	38
缅甸	57	—	11	—	8	—	32	—
柬埔寨	—	33	—	29	—	22	—	38
老挝	61	47	15	28	10	20	24	26

资料来源：*World Development Indicators*，2006。

表4：大湄公河次区域各国产业结构

国　家	第一产业	第二产业	第三产业
中国	15	53	32
泰国	0	41	50
越南	23	39	38
缅甸	—	—	—
柬埔寨	36	28	36
老挝	51	23	26

资料来源：《2005 世界发展报告》。

267

（三）宏观经济政策目标的一致性

从欧盟的经验来看，衡量各国宏观经济政策目标一致性的主要指标有通货膨胀率、失业率、赤字占 GDP 比率和国债占 GDP 的比率。

表 5：大湄公河次区域各国通货膨胀率（％）

国　家	2001 年	2002 年	2003 年	2004 年	2005 年	2006 年
中　国	0.7	-0.8	1.2	3.9	1.8	2.3
泰　国	1.6	0.6	1.8	2.8	4.5	4.0
越　南	-0.4	3.8	3.1	7.8	8.3	6.0
缅　甸	21.2	57.0	36.6	—	—	—
柬埔寨	0.3	3.3	1.2	3.9	5.8	4.5
老　挝	7.8	10.7	15.5	10.5	7.2	9.0
各国平均水平	5.2	12.4	9.9	5.7	5.5	5.2
各国平均水平（不含缅甸）	2.0	3.5	4.5	5.8	5.5	5.2

资料来源：①*Asian Development Outlook 2002, statistical notes.*

②*Statistical Yearbook for Asia and the Pacific 2004, United Nations ESCAP, New York,*

2005.

③*Asian Development Outlook 2006, statistical notes.*

表 6：大湄公河次区域各国失业率（％）

国　家	2001 年	2002 年	2003 年	2004 年	2005 年
中国	0.9	1.0	1.2	1.1	1.1
泰国	3.3	2.4	2.2	2.1	1.4
越南	6.3	6.0	5.8	5.6	5.1
缅甸	1.2	1.3	1.0	—	—
柬埔寨	1.8	—	—	—	—
老挝	7.8	6.5	6.9	5.9	6.4
平均水平	3.6	3.4	3.4	3.7	3.5

资料来源：①*Statistical Yearbook for Asia and the Pacific 2004, United Nations ESCAP, New York,*

2005.

②*Asian Development Outlook 2006, statistical notes.*

表7：大湄公河次区域各国财政赤字占 GDP 的比率（％）

国　家	2001 年	2002 年	2003 年	2004 年	2005 年
中国	－2.3	－2.6	－2.2	－1.3	－1.6
泰国	－2.1	－2.2	0.6	0.3	0.1
越南	－2.9	－3.6	－4.3	－2.0	－2.3
缅甸	－5.8	－3.6	－4.9	－6.0	—
柬埔寨	－6.6	－6.4	－6.9	－4.3	－3.1
老挝	－7.5	－5.3	－7.9	－5.8	－6.0
平均水平	－4.5	－3.95	－4.5	－3.3	－2.6

资料来源：*Asian Development Outlook* 2006, *statistical notes.*

　　1996 年底，欧洲货币联盟通过了《稳定与增长公约》，明确规定成员国必须符合预算赤字占 GDP 的比率低于 3％，国债占 GDP 的比率低于 60％ 的标准。1998 年，欧盟的这两个指标分别为 2.3％ 和 73.9％。与此相比，大湄公河次区域各国财政赤字占 GDP 比率的平均水平均远低于欧盟（见表 7）。就国债占 GDP 的比率而言，缅甸、柬埔寨、老挝及越南四国因国内金融市场不发达，因而基本无政府发债行为，据 *Asian Development Bank statistics*，2004 的统计，中国和泰国的这一比率分别为 13.3％ 和 30％，显著低于欧盟。就通货膨胀率指标而言，2001 年以来，大湄公河次区域各国的平均通货膨胀率最高为 12.4％，最低为 5.2％，如果排除缅甸，则这一指标显著下降到 5.8％ 和 2％，低于欧盟 1982—1996 年 6.1％ 的平均水平。这表明大湄公河次区域各国在宏观经济目标上存在一致性，有进一步加强金融合作的可能。

269

二、经济开放度

20 世纪 80 年代以来，在世界银行所称的"第三次一体化（全球化）浪潮"推动下，以及通信技术进步、关税降低和 FDI 流入限制的逐步放松，东亚及东南亚地区的市场开放程度大大提高。衡量一国经济开放度的最常用指标是外贸依存度。

根据 *World Development Indicators*，2006 的统计数据，整理并计算出大湄公河次区域各国经济开放度如表 8 所示。

表 8：大湄公河次区域各国经济开放度（2004 年）

国　　家	进出口总额(百万美元)	GDP	外贸依存度
中国	1262370	1931710	65.3
泰国	221531	161688	137
越南	41112	45210	90.9
缅甸	5639	4654	121.2
柬埔寨	6906	4884	141.4
老挝	867	2452	35.4
平均值	256404.17	358433	98.5

资料来源：*World Development Indicators*，2006。

根据欧盟 2004 年的数据，当年该区域经济开放度为 71.3。与此相比，大湄公河次区域经济开放度明显高出许多。

三、区域内贸易一体化程度

区域内贸易比例越高，建立货币联盟的收益越高。可以用两个指标衡量地区贸易一体化程度：区域内贸易份额（intrabloc trade share）和贸易密度指数（trade intensity indices）。根据 IMF 的 *Direction of Trade Statistics Yearbook*，2004 的统计数据，整理并计算出大湄公河次区域内贸易份额和贸易密度指数如表9、表10、表11所示。

表9：大湄公河次区域内贸易份额（1997年）

（单位：百万美元）

		中国	泰国	越南	缅甸	柬埔寨	老挝	亚洲	对5国贸易占对亚洲贸易的比重
中国	出口	N	1502	1079	570	76	23	72466	4.5
	进口	N	2005	357	73	45	6	52408	4.7
泰国	出口	1744	N	540	—	312	378	21698	13.7
	进口	2260	N	176	—	79	60	17572	14.7
越国	出口	474	235	N	2	109	30	4189	20.3
	进口	404	575	N	1	25	53	7403	14.3
缅甸	出口	66.74	—	1.27	N	0.14	—	570.9	11.9
	进口	626.71	—	2.14	N	—	—	2333.1	27
柬埔寨	出口	45.59	131.53	156.85	—	N	0.01	455.7	73.3
	进口	56.6	198.14	107.83	0.15	N	0.05	651.6	55.7
老挝	出口	—	—	—	—	—			—
	进口	—	—	—	—	—			—

表 10：大湄公河次区域内贸易份额（2003 年）

（单位：百万美元）

		中国	泰国	越南	缅甸	柬埔寨	老挝	亚洲	对 5 国贸易占对亚洲贸易的比重
中国	出口	N	3828	3179	908	295	98	145054	5.7
	进口	N	8827	1456	170	26	11	156574	6.7
泰国	出口	5710	N	1268	439	688	456	32436	26.4
	进口	6067	N	335	915	12	104	27146	27.4
越南	出口	1323	305	N	9	226	82	5152	37.8
	进口	3496	1395	N	7	79	76	16570	30.5
缅甸	出口	154.12	831.65	6.74	N	0.09	—	1527.6	65
	进口	998.48	483.39	9.5	N	—	—	2877	51.8
柬埔寨	出口	23.64	11.26	75.24	—	N	1.1	203.1	54.8
	进口	324.11	756.48	237.92	0.09	N	0.03	2592.3	50.9
老挝	出口	—	—	—	—	—	—	—	—
	进口	—	—	—	—	—	—	—	—

表 11：大湄公河次区域各国贸易密度指数

（单位：百万美元）

		中国	泰国	越南	缅甸	柬埔寨	老挝
中国	1997 年	N	0.72	1.68	4.3	1.43	0.77
	2003 年	N	1.23	1.56	2.97	0.94	1.48
泰国	1997 年	0.4	N	3.12	—	17.24	43.63
	2003 年	1.19	N	3.41	23.51	13.83	48.24
越南	1997 年	1.03	3.54	N	0.43	15.74	47.1
	2003 年	1.62	3.61	N	0.96	20.76	46.98
缅甸	1997 年	4.64	—	0.43	N	—	—
	2003 年	3.16	22.86	0.98	N	—	—
柬埔寨	1997 年	1.21	6.2	66.52	—	N	0.34
	2003 年	1.08	15.1	21.31	—	N	3.1
老挝	1997 年	—	—	—	—	—	—
	2003 年	—	—	—	—	—	—

平均而言，1997 年大湄公河次区域各国的贸易密度指数为 11.02，2003 年为 10.9，比 1999 年欧元诞生时欧盟成员国的贸易密度指数 2.35 明显高出很多。

四、要素的流动性

要素的流动性越强，出现对称性冲击时，放弃汇率政策和货币政策对冲机制的成本越低。要素的流动性可以从劳动力的流动性、资本的流动性进行考虑。

（一）资本的流动性

表12：大湄公河次区域各国资本流动性

国　家	总私人资本流动占 GDP（%）		外商直接投资占 GDP（%）			
			净流入		净流出	
	1990 年	2004 年	1990 年	2004 年	1990 年	2004 年
中国	2.5	10	1	2.8	0.2	0.1
泰国	13.5	7.9	2.9	0.9	0.2	0.1
越南	—	5.8	2.8	3.6	—	0
缅甸	—	—	—	—	—	—
柬埔寨	3.2	8.1	0	2.7		0.2
老挝	3.7	—	0.7	0.7	0	—
六国平均水平	5.7	8.0	1.85	2.14	0.2	0.1
东亚与太平洋地区	5	9.4	1.6	2.5	0.2	0.1

资料来源：*World Development Indicators*，2006。

（二）劳动力的流动性

由于缺乏统计数据，这里引用 Choi（2002）的分析结论。Choi 简单地用外国人口/本国人口的比例测算人口流动性。欧洲国家中这一比例最高的是卢森堡，达 34.9%，其次为奥地利、德国、比利时，分别为 9.1%、8.9%、8.9%。东亚地区劳动力流动性较低，日本和韩国为最高，比例也仅达到 1.2% 和 0.3%。

五、金融一体化程度

东亚地区，除日本在布雷顿森林体系崩溃后采取了浮动汇率制度外，其他经济体的汇率制度在亚洲金融危机前均属于盯住美元的汇率制度。在金融危机爆发之后，除马来西亚实行了严格盯住美元的汇率制度外，其他国家如泰国、菲律宾、印度尼西亚等国虽然在名义上实行了自由浮动汇率制度，但其实际的汇率安排仍然体现出某种回归盯住美元制的特征（李晓、丁一兵，2006），形成了所谓的"浮动恐惧"现象（Calvo and Reinhart, 2000）或"东亚美元本位制的复归"（Mckinnon, 2002a, 2002b）。

大湄公河次区域各国汇率制度安排符合东亚总体规律，也表现出很强的盯住美元的汇率制度特征。如下图所示：

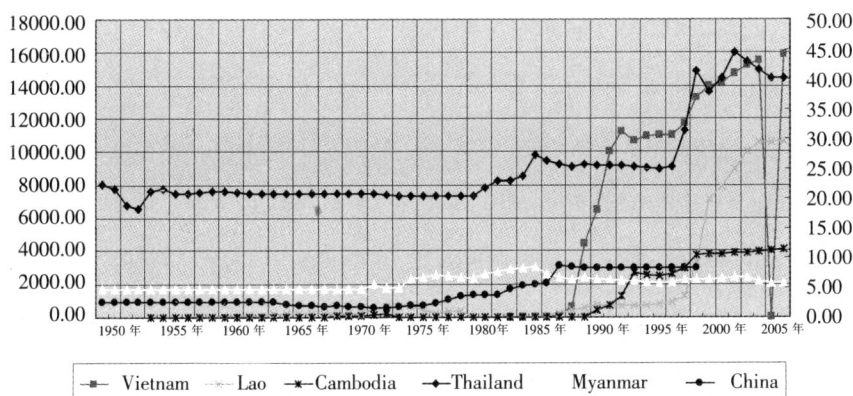

综上所述，从最优货币联盟的主要指标来看，大湄公河次区域在宏观经济目标一致性、经济开放度、区域内贸易一体化等方面较好地满足了指标要求，但在要素流动性及经济发展水平等方面尚有较大差距。这一状况既表明了在该区域推进货币金融合作的可能性，也指出了在该区域进行货币金融合作尝试的难度。进一步地深入分析有待后续研究展开。

参考文献：

[1] Kwanho and Yunjong Wang, "Monetary Integration ahead of Trade Integration in East Asia", *submission to World Development*, 2002.

[2] Alfred Steinherr, "Monetary union: model for Asia", *a speech in an international forum organized by the Asian Development Bank in Manila*, 2003.

[3] Alesina, Alberto and Barro, Robert J., "Currency Unions." NBER Working Paper, No. 7927, September 2000, Published in *Quarterly Journal of Economics*, May 2002. PP: 409 ~ 436.

[4] Baek, Seung – Gwan and Song, Chi – Yong, "Is Currency Union a Feasible in East Asia?" in Han Gwang Choo and Yunjong Wang eds, *Currency Union in East Asia. Korea Instiute for International Economic Policy*, 2002. PP: 107 ~ 145.

[5] Bayoumi, Tamim and Eichengreen, Barry, "Ever Closer to Heaven?" *An Optimum Currency Area Index for European Countries.* CIDER Working Paper, C96 ~ 078, 1996.

[6] Choi, Changkyu, "The Benefits and Costs of an East Asian Currency Union", in Han Gwang Choo and Yunjong Wang eds, *Currency Union in East Asia.* Korea Instute for International Economic Policy, 2002. PP: 81 ~ 105.

[7] Goto, Julien, "Economic Preconditions for Monetary Integration in East Asia", *Kobe University*, 2002. http://www. rieb. kbe – u. ac. jp/ac – edemic/ra/dp/ English/dp132. PDF.

[8] Goto, Junichi, "Economic Preconditions for Asian Regional Integration", in Takatoshi Ito and Annoe Kreger

eds, *Marcoeconomic Linkage*; *Savings*, *Exchange Rates and Capital Flows*, Chicago: University of Chicago Press, 1994. PP: 359～385.

[9] Bayoumi, Tamim and Eichengreen, Barry, "Ever Closer to Heaven?" *An Optimum Currency Area Index for European Countries.* CIDER Working Paper, C96～078, 1996.

云南农村居民收入变动分析

常志有

（云南师范大学经济学院）

【摘要】 本文对改革开放以来，云南农民收入的发展阶段、总量、结构和地区差异进行了分析，认为云南农民收入的来源日益多样化，收入构成开始发生变化。但由于云南特有的社会经济背景，农民增收困难仍是云南省当前和今后一段时期农业、农村发展面临的主要矛盾和问题。必须把农民收入问题纳入到社会经济发展的大局中去综合考虑，采取有力措施积极寻找农民的增收新途径。

【关键词】 云南　农民　收入

确保农业增产、农民增收，是事关农村改革发展和社会稳定的根本性问题，也是党和国家的重要方针、政策和广大农民热切期盼的热点问题。本文主要对改革开放以来云南农民收入的发展变化进行分析。

一、农民收入的总量分析

党的十一届三中全会以来，云南农村发生了深刻变化，农民收入大幅度提高。农民人均纯收入由 1978 年的 130 元增加到 2006 年的 2250 元，增长了 17.3 倍。如果扣除物价因素，2006 年农民人均纯收入比 1978 年增长 13.3 倍。从总体上看，农民收入增长速度是很快的，但在不同阶段，农民收入的增长是不平衡的（图1）。

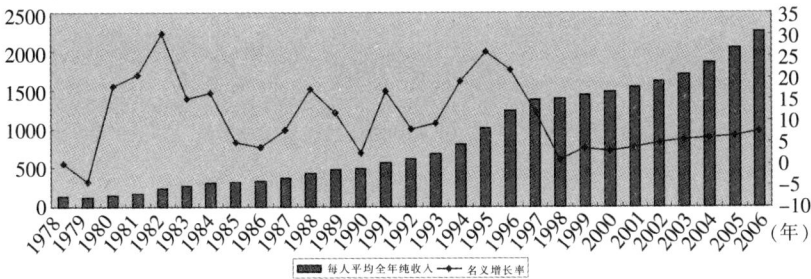

图1：云南省农民人均纯收入及增长速度

数据来源：《云南统计年鉴》，中国统计出版社2005年。

"十五"期间，虽然云南农民收入增长量较大，但在全国及西部地区的位置却在后移，仍属于落后水平（图2）。云南农民收入比上年虽在绝对数上有所增加，但增速在全国乃至西部各省中仍处于末位。

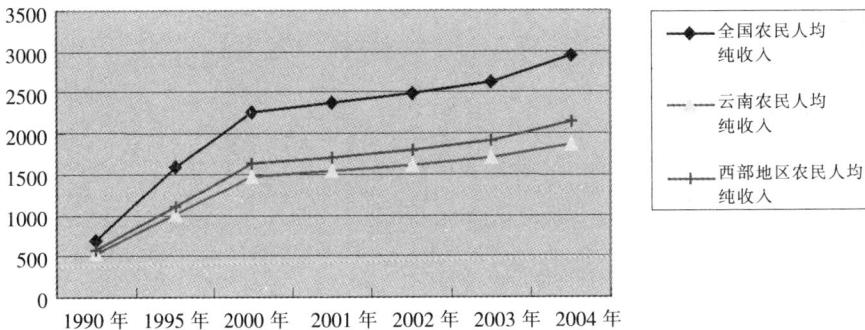

图2：云南省农民人均纯收入与全国及西部比较图

数据来源：《中国统计年鉴》，中国统计出版社2005年。

二、农民收入的结构分析

（一）农民家庭经营收入仍占举足轻重的地位

长期以来，云南农民家庭经营收入占据较高比重（表1）。1990年家庭经营收入占农民纯收入的比重达88.7%，到2003年家庭经营收入仍占农民纯收入的90%以上。2006年我省农民家庭经营纯收入，人均为1631.6元，比上年增加101.5元，增长了6.6%，农民家庭经营纯收入增加额占全部纯收入增加额的48.6%，对农民纯收入增长的贡献仍居主要地位。

表1：1993年以来云南省农民收入构成

年　份	劳动报酬收入	家庭经营收入	转移性收入	家庭财产收入
1993年	0.078	0.845	0.068	0.009
1994年	0.075	0.859	0.041	0.025
1995年	0.071	0.868	0.028	0.033
1996年	0.069	0.862	0.037	0.032
1997年	0.081	0.865	0.044	0.010
1998年	0.090	0.841	0.052	0.017
1999年	0.097	0.851	0.040	0.012
2000年	0.117	0.821	0.041	0.021
2001年	0.122	0.813	0.040	0.025
2002年	0.115	0.817	0.044	0.024
2003年	0.125	0.8095	0.0395	0.026

数据来源：根据《云南统计年鉴》整理而得。

（二）农民收入由实物为主转向以现金为主

1978年农民纯收入中实物收入占67.8%，货币收入占32.2%，而1995年云南农民纯收入中现金收入上升到50.4%，

2002 年达到 68.1%，成为农民收入中的主体部分。这说明云南省农产品的综合商品率有显著提高，农民收入水平的高低与农村市场的开拓密不可分，农村市场经济体制基本确立。2006 年云南省农民人均全年现金纯收入为 1700.7 元，比上年增加 274.7 元，增长了 19.3%，占农民人均纯收入的比重达到 75.6%，比重上升了 6 个百分点。由此可知：农民市场意识增强，收入的货币化程度明显提高。

（三）农业收入仍然是家庭经营收入的主体

云南农业属典型的资源约束型农业，农民家庭经营收入中，农业（含林、牧、渔业）收入占主体，农业总收入占家庭经营总收入的 80% 以上，农业纯收入占家庭经营纯收入的 70% 以上。从纵向发展看，农业收入所占比重呈下降趋势，绝对数从 1978 年的 136 元增加到 1998 年的 1556 元和 2002 年的 1772 元，比重却由 1978 年的 93% 下降到 1998 年的 72.8% 和 2002 年的 62.3%。2006 年云南省农民在家庭经营纯收入中，人均第一产业纯收入为 1476.4 元，比上年增加 92.8 元，增长了 6.7%，增加额占农民家庭经营纯收入增加额的 91.4%。与发达省区不同，云南农民收入中，农业收入比重高，但绝对数低；非农产业收入的比重低，绝对数也低，这就决定了云南农民收入水平低，也反映了农业产业结构调整力度较弱，农民就业的空间狭窄。

（四）来自非农产业的收入逐步增加

改革开放初期，云南省农民纯收入构成中，来自非农产业的收入绝对数还不足 10 元，仅占收入比重的 6.9%。到 1998 年绝对数增加到 337 元，比重提高到 27.2%，到 2002 年绝对数增加到 465 元，比重提高到 28.9%。1978 年以前，农民的劳动报酬

281

和打工收入主要是从生产队的生产经营中获得，是农民收入的主要来源。1984 年以后，伴随乡镇企业的发展，来源于乡镇企业的劳动报酬收入不断扩大，比重由 5.4% 上升到 1998 年的 14%，人均达到 195 元。近几年来，由于进城务工的农民增多，农民的工资性收入保持稳定增长。2006 年全省农民人均工资性纯收入为 441.8 元，比上年增加 93.5 元，增长了 26.9%，工资性纯收入增加对全年纯收入增加的贡献率达到 44.8%，对农民纯收入增长的贡献日益增强。

（五）资产性、转移性收入成为农民收入的又一来源

随着西部大开发加快、生态林保护工程实施、土地征用补偿收入、退耕还林还草补贴、扩大良种补贴范围和规模、取消农业税等政策措施的出台，也使农户的收入得到增加。2002 年云南省农民财产性收入为 60.4 元，比上年增长 1.9%，转移性收入 103.7 元，比上年增长 17.7%。2006 年全省农民人均退耕还林还草补贴达 23.2 元，农民人均获得的救济金、抚恤金、报销医疗费、无偿扶贫或扶持款、保险得到赔款比上年增加 7.6 元。仅以上几项惠农政策就让农民人均实际得到 40.6 元，同比增加 13.6 元，增长了 50.6%，惠农政策促进了农民收入的增加。2006 年云南省农民财产性和转移性纯收入，人均为 177.0 元，比上年增加 13.7 元，增长了 8.4%，增幅上升了 0.7 个百分点。财产性和转移性纯收入增加额占全部纯收入增加额的 6.6%。

三、农民收入的差距分析

（一）城乡之间收入差距扩大

世界上多数国家的城乡收入之比（城镇居民人均可支配收入/农村居民人均纯收入）为 1.5∶1，但长期以来我国远高于这

一比例。云南区域经济发展的不平衡性，城乡之间贫富悬殊，城乡差距进一步拉大（表2）。1996年云南省城镇居民可支配收入和农民人均纯收入之比高达3.63∶1，1999年城镇居民可支配收入为6178.68元，农民人均纯收入为1437.63元，两者之比高达4.30∶1；2004年为4.72∶1，城乡收入差距不但没有缩小，近年来反而进一步拉大。

表2：云南农民收入与城镇居民收入的差距

	1990年	1995年	2000年	2001年	2002年	2003年	2004年
农民人均纯收入（元）	540.86	1010.97	1478.6	1533.74	1608.64	1697.12	1864.19
城镇居民人均纯收入（元）	1514.81	4064.93	6324.64	6797.71	7240.62	7643.62	8800
农民与城镇居民的差距	973.95	3053.96	4846.04	5263.97	5631.98	5946.5	6935.81
城镇居民收入/农民收入	2.8∶1	4.02∶1	4.28∶1	4.43∶1	4.50∶1	4.50∶1	4.72∶1

数据来源：《中国统计年鉴》，中国统计出版社2005年。

（二）地区之间农民收入差距扩大

1978年云南与全国农民平均收入分别为130.6元和133.6元，相差为3元；2004年分别为1864.2元和2936元，差距扩大到1072元。云南与东部地区的上海比较，1978年相差159.4元，2004年扩大到5473元，收入比由1∶2.1扩大到1∶3.9；与中部地区的湖南相比，1978年相差为3.8元，2004年扩大到974元，收入比由1∶1.03扩大到1∶1.5；与西南邻省的四川相比，1978年相差是－13.9元，2004年扩大到716元，收入比由1∶0.9扩大到1∶1.5（图3）。在农民人均纯收入中，云南省家庭经营纯收入、财产性收入、转移性收入与全国平均及各省的绝对数相差不大，而工资性收入相差极大。2003 年云南省农民人均工资性收入 318 元，比全国平均少 600 元。

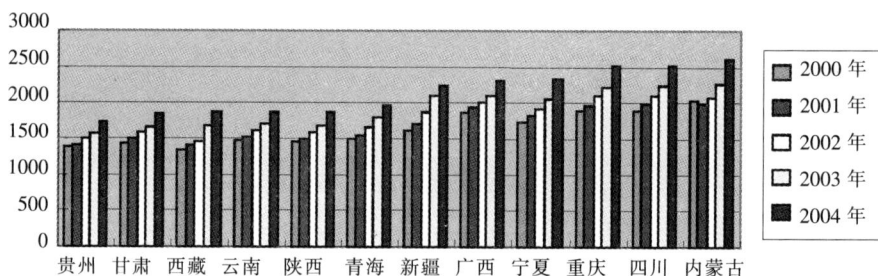

图 3：西部 12 省农民人均纯收入比较

数据来源：《中国统计年鉴》，中国统计出版社 2005 年。

（三）省内地区间农民收入差距拉大

云南区域经济发展的不平衡性，突出地表现在省内不同层次区域，农民收入无论是绝对差距还是相对差距都在拉大。1978 年滇中的昆明、玉溪、曲靖、楚雄，滇东北的昭通，滇东南的红河、文山，滇西南的临沧、思茅（2007 年 4 月改为普洱）、西双版纳，滇西北的迪庆、怒江、丽江，滇西的大理、保山、德宏 6 大区域，农民人均纯收入分别为 123.5 元、66 元、70.5 元、86 元、72.3 元、88 元，最高滇中区域与最低滇东北区域，极差为 57.5 元；2004 年收入最高的是玉溪、昆明，分别为 3009 元和 2909 元，最低是怒江、昭通，分别是 969 元和 1171 元，极差达 2040 元。从图 4 可以看出，1996 年至 2005 年期间，云南省各州市农民人均纯收入增长排名几乎没有发生变化。

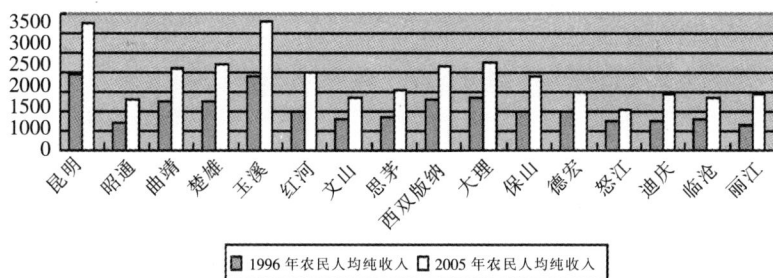

图4：云南省各州市农民人均纯收入

数据来源：根据云南各地统计年鉴整理而得。

可见，改革开放以来，云南农民收入的来源日益多样化，收入构成开始发生变化，但由于云南特有的社会经济背景，农民增收困难仍是云南省当前和今后一段时期农业、农村发展面临的主要矛盾和问题。必须把农民收入问题纳入到社会经济发展的大局中去综合考虑，进一步理顺城乡分配关系，调整公共财政资源配置格局，增加投入，改善农业生产条件和农村基础设施，提高农业综合生产力，大力发展劳务经济，转移农村剩余劳动力，因地制宜，围绕增收调结构，大力发展区域特色经济，根据不同的区域，实行不同的政策、制度，因地制宜建立农民增收的长效机制，确保各地农民收入持续、稳定增长。

云南省旅游循环经济的发展战略研究

李庆雷　明庆忠　侯海涛

（云南师范大学旅游与地理科学学院）

【摘要】 旅游循环经济是实现云南旅游业持续发展的必由之路，是落实七彩云南保护行动的切实措施，是建设和谐社会的重要途径。云南发展旅游循环经济具有政策支持、具备较好的发展基础等有利条件，也面临认识不到位、科学技术落后等制约因素。云南省应实施政府主导战略、科技支撑战略、多方参与战略、示范带动战略，提高一个认识（对旅游循环经济的正确认识）、加快两个试点（普者黑旅游循环经济示范区、丽江生态旅游城市）、实践三种模式（旅游企业、旅游循环经济示范区、生态旅游城市三个层面发展模式）、构建四大体系（经济政策诱导体系、法规制度规范体系、科技创新支撑体系、指标评价认证体系）、创新五大机制（统筹发展机制、公众参与机制、投融资机制、旅游资源环境保护机制、合作交流机制）、推进六项行动（绿色饭店行动、绿色餐饮业行动、绿色景区行动、绿色旅行社行动、绿色旅游商店行动、绿色旅游娱乐场所行动）。目前，应切实加强组织领导，出台旅游循环经济激励政策，完善旅游循环经济法律、法规，积极推动旅游循环经济实用技术的研发与应用，大力推进试点示范工作和建立评估认证制度。

【关键词】 旅游　循环经济　发展

一、云南省发展旅游循环经济的重要意义

云南省发展旅游循环经济是落实七彩云南保护行动的切实措施，对实现云南旅游业可持续发展起着重大作用，对建设和谐社会具有深远的意义。

（一）实现资源的可持续利用、缓解资源约束程度和减轻环境污染的需要

云南省旅游生态环境形势不容乐观，同时，与旅游息息相关的以石油为主的能源、水资源、土地资源与快速发展的旅游业之间的矛盾不断加剧，旅游循环经济要求投入的资源或能源最小化，排出的废弃物最小化及对环境损伤的再修复，增加资源的可持续利用和缓解资源对云南旅游、经济社会发展的约束程度，推进云南旅游从资源、环境消耗型模式向资源节约、环境友好型模式转变。

（二）降低生产成本，提高经济效益，增强云南旅游竞争力的需要

传统的旅游发展模式对资源、能源的消耗大，综合利用水平低，导致企业成本高，经济效益差等，已成为制约云南省旅游发展的重要因素。旅游循环经济依靠科技的不断创新，通过资源和能源的减量化、再使用和再循环，实现能源和旅游资源利用的最大化，提高企业的经济效益，增强旅游企业的竞争力。

（三）实现云南旅游可持续发展和二次创业的需要

云南省已明确提出推进"旅游二次创业"，创建国际旅游胜地的发展目标。发展旅游循环经济具有节约资源消耗、改善生态环境、促进经济社会和谐发展的典型特征。因此，云南省发展旅游循环经济，不仅符合可持续发展的大趋势，也是建立资源节约

型社会、环境友好型社会，推进云南省旅游二次创业的客观要求。

（四）构建云南省社会主义和谐社会的客观要求

构建社会主义和谐社会，是我国提出的一项重大战略目标。发展旅游循环经济，教育旅游者，激励和加强科研水平，减少下岗、增加就业，可以改善生态环境，促进人与自然的和谐相处，构建效益最大化和代内、代际、区际之间的公平发展，是云南省构建社会主义和谐社会的客观要求。

二、云南发展旅游循环经济的条件分析

（一）有利条件

1. 良好的发展机遇。

党的十六届五中全会明确提出要大力发展循环经济，云南省下发了《云南省人民政府关于大力推进我省循环经济工作的通知》，"十一五"规划纲要也纳入了循环经济，为云南旅游循环经济的发展提供了良好的机遇。

2. 国外发展循环经济的可借鉴经验较丰富。

循环经济在德国、日本、美国等发达国家已取得了较好的成效和经验，对于推动云南省旅游循环经济的发展具有重要的借鉴意义。

3. 旅游业已具备加快发展的基础。

经过二十多年的发展，云南旅游业产业规模不断扩大、产业体系基本形成，具备了发展旅游循环经济的基础和条件。

4. 较好的工作基础。

云南省已确定旅游业为循环经济试点重点行业，丽江、普者黑等地为循环经济试点重点园区，具备了较好的工作基础。

（二）制约因素

1. 认识不到位。

部分政府工作人员、企业管理层、公众、游客对发展旅游循环经济缺乏足够的重视，在不同程度上阻碍了旅游循环经济的发展。

2. 资源与环境的约束日益明显。

云南省主要矿产资源的有限性和生态环境的脆弱性并存，资源约束加剧；环境污染压力加大，生态环境形势不容乐观。

3. 经济基础薄弱。

云南经济增长方式粗放，经济实力不强，新兴产业和高新技术产业发展缓慢，很难提供旅游循环经济发展需要的大量资金。

4. 科学技术落后。

目前云南省现有的旅游相关产业，科技含量较低，技术设备落后，创新能力弱，发展循环经济缺乏技术支撑。

5. 人才匮乏。

云南省是人口大省，人口总量较大，增长较快，人口总体素质低，无法满足旅游循环经济对科技、管理人才的需求。

三、云南发展旅游循环经济的总体战略

（一）战略目标

"十一五"期间（2006—2010年）：积极宣传和倡导旅游循环经济理念；以试点探索为主，创建一批循环经济型示范旅游区和旅游企业；创建引导旅游循环经济发展的政策体系、法规体系、指标体系和技术支撑体系，营造公众参与氛围，提高社会参与能力，初步形成具有循环经济特色的旅游经济体系。

"十一五"之后的十年（2011—2020年）：全面确立云南发

展旅游循环经济的运行机制和支撑体系，旅游循环经济观念深入人心，基本形成经济与环境协调发展、人与自然和谐共生的旅游业发展模式，把云南建成重要的国际旅游目的地，实现从旅游大省到旅游经济强省的跨越。

（二）重点战略

1. 政府主导战略。

旅游循环经济关联面广、涉及市场，目前尚处于起步阶段，需要政府干预。实施政府主导的领域如下：（1）制订推进旅游循环经济计划，加快法规体系建设；（2）运用经济杠杆，引导旅游循环经济发展；（3）加强旅游循环经济宣传教育和人才培养；（4）实施旅游循环经济认证。

2. 科技支撑战略。

旅游循环经济离不开科学技术（特别是高新技术）的支持，为此必须实施科技支撑战略，主要包括：（1）加快科技体制改革；（2）构建包括旅游产品及旅游商品等生命周期评价技术、废气物减量化技术、资源保护可持续利用技术、能源高效利用和节约技术、绿色建筑和绿色制造技术、新能源和可再生能源的利用技术、保证废气物排放与在利用结合起来的静脉流效率化技术、废弃物资源化的产业链管理技术在内的科技支撑体系；（3）推广应用相对成熟的先进技术；（4）加强关键技术的科技攻关。

3. 多方参与战略。

旅游循环经济的发展离不开社会各个层面包括政府部门、行业协会、旅游企业、社区居民和游客的支持和参与。政府部门处于主导的地位，行业协会是旅游经济中重要的中间组织，旅游企业要转变发展理念，积极争创绿色企业，社区居民、游客则应主动支持和参与旅游循环经济建设。

4. 示范带动战略。

实施示范带动战略、建设旅游循环经济示范区，对全面推进旅游循环经济发展十分必要。示范带动战略主要包括：（1）确定示范领域，遴选示范旅游区和旅游企业；（2）制定示范标准及奖励政策；（3）积极推进示范企业建设；（4）总结推广示范企业经验。

（三）战略思路

云南省发展旅游循环经济的基本思路为：提高一个认识、加快两个试点、实践三种模式、构建四大体系、创新五大机制、推进六项行动。

提高一个认识：对旅游循环经济的正确认识。

加快两个试点：普者黑（旅游循环经济示范区）、丽江（生态旅游城市）。

实践三个模式：旅游企业、旅游循环经济示范区、生态旅游城市。

四大支撑体系：经济政策诱导体系、法规制度规范体系、科技创新支撑体系、指标评价认证体系。

创新五大机制：统筹发展机制、公众参与机制、投融资机制、旅游资源环境保护机制、合作交流机制。

推进六项行动：绿色饭店行动、绿色餐饮业行动、绿色景区行动、绿色旅行社行动、绿色旅游商店行动、绿色旅游娱乐场所行动。

（四）战略步骤

启动阶段（2007—2010年）：制订实施方案，遴选旅游区和旅游企业进行试点工作；广泛宣传，提高全社会的思想认识；建立专门领导机构；探索相关法规制度、政策体系和科技支撑体系，初步形成发展旅游循环经济的基本框架。

推进阶段（2011—2015年）：试点示范在重点领域向面上扩展，形成若干个旅游循环经济示范区和资源节约型旅游城市（镇）。进一步完善政策、法规保障体系和科技支撑体系，形成全省发展旅游循环经济的推进机制和基本框架。

全面发展阶段（2016—2020年）：多层次、多模式全面推进旅游循环经济的发展，确立比较完善的政策、法规、科技、核算、评价标准等支撑体系，基本实现旅游产业的生态化运转和可持续发展。

四、云南发展旅游循环经济的实施对策

（一）切实加强组织领导

成立云南省发展旅游循环经济领导小组，组长由分管副省长担任，省旅游局牵头，财政、建设、交通、文物、林业、环保等相关部门主要领导参加，负责总体战略的制定和跨部门工作的协调推进。

（二）出台旅游循环经济激励政策

建立云南省旅游循环经济发展基金；发行旅游循环经济重点项目债券，充分运用社会资金；深化价格改革，通过对水、热、电、天然气等价格政策的调整促进旅游循环经济发展；完善财税政策，政府安排专项资金支持旅游循环经济发展，落实和完善相关税收优惠政策，加大对旅游循环经济发展的支持力度。

（三）完善旅游循环经济法律、法规

一是认真贯彻落实已有相关法律、法规和规定，如《清洁生产促进法》等；二是结合省情加快研究旅游循环经济的地方性法规体系，制定《云南省旅游循环经济促进条例》、《云南省资源综合利用条例》等地方性法规和实施细则；三是借鉴各地经验，研究并编制重点旅游城市（镇）发展旅游循环经济的条例。

（四）积极推动旅游循环经济实用技术的研发与应用

结合科教兴滇战略的实施，以大专院校、科研院所为依托，设立旅游循环经济科技攻关项目，加快旅游企业研发中心的建立，推动国际交流与合作，促进循环经济关键技术和工艺设备的开发、引进、示范和推广应用。

（五）大力推进旅游循环经济试点示范工作

全面推进普者黑旅游循环经济示范区和丽江生态旅游城市两个试点的示范建设工作；建设一批循环经济型旅游饭店和旅行社；创新旅游城市（镇）发展思路，创建循环经济型旅游城市（镇）。

（六）建立旅游循环经济评估认证制度

借鉴已有的旅游产品及旅游商品等生命周期评价体系、绿色饭店评价体系、绿色景区评价体系、绿色旅游城市评价体系、ISO14000 环境管理体系认证和"绿色环球 21"认证等，加快研究我省旅游循环经济的评估认证制度，并逐步推行。

参考文献：

［1］冯之浚：《循环经济导论》，人民出版社 2004 年 11 月版。

［2］《云南省人民政府关于大力推进我省循环经济工作的通知》，载厦门循环经济网 2005 年 6 月 20 日。

［3］李云霞、杨萍：《试论循环经济与循环型旅游业》，载《经济问题探索》2006 年第 4 期，第 114 ~ 115 页。

［4］罗明义：《云南旅游"二次创业"发展的理论思考》，载《经济问题探索》2006 年 6 月，第 7 页。

二、摘要收录

云南论坛 · 2007

The Forum On the Development Of Yunnan Province

云南对外贸易发展动态及相关分析

马 丹

（云南大学经济学院）

摘 要

在中国国民经济与对外贸易得到快速发展的大背景下，云南省的对外贸易也获得了较快发展。近 6 年来，云南的对外贸易总额净增长幅度超过 200%。然而，云南省对外贸易的快速增长，并不能摆脱对外贸易总量明显偏低、贸易结构单一等诸多的问题。本文试图通过对云南省对外贸易发展的回顾，分析并阐明其所存在的主要问题。

云南公共基础设施项目 BOT—TOT—PPP 融资模式研究

王松江

（昆明理工大学管理与经济学院）

摘 要

本文探讨云南公共基础设施项目由传统的政府投资为主的模式，向社会投资者以 BOT—TOT—PPP 融资模式参与公共基础设施建设发展的可行性、具体的操作程序、关键技术问题和对策措施。同时，根据实践案例，提出了云南公共基础设施 BOT—TOT—PPP 集成融资创新模式研究探索，从公共基础设施项目融资中存在的各种内外部影响因素入手，创新性的提出项目动态融资系统的概念，并对项目融资过程的动态性进行探讨。通过引入关键点的概念，对不同情况、不同对象在融资动态过程中的关键点提出解决问题的对策措施。

亚洲货币合作最新进展

张　强

（云南师范大学经济学院）

摘　要

亚洲金融危机虽然早已经平息，但是留给各国的教训是深刻的，亚洲金融危机的迅速扩散以及亚洲货币的竞争性贬值，唤起了亚洲各国对区域金融合作的关注。事实上，近年来亚洲货币合作正在加紧步伐，各种关于货币的合作方针、政策相继出台。其中最主要的是东盟"10＋3"财政部长在泰国清迈达成的清迈协议。但是由于工资与价格的灵活性不强，产品分散程度不高，区内贸易占各国与各地区贸易额的比例不高，经济发展水平差异较大，生产要素流动性较差，经济政策差异较大，经济合作的基础与机构缺乏，金融市场一体化程度较低，历史、宗教相近程度不高，政治摩擦依然存在等原因，东亚目前要开展大规模货币合作的条件是不成熟的。

云南省农村社会养老保险的发展与对策

陈 新

（云南师范大学经济学院）

摘 要

云南农村老龄人口的比例与增长速度明显高于同期城镇的同比水平，特别是目前农村面临着青壮年人口的大规模转移，再加上养老保障制度残缺不全，老年农民老无所养的问题越来越严重，云南农村社会养老保险问题，成为经济和社会发展中一个亟待解决的重大战略问题。本文通过对云南农村社会养老保险投保能力的实证分析，从发展农村经济，提高农民收入；加强法制建设，提高农民保险意识；以"低水平，广覆盖"作为云南农村社会养老保险的目标；应该在40岁以下的群体中大力宣传或强制他们加入社会养老保险；建立健全云南农村社会保障基金的运行机制等五个方面提出了发展云南省农村社会养老保险的对策。

云南省工业能源节约状况评价分析

华红莲[①] 张碧星[②] 庄立会[③]

（①③大学旅游与地理科学学院，②长治学院社科系）

摘 要

建设节约型社会的根本目的是通过资源的节约、合理配置和高效利用，从而控制、减缓或降低资源消耗的总体规模和增长速度，实现资源的可持续利用及其对经济社会发展的长期支撑保障作用。论文运用中国科学院可持续发展战略研究组提出的"节约指数",对云南省的能源状况进行了区域对比和行业对比研究,结果表明云南省一次能源的节约指数较高,属于能源节约利用程度较低的省份;绝大多数州市的能源的效绩低于全省平均水平,2004 年有 12 个州市的节约程度低于全省水平而且呈不断下降趋势;在各个行业中,采矿业和制造业的节约程度最低,节约指数较高,分别达到 1.86 和 1.05;科技投入对区域产值单耗、节约指数没有表现出明显的改善作用。

浅论云南在中国—东盟自由贸易区发展进程中的战略方向

邓　雁

（云南师范大学经济学院金融系）

摘　要

　　随着中国—东盟自由贸易区发展进程的深入,云南省作为该区域的重要成员,积极参与了该区域的各项合作,东盟自由贸易区已成为云南省对外贸易增长最快的重要市场。在有利的经济环境卜,为了更好地利用地缘优势和资源优势,进一步地促进云南经济的发展,中国—东盟自由贸易区发展进程中云南应合理利用地缘优势、资源优势,从农业、旅游业、会展业、教育业以及双边投资、双边司法合作等战略方向积极应对,以取得进一步发展。

云南农村社会保障体系构建的四个基本问题

毕天云

（云南师范大学经济政法学院）

摘　要

　　云南是一个典型的"三农大省"，建立和完善农村社会保障体系既是云南社会主义新农村建设的重要任务，也是实现云南城乡协调发展与社会和谐的有效途径。在健全和完善云南农村社会保障体系的进程中，有四个基本问题需要特别重视。在功能定位上，要充分认识农村社会保障体系的相对独立性，正确处理城乡社会保障体系之间的关系；在价值理念上，要坚持"底线公平"的原则，确保农民的三项基础性需求，即解决温饱的需求、公共卫生和医疗救助的需求和基础教育的需求；在项目选择上，要优先考虑最低生活保障制度，同时健全新型农村合作医疗制度和义务教育保障制度；在管理体制上，需要在民政、卫生和教育三部门之间建立制度化的沟通、协作与联动，形成合力机制。

云南省农村剩余劳动力转移对策探讨

赵 丽 马进玲

（云南师范大学旅游与地理科学学院）

摘 要

　　云南省是一个以农业和农业人口为主的省份，随着工业化和城市化的推进，大量耕地被占用，人地矛盾日益突出。为实现我省农村经济的可持续发展，就要解决好"三农"问题，而如何实现农村剩余劳动力转移又是解决"三农"问题的关键所在。本文通过提高农村劳动力的受教育程度、推进农业产业化和农村工业化、建立和完善城乡劳动力市场体系、发展农村旅游业及促进农村剩余劳动力的跨区流动等措施，加快实现我省农村剩余劳动力的转移，促进农村经济的发展及全面小康社会的建设。

澜沧江—湄公河旅游圈的构建与实施研究

李庆雷[①]　　王桂玉[②]　　刘小龙[③]　　段召阳[④]

（①②云南师范大学旅游与地理科学学院，③云南省委党校，

④云南师范大学商学院旅游系）

摘　要

目前，构建澜沧江—湄公河旅游圈已经具备了交通、市场等现实条件。澜沧江—湄公河旅游圈以澜沧江—湄公河水上旅游线为主轴，中部陆路跨国旅游环线为中心，东西水陆跨国旅游环线为两翼，环环相扣、辐射发展。为推进旅游圈建设，目前应做的工作主要包括：设立专业化的管理机构，采用多元化的运作方式；编制澜湄旅游圈总体规划；加大基础设施和服务设施建设；加大旅游产品开发力度，打造区域精品旅游线路；注重旅游专业人才培养，提高旅游行业管理能力；推进"一证通"计划，简化旅行手续；圈内外多渠道融资，广泛吸引资金；联合旅游营销，共塑区域形象；加大旅游安全防范力度，营造安全旅游环境。

云南面向东盟高等教育"走出去"
战略的对策研究

冯用军

（云南省人文社科研究基地、云南师范大学高教所）

摘　要

云南—东盟国际合作与交流正逐渐从政治经济文化层面跃升到教育层面，而云南—东盟高等教育国际化已逐渐成为双方进一步深化合作与交流的突破口。从政策视角阐述云南面向东盟主要国家进行高等教育国际化合作与交流的发展对策，以期从理论和实践上推动云南面向东盟高等教育"走出去"战略的深入实践和提升云南—东盟全方位合作的层次和水平，同时为社会经济和高等教育欠发达地区开展高等教育国际化提供参照。云南面向东盟高等教育"走出去"战略的对策具体包括：培育国际化教师、开设多元化课程、出版多语种教材、推进高层次合作、实施标准化管理、培养多样化人才。

云南省互联网信息资源低程度
应用对经济发展的影响与对策

韩　萍

（云南省委党校）

摘　要

　　文章以互联网信息资源已对人类经济活动产生影响为导引，从云南省互联网信息资源应用设施建设、信息内容资源建设、网络用户普及率、电子政务和电子商务应用等五个方面阐述了云南省互联网信息资源建设与应用现状及存在的问题，得出云南省总体上属于互联网信息资源建设与应用程度较低的省份的结论。然后在此基础上详细地分析了云南省互联网信息资源低程度建设与应用对云南省经济主体的文化和信息素质提高、价值观念转变及行为能力改善的影响，对经济部门组织结构、行政管理和经济运营的影响，对区域经济运行空间拓展、生产模式转变和运行效率提高的影响，以及信息对现代生产力、生产方式和新兴产业形成及之后对区域经济发展的影响。最后提出了相应对策。

云南农民增收：体征、模式和机制

李春海

（玉溪师范学院区域经济研究所）

摘　要

本文从总量、结构、空间、体制等不同维度解构云南农民增收，剖析了收入增长的不同层面，突出确保持续增收和化解"三农"难题路径的基本前提。从基本前提也是调节问题的关键点入手，文章重点讨论了增收的七种模式选择和六大实现机制这个主题。其含义是，培育和启动农民增收的长效机制，制度建设既要与整个市场化改革目标相协调，又要与城乡一体化发展战略目标相一致，保持城乡之间经济机会的适度平衡。这也是构建和谐社会的应有之意。

完善云南城市居民最低生活保障制度的思考

陈文清

（楚雄师范学院）

摘　要

文章主要分析阐述了云南最低生活保障制度运用中存在机构

设置、人员配备、"低保"工作的规范化管理、"低保"对象资格审定及家庭收入核实，"低保"金按时足额发放，审核"低保"资格，家庭收入的核实，漏保、骗保等问题。在分析的基础上，针对云南实际，就完善云南最低生活保障制度进行思考，提出强化动态管理，建立社区"低保"评审委员会制度和"低保"听证制度，规范"低保"申请、审核、审批程序。提出在强化最低生活保障的专业化管理的同时，整合教育、卫生、工商、财税等部门出台优惠措施，加强"低保"人员的就业培训，统一"低保"配套政策，整合资源，形成联动机制，促进"低保"人员就业配套政策完善等措施。

云南省女性人力资本开发研究

覃桂秀

（华南理工大学）

摘　要

人力资本是经济发展的第一要素。能否拥有适应新的世界环境的高素质人才，是实现我国经济持续、稳定、健康发展的关键。搞好人力资本的开发，迎接经济发展所面临的挑战，已是全社会的共识。人力资本的开发问题已成为我国经济社会发展中的重要内容。而女性是人力资本中不可缺少的部分，女性人力资本越来越受到学者和政府的重视。就我国的现实情况来看，女性人力资本在经济活动中的作用与日俱增，但是在实践中，对女性人力资本的投资、就业等问题上存在着有形、无形的歧视和障碍。本文关注和研究云南省女性人力资本开发，对女性人力资本开发现状进行分析，提出云南省现阶段女性人力资本开发对策，即：转变观念，充分认识女性人力资本投资的重要性；增加教育投入，深化教育改革，提升我省女性人资本水平；积极拓宽用人渠道，有效挖掘我省女性人力资本潜能。

云南省环境消耗的全国比较分析

张碧星[①]　华红莲[②]　庄立会[③]

（①长治学院社科系，②③云南师范大学旅游与地理科学学院）

摘　要

环境污染已使经济增长所带来的好处让居民难以安全享受，目前已有许多人提出现在的经济发展已有悖于人类物质产品丰富、文明、进步的初衷。文章分别把云南省各种污染物的排放强度和污染物减排指数与全国平均水平作了分析，另外，进行了2004年全国环境库兹涅茨曲线的分析检验。经分析，除工业粉尘排放强度外，云南省其他主要污染物的排放强度均处于全国较高水平，即单位GDP排放量较高；污染物减排指数以工业固体废弃物减排指数最大，超过1，其他均小于1，七类主要污染物总减排指数云南省在全国排第19位，属于中等水平省份。从环境库兹涅茨曲线的分析检验发现，云南省正处于倒"U"形曲线的左侧，即处在污染物排放量随人均GDP增加而增加的阶段。

三、题 录

云南论坛 · 2007

The Forum Of the Development Of Yunnan Province

发挥区位优势，积极参与国际经贸大循环

——对提升"云花"产业出口竞争力的研究

程士国（云南大学经济学院）

中国—东盟自由贸易区前期云南区域结算中心构建研究

郭树华　曹荣光（云南大学经济学院）

云南面向中国—东盟自由贸易区的竞争力分析

刘淑文（云南师范大学旅游与地理科学学院）

中国—东盟自由贸易区建设中云南旅游业的区域合作发展思路研究

吴雅玲（云南师范大学旅游与地理科学学院）

中国—东盟自由贸易区建设背景下的云南—泰国旅游合作初步研究

李庆雷　段召阳　刘杰豪

（云南师范大学旅游与地理科学学院）

玉溪市特色经济发展初探

李　辉（云南师范大学旅游与地理科学学院）

云南中小企业人力资源开发培训的地位作用及路径分析

许文苑（云南民族大学经济管理学院）

附 录

云南论坛 · 2007
The Forum On The Development Of Yunnan Province

《云南日报》2007年9月29日第2版

第二届"云南论坛"开讲

本报讯（记者 李沙青 从永刚） 昨日，由云南财经大学、云南师范大学、云南大学、云南省社科院四家单位联合发起的第二届"云南论坛"在云南师范大学开讲。

省委常委、省委统战部部长黄毅，省人大常委会副主任、省社科联主席王义明出席会议。

黄毅在会上作了"抓住历史机遇，发展生物经济，实现云南经济持续快速健康发展"的主题发言。他说，云南是全国生物资源最丰富的省份，具有发展生物经济的雄厚物质基础和巨大的开发潜力。发展生物经济，是构筑云南经济新优势的战略选择，是实现云南经济持续发展的必然选择，是构建社会主义和谐社会的客观需要。要客观分析发展生物经济面临的形势，积极探索加快发展生物经济的有效途径，重点解决增强科技创新能力，拓展投资融资渠道，促进产业集聚发展和保护与开发的关系问题。他要求，"云南论坛"不仅要成为学术界自由、开放探讨云南经济社会发展问题的重要平台，而且其讨论的社会经济核心问题，以及一些专题研究成果也要为党委、政府制定相关政策提供重要的决策参考。

"云南论坛"旨在集中云南省内高层次理论和政策研究力量，发布最新理论和政策研究成果，为各级党委、政府部门的科学决策和企业发展提供咨询服务。本届论坛由云师大承办，主题为"云南经济——资源·发展·战略",来自我省经济学界研究专家、政府官员及高校经济类专业专家将围绕"经济增长与生态安全"、"云南经济增长的相关因素"、"云南产业经济性质及其自然资源开发战略"、"科学发展与对外开放"、"资源型企业发展与云南经济增长"等专题进行讨论。

《昆明日报》2007年9月29日第4版

"云南论坛·2007"昨"开讲"

本报讯（实习生　侯佳林　记者　巢月）　昨日，由云南师范大学、云南财经大学、云南大学、云南省社科院四家单位联合发起的"云南论坛·2007"在云南师范大学召开，云南经济学界研究专家、政府官员及高校经济类专业专家就"云南经济——资源·发展·战略"问题作了精辟地阐述和激烈地讨论。

在论坛上，来自省市各界的专家围绕"生态安全与云南经济发展的关系"、"云南经济增长的相关因素"、"云南产业经济性质及其自然资源开发战略"、"科学发展与对外开放"、"资源型企业发展与云南经济增长"等重要问题进行了专题讨论，从不同的角度阐释、探讨和回答了我省在"十一五"乃至在21世纪中如何才能和谐与可持续发展的问题。

《云南日报》2007年10月9日第9版

促进资源、环境、经济、社会协调发展

——"云南论坛·2007"述要

　　本报讯（记者　从永刚　李沙青）　9月28日，"云南论坛·2007"在云南师范大学举行。"云南论坛"是由云南财经大学、云南师范大学、云南大学和云南省社会科学院发起，我省经济学界研究专家、政府官员和高校经济类专业专家参与，以探讨云南经济社会发展问题为主旨的高级学术论坛。

　　"云南论坛·2007"为第二届"云南论坛"，主题是"云南经济——资源·发展·战略"，专家、学者针对我省有着丰富资源的特点和可持续发展的要求，围绕"生态安全与云南经济发展的关系"、"云南经济增长的相关因素"、"云南产业经济性质及其自然资源开发战略"、"科学发展与云南对外开放"、"资源型企业发展与云南经济增长"等专题进行讨论，广泛深入地研究资源、环境、经济、社会协调发展的重大问题，形成很多符合云南实际的决策参考成果，具有较强的理论与实践价值。

　　省委常委、省委统战部部长黄毅出席论坛并作题为《抓住历史机遇，发展生物经济，实现云南经济持续快速健康发展》的主题发言。他指出，生物资源是生物技术创新和产业发展的基础，以生物多样性和生物技术为核心的生物经济，是以解决人的生存与生活质量为出发点和最终目标的生命经济。生物科技的重大突破正在催生新的产业革命，世界现代生物技术发展开始进入

规模产业化阶段，生物产业将成为继信息产业之后世界经济中又一新的主导产业。云南是国内生物资源最丰富的省份，拥有北半球除沙漠和海洋外的各类生态系统，是全球生物物种高富集区和世界级的基因库，具有发展生物经济的雄厚物质基础和巨大的开发潜力。新中国成立以来，云南经济发展的过程在很大程度上就是不断推进生物资源开发及其产业化的进程。20世纪五六十年代以橡胶、茶叶为重点和20世纪七八十年代以烤烟、甘蔗为重点的两次大规模开发，初步奠定了全省经济发展的基本格局。"十五"期间，我省成功地培育了一批骨干企业和名优品牌，培植了一批潜力较大的新兴产业，使生物产业成为推动全省经济结构战略性调整和加快国民经济发展的支柱产业。"十五"末，全省生物产业完成工农业总产值由2000年的1220亿元增加到2125亿元，年均增长17%；2006年，全省生物产业实现工农业总产值2380亿元，实现增加值1420亿元，占全省GDP的35.5%，生物产业已经成为我省经济社会发展的重要支柱产业。事实有力地证明，发展生物经济是云南在新世纪构筑经济新优势的必由之路，是全面落实科学发展观、实现云南经济又好又快发展的战略选择。

对于云南这样一个以开发利用自然资源为主要经济增长和财富来源的省份而言，经济发展与生态系统安全也就成为需要高度重视的理论和实践问题。云南财经大学校长、教授汪戎强调，经济相对落后的国家和地区，特别是以资源产业为主的落后国家和地区，更应当以产业结构的调整、经济增长方式的转变为主，加快经济增长和社会发展。我省经济发展和生态安全应当力争这种前景：在现有资源性产业快速发展的条件下，有效解决后续可发展的支撑产业问题，形成本地资本竞争能力，拥有主动地适应世界市场变化的能力，财富可以长期积累。通过财政和市场的方式，加大对人力资本和社会资本的投入，经济走上可持续发展之路。与此同时，更有效地形成有利于人类生存和发展的新生态经济结构、宏观的生态环境，气候、水土、物种、植被等与人类生存相和谐，微观的生态村、生态道路、生态工厂、生态社区、生态城市星罗棋布。在经济发展中形成更适宜人的生态环境，生态安全达到更高层次。

　　昆明钢铁控股有限公司董事长王长勇认为，资源型企业实施可持续发展战略，需要特别关注两个问题：一是产品附加值不高，盈利水平低；二是资源自给率不高，利用率有待改善。我们应当采取提高资源利用率和节约资源并重的策略，加强省内外和国外资源的开发，下大力气提高资源的自给率。我省的资源储量中贫杂矿和伴生多，金属矿也不少，应该组织科研力量，采用先进的技术和工艺，大力开展贫杂矿的科技攻关，尽量挖掘这部分资源的潜力，提高资源利用率。还要抓好资源的节约和综合利用工作，这项工作对资源型企业十分重要。现阶段，我省的多数资源型企业尤其是钢铁企业处于产品亟待升级、附加值需要提高的时期，我们要认真贯彻落实科学发展观，在扩大资源利用率和提高矿石自给率上下工夫，在调整产品结构和提升产品附加值上下工夫，努力推动企业可持续发展。

　　以科学发展观包括新的开放观指导对外开放，是出席论坛的专家学者热议的话题。省社科院副院长、研究员贺圣达提出，真正树立以开放促发展和互利共赢的意识，进一步提高对外开放效益，提升云南参与区域合作的地位；统筹对内开放和对外开放，引进发达国家和地区的资金、技术、人才和管理经验，以东南亚、南亚为重点，加快构建全方位、多层次、宽领域的对外开放新格局；努力推进对外贸易持续健康发展，加大招商引资力度，积极实施"走出去"战略；在对外开放中推进我省特色经济、优势产业和高新技术产业的发展，促进产业结构的调整优化和经济增长方式的转变。

云南大学经济学院院长、教授施本植认为，云南经济增长过程中自然资源消耗高、人力资源开发度低、资源利用率低等问题仍然突出，这些问题必须通过转变经济发展方式加以解决。紧紧抓住结构调整主线，在优化结构调整特别是优化产业结构调整方面进一步做好工作，已经成为挖掘我省经济增长潜力，提高经济发展质量的重要环节。在今后相当长的一个时期，应该继续保持投资适度增长，不断优化投资结构，完善投资方向和方式，努力提高投资效率，确保投资对云南经济增长的重要拉动作用。与此同时，扩大内需，扩大对外开放，丰富发展的内涵，拓展发展的空间，形成新的经济增长点。

云南发展的重要问题是人口、资源、环境、经济增长的协调发展和整体实力提升。云南师范大学旅游与地理科学学院院长、教授明庆忠指出，云南资源开发与资源产业发展的具体战略应该包括：科技先导与资源产业转型升级战略、空间整合与资源型产业发展战略、资源深度利用与后续产业发展战略、类型开发与资源产业生态发展战略。云南经济发展在相当长的一段时间内仍为资源产业的发展，需要认真研究资源产业发展原理、方法和成功案例，建立资源竞争优势观、战略观、和谐观；采用主客体系统整体思维模式，限量可持续开发资源；采取不同措施，分类型、分地区、分行业建立资源开发与产业发展的战略和模式，实现资源经济环境地域系统和谐可持续发展。

《云南经济日报》2007 年 10 月 11 日 第 1 版和 A2 版

论坛展会"温煮"

本报记者　孙本梁

（一）

"云南论坛"似一锅饭，国庆前，它的第二届在云师大开煮。

它"煮"的是云南经济的战略方向与经济学前沿理论，搭的是政策与理论之桥——让政府、企业闻到它研究的饭香味，听到它权威的声音。但它的权威当天在观众、媒体面前似乎有所打折——除了三十余位官员、专家、学者，其余近千位听者几乎均是大学学子；云铜、昆钢、云锡、云冶金等公司及各大银行的牌子摆在了嘉宾席上，但来者可能最多是一般人员，老总、高管的身影处于缺席状态。

唯一的昆钢控股有限公司董事长王长勇高姿态出席，但他却是作为主讲人莅场。

王长勇的出现，掀起了会场不小的"震惊"。他"技惊四座"的法宝是因为昆钢的总资产、销售收入及学生的价值向往。

当主持人读到"他领导的昆钢创造了数百亿的总资产与百多亿的销售收入"时，学生们集体发出了响亮的"哦"与掌声。

惊奇、崇拜弥漫了全场。学生们听到钱后的声音，无疑反映了当代大学生们一种价值倾向的变化。

这种变化非常值得世人捉摸，但无论它对错与否，这至少折射出了一种心理需要。

其实，更加需要钱的是本次的类似论坛。

近些年来，国际上开始盛行论坛经济、展会经济。各个国家、组织、区域等均高度重视它所带来的效应——政治与经济效应，如各种高峰论坛，众所熟知的东盟论坛等。

云南本土论坛——"云南论坛"才刚刚起步，但它的境遇却别有一番滋味。

体味着这种滋味的包括当天到场的著名经济学家、云南大学副校长曹和平教授。

他是作为论坛点评人被邀请而来的。他的开场白却并非重点评价主讲教授的真知，话锋偏向了论坛本身。

仅一天的论坛形式不可谓不新——主持人（专家）轮番上场、点评人更替频繁，所有这些人还均被聘为云师大的兼职、客座教授；现场互动问与答精彩纷呈。

同时，主题、演讲子题亦不可谓不精——五大子题涵盖宏观、微观，涉及云南的资源发展战略、云南的对外开放、资源型企业的可持续发展、云南经济类型的判识等。

对这一切，曹和平所有的感谢话语并非为过。

对参加论坛的领导，他也表示了同样的感谢："因为如果没有你们的参与，论坛可能变成了无的放矢，没有了目标。你们坐在这儿，主办方心里才感到踏实。"

"当今有一种说法，一个国家、地区如果没有硬实力的话，人家一弄你就垮了；没有软实力的话，人家不弄你就垮了。那么，'云南论坛'恰好是云南省建立软实力的制度性转变。"

325

曹和平站在一定的现实高度，切中肯綮。因为论坛需要政府支持，才能将建议传达给政府；因为展会需要市场运作，才能带给论坛、企业双赢，尤其在云南。

但曹和平还是幽默加严肃地进行了点评："领导来得不多（还有商界精英，记者加注），所以我们提出作为学术单位一个老师的温和批评。"

在专家眼中，"云南论坛"可不是小问题，"我记得在2000年初举办'北京论坛'时，北京大学和（中国）人民大学就互相在争。争来抢去，最后居然争到了高层那儿来抉择"。

后来，复旦大学又争到了"上海论坛"。"韩国的中央银行知晓后，居然对复旦、北大每年捐助100万美元。一百万，记住，它是一个什么样的资源！"

发起人带来的是制度性的资源，会展经济是一个大平台，它的影响初时看似小，未来却不可限量。

"云南论坛"共纳入了四家单位——云南财经大学、云师大、云南大学、省社科院。"干吗不把民族大学、昆工等纳入进来呢？"

好资源共同分享，共同集合起来，论坛才能强大。

曹和平的几大建议至此戛然而止。

之后，他在点评省社科院副院长贺圣达研究员的精彩论点时，为论坛又加入了新的元素——观点交锋——"论坛不论，会失去精彩，"一位专家肯定地说。

（二）

云南省委常委、省委统战部长黄毅在开幕式上作了主题讲话。

从中可以看出，他的讲话恰好符合论坛的本意，至为关键的是黄毅亦将讲话重点放在了学术思想的散发上。

黄毅说："我乐意以此发言抛砖引玉，希望能引起生物学家、经济学家、管理学家和企业家们的共鸣共识。"

他的主题是：抓住历史机遇，发展生物经济，实现云南经济持续快速健康发展。

"2006 年，云南生物产业实现工农业总产值 2380 亿元，实现增加值 1420 亿元，占全省 GDP 的 35.5%。生物产业已成为重要支柱产业。"继狩猎经济、农业经济、工业经济和网络经济之后，人类第五大经济形态——生物经济时代——正在迅速形成。

黄毅提出了几大加快发展生物经济的有效途径：增强科技创新能力、拓宽投融资渠道、促进产业集聚发展、处理好保护与开发的关系。

云南的发展模式在专家眼中也获得了广泛探讨。曹和平是其中之一。但他与贺圣达却有相反的观点——贺圣达取向于新加坡模式，而曹和平却倾向于瑞士苏黎世模式。

比如说，云南没有 1 公里的海岸线，新加坡却是一个岛国；云南 94% 是山地，瑞士 96% 也是山地。

"云南的玉龙雪山就相当于瑞士的阿尔卑斯山的一部分。所以，云南是亚洲大陆的'瑞士'，瑞士是欧洲大陆的'云南'。"曹和平幽默出语道。

他的幽默是为了证明哪种模式更有效。

曹和平觉得是瑞士。为什么？

过去 15 年，中国经济的快速增长，是"两头在外，中间加工"的模式。

　　瑞士却没有搞这些"傻大黑粗"（指高污染、高耗能工业），它注重发展精工制造业。

　　"一麻袋手表，从柏林背到巴黎去，总比当年一些国家将钢、煤运到外国去炼钢的比较收入要多。"

　　瑞士是否只搞精工制造？并非如此，它还有医疗、保险、酒店（包括管理）、科研、金融、旅游等。

　　"它似乎与云南都对应上了，但瑞士的人均 GDP 却是全世界最高的数个国家之一。"

　　再如，云南如何面向东盟开放？"重点要撇过商品市场的贸易进入到要素市场去。为什么？"

　　发展历史证明，要素市场的贸易为边境地区带来的收益远比商品市场的贸易大。

　　比如，牛根生率领的蒙牛乳业 8 年就超过了伊利，蒙牛最近在香港的市场占有率达到了 75%，在马来西亚是 25%。"它将澳大利亚的乳业基本逐出去，而它的产品在哪？在内蒙古。"

　　蒙牛那么遥远的路，绕过云南，居然进军到了马来西亚，居然就有竞争力。

　　"所以，最终产品的经典贸易，对云南来说，我们与牛根生处在同一个平台上。"

　　面对东盟，云南的要素贸易恰好处在优势之点上。

　　曹和平的观点带来了论坛的交锋。

　　观点交锋，学术探讨，互听声音，决策参考，这也许就是论坛的力量。

　　只有这种力量才不会致使论坛经济成为一锅"夹生饭"。